U0896842

自金融

宁小军◎著

中信出版集团 · 北京

图书在版编目（CIP）数据

自金融 / 宁小军著 . -- 北京：中信出版社，
2017.10
（网金学院系列丛书）
ISBN 978-7-5086-8008-8

Ⅰ . ①自… Ⅱ . ①宁… Ⅲ . ①企业管理 – 金融投资 –
研究 Ⅳ . ① F275.1

中国版本图书馆 CIP 数据核字（2017）第 195362 号

自金融

著　　者：宁小军
出版发行：中信出版集团股份有限公司
（北京市朝阳区惠新东街甲 4 号富盛大厦 2 座　邮编　100029）
承 印 者：北京雁林吉兆印刷有限公司

开　　本：787mm×1092mm　1/16　　印　　张：21.75　　字　　数：360 千字
版　　次：2017 年 10 月第 1 版　　印　　次：2017 年 10 月第 1 次印刷
广告经营许可证：京朝工商广字第 8087 号
书　　号：ISBN 978-7-5086-8008-8
定　　价：58.00 元

目 录

序　言

近年来，外部经济环境不确定性逐渐增大，企业面临需求疲软与产能过剩、消费升级与竞争加剧、经营成本上升、融资难融资贵四个方面的问题，而传统金融服务也与实体经济进一步脱节。

随着社会形态和互联网的发展，企业迫切需要更加细分的金融场景，来满足自己的经营需求。一方面，我们看到传统金融机构体制、监管、模式等都已经满足不了企业的细分金融需求；另一方面，我们看到蚂蚁金服、微信支付等也开始利用互联网手段，进行各种金融创新来不断满足企业的这类需求。

但是，企业最了解自身的经营特征，企业或可在现行的法律和监管环境下，利用自己掌握的经营数据和自身占据的经营场景和流量，逐步打造具备互联网化、场景化、闭环化、信息集成化的自金融体系，从而更好地服务于自身经营。

在互联网金融前沿的不断践行过程中，我们能深刻感受到企业的这一需求，经过长期调研和与企业相关负责人、财务负责人及金融专业人士的多次探讨，一种基于金融科技的更优资产资金匹配路径逐步浮现。我们因此也第一次创造性地提出了“自金融”这一概念，并将“自金融”做了如下定义。

自金融即非金融企业依托信息技术，以服务自身主业及关联产业为目的，向其自身或有业务关联的企业及个人，如供应链上下游企业、子公司及分支机构、终端消费者和自身员工等，提供投资、融资、支付结算与增值等综合金融信息服务。

自金融本质是在企业层面实现资产资金的最优匹配，给企业带来的直接价值是显而易见的，包括但不限于助力不同企业优化供应链生态、促进产品销售、提升内部运营效率，并作为新的企业营收增长点，打造品牌管理市值等，从而让金融脱虚务实，真正服务于实体产业本身。

京东金融、苏宁金融、国美金融、恒大金服、美的金融等互联网金融平台的陆续诞生和迅速发展，正是自金融体系的不同产业种类，也进一步印证了自金融理论和实践的可行性。但是，更多中小企业在专业和成本上都无法实现自金融体系的建设运营，如何以云的方式，创设丰富的自金融解决方案去服务中小企业，成为金融科技企业新的机会和挑战。

本书从业务模式角度，根据服务对象的需求、提供服务的资源能力提出了八种基础类型的企业自金融模式。企业可根据自身特点，选择开展企业自金融的切入点，并与外部金融机构、增信机构、支付机构、基础设施服务商等深度合作，形成能力互补，开展企业自金融业务。

金融科技正以日新月异的方式变化着，我们对此充满了敬畏。希望本书能作为企业负责人、财务负责人、金融工作者、金融科技同行的参考，有观点不一之处欢迎批评赐教。

感谢中信出版社的领导和编辑，感谢广东网金控股股份有限公司董事长陈强先生和其他团队成员，感谢罗兰贝格团队等，在本书的编写和出版过程中，谢谢你们给予的莫大支持！

宁小军

2017 年 6 月 16 日于广州

第一部分

困局与缘起

第一章　企业的困境

中国企业在过去几年间面临着越来越严峻的经营挑战，其中中小企业的经营问题尤为突出。这种经营困局一方面源于内忧外患，整个经营环境已经发生了翻天覆地的变化；另一方面本应作为实体经济助推器的金融并没有发挥应有的作用，实体与金融脱节的现象日益明显。

在新的经营环境下，金融更应发挥其实体助推、实业协同的作用，但现行传统金融模式存在较多的“瓶颈”，从而产生了强烈的变革需求。这种金融模式的变革恰好与企业经营升级的动力不谋而合，促使企业慎重考虑如何能与金融更加紧密地结合，从而形成提升企业未来竞争力的行之有效的解决方案。

严峻的企业经营现状

经济形势的内外交困日益突出，使得我国企业经营纷纷陷入困境。从全局来看，以下几点现状尤为明显且令人担忧：一是大企业收入增长停滞，成本上升速度极快，营收下滑，利润下降，部分企业陷入“僵尸企业”困境；二是中小企业所面临的问题更为严峻，倒闭数量明显增多；三是政府虽然为了维持市场稳定不断出台对企业的扶持政策，但是收效甚微；四是企业家正在经历前所未有的“严冬”，对未来市场的信心明显不足。这就使企业家不得不思考背后的原因及驱动因素，从而主动求变，应对挑战，走出泥潭。

1. 大企业营收下滑，平均净资产收益率持续下降

受全球及我国经济形势影响，我国大型企业相继陷入经营困境。全球经济的持续低迷导致我国外需下降，出口企业的订单不足，销量下滑严重。而国内经济形势的不明朗以及消费者信心的下降等原因也使得企业国内订单增长停滞。近年来，随着我国经济的发展，劳动力成本不断上升，原材料价格上涨幅度较大，企业的成本不断上升，企业利润下降较多。

大型企业近年来利润下降严重，甚至开始持续亏损。根据《财富》杂志 2015 年 500 强名单的整理结果，在 2015 年中国 500 强企业中，有 57 家企业面临亏损，比 2014 年增加了 14 家，且亏损额累计达到 803.9 亿元。而在 500 强企业中，2015 年净利润负增长的企业则为 169 家，超过 1/3，相较 2014 年增加了 28 家。500 强企业 2015 年平均净资产收益率（ROE）为 10.49%，已经连续 3 年呈下降趋势。

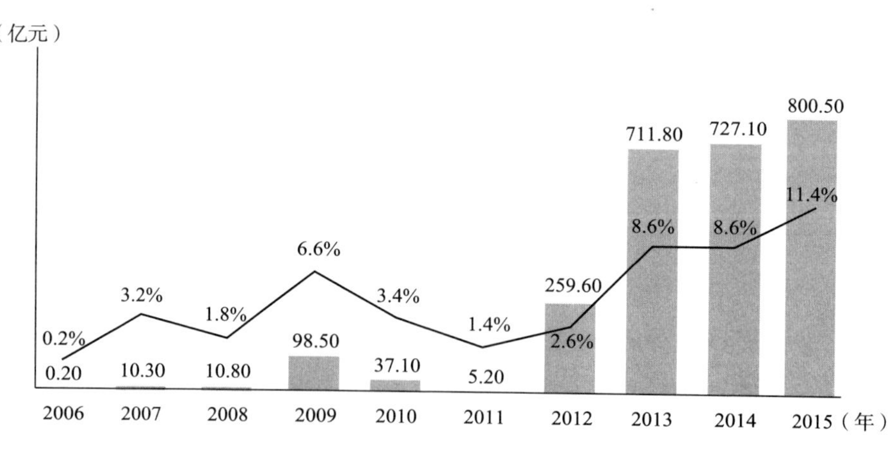

图 1–1　中国 500 强企业亏损额及亏损企业占比

资料来源：中国 500 强企业数据收集

2. 中小企业受创明显，举步维艰

相较于大型企业，我国中小企业的经营受创更加明显。随着市场环境的持续恶化，中小企业的发展受宏观经济的影响更为严重。中小企业不但面临着大企业所面临的投资风险上升、订单下降等问题，而且还面临着大企业对中小企业的应收账款拖欠时间延长、融资难、融资贵等问题。同时，由于中小企业普遍规模小、资金链脆弱，劳动力成本上升、原材料价格上涨以及市场萎缩的压力将对它造成致命性的打击。不少中小企业面临经营困难，甚至被动倒闭的困境。

据不完全统计，在过去两年，30% 的小微企业倒闭。而中国最高人民法院的数据显示，2016 年第一季度，全国法院受理破产案件 1028 件，比 2015 年同期增加 52.5%，而在 2008—2015 年的 7 年时间里，全国法院受理的破产案件总计不超过 2 万件。国家工商总局数据显示，2014 年全国注销企业数量为 48.22 万家，平均每天“死亡”1321 家企业。而 2015 年，全国企业注销数量已达 75.78 万家，平均每天“死亡”2076 家，增幅高达 57.2%。由此可见，中小企业的亏损与破产风险正在不断增加，企业深陷经营困境亟须寻找解决方案。

3. 扶持政策收效有限

我国政府为了稳定经济发展，不断推出对企业的扶持政策。其中不仅包括对大型国有企业的救助及保护政策，更有对中小企业的扶持优惠政策。但由于政策的落地需要时间来传导，其效果也需要一定的时间才能体现出来。所以在短期内，难以体现“速赢”的效果，而在中长期，其实施效果也有待观察。

实际上，我国政府对待大型企业的扶持态度是保证其稳定运营，

因为大型企业如果发生严重的经营问题或者倒闭，则可能造成当地经济动荡以及失业潮等严重影响社会稳定的问题。例如，为了防止经济“硬着陆”，在我国中央政府不断强调结构调整和产业升级的情况下，对大企业进行救助与保护，并通过“中国制造 2025”战略驱动大型国有企业进行改革，并提高其竞争能力。“中国制造 2025”中，明确了我国政府对优势企业的创新鼓励与政策扶持。其中提及要“依托优势企业，紧扣关键工序智能化、关键岗位机器人替代、生产过程智能化控制、供应链优化，建设重点领域智能工厂 / 数字化车间……到 2025 年，试点示范项目运营成本降低 50%，产品生产周期缩短 50%，不良品率降低 50%”。为了达到目标，我国政府将支持优势企业率先实现转型。此举旨在为我国大型制造业企业在未来的全球市场中寻找出路。

而针对中小企业发展这一“老生常谈”的问题，我国政府对其采取的扶持政策一直在持续深化，态度非常坚定，并且力度正在逐年加强。而且，我国政府也非常鼓励中小企业创新。2009 年国务院出台《关于进一步促进中小企业发展的若干意见》，从宏观上奠定了中央对中小企业的扶持态度基调。该《意见》提出要营造有利于中小企业发展的良好环境，切实缓解中小企业融资困难，加大对中小企业财税扶持力度等 8 方面 29 条具体意见。而浙江省 2016 年出台的《浙江省中小企业发展“十三五”规划》中明确了要全面推进业态新型化。以实施浙江“互联网 +”行动计划为契机，鼓励中小企业积极发展电子商务、物联网、云计算、大数据、智慧物流、数字内容等新技术和新业态。

实际上，短期来看，国家政策在不同区域的落地效率差异较大。针对大型企业，各级政府的态度与举措有所差异，而大型企业内部固有的僵化体系也成为其改革的重要瓶颈。而中小企业由于自身条件受限等因素，在申请政策优惠时手续烦琐，耗时极长。并且，许多对中小企业发展来说不可或缺的机构常常无视政府政策导向，使得中小企业业主纷纷表示并没有享受到政府的扶持政策。所以，好的政策仍需要高效的执行，而高效的执行也需要时间进行实践，所以短期来看，政策的激励不会对企业经营产生立竿见影的效果。

4. 企业家市场信心不足

从企业内部角度来看，企业家对市场的信心明显不足。央行2015年的调查结果显示，企业家宏观经济热度指数为24.5%，已经下降至2009年以来的最低值。而企业家信心指数也在恶化，2015年企业家信心指数仅为50.5%，也是2009年以来的最低值。由此可见，企业家对我国的宏观经济并不看好，并且其市场信心也正被逐渐削弱。根据《中国企业经营者问卷跟踪调查报告》，我国的企业经营者预计，未来我国经济增长的下行压力较大，2016年GDP

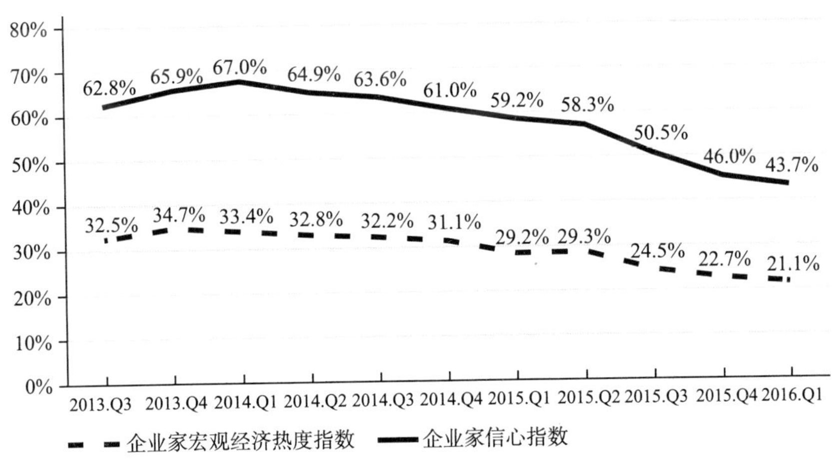

图1–2　企业家宏观经济热度指数及企业家信心指数

资料来源：中国人民银行调查统计司

（国内生产总值）增速的中位数为6.5%，比2015年的预计再次下降了0.3个百分点。而企业经营者对于“十三五”期间的GDP预测中，分布最多的为6%~6.5%，占调研样本的36.6%。还有11.8%的企业经营者认为“十三五”期间我国的经济增速只能维持在6%以下。

数据显示，我国2016年第一季度中国民营企业的投资增幅急剧下降。与国有企业经营者不同，民营企业是企业家自己创造的财富，出于保护自己财产的本能，他们对经济发展环境极为敏感。许多企业家表示，中国的投资环境日益恶化，不愿意将自己辛苦赚来的钱投入难以预测的市场中。而投资的减少将直接影响就业、消费和整个社会的稳定。

无论是从国内外宏观市场角度，还是从企业内外部角度来看，我国一部分企业已陷入经营困境。原因是多方面的。从企业经营角度看，外部环境、经营竞争、成本运营都发生了较大的改变，并带来巨大挑战；从配套服务角度看，金融作为实体经济的核心配套，互相脱离较为严重、协同性不足、融资问题尤为突出，金融服务实体功能存在缺陷。提升金融服务的效率有利于改善企业的部分问题，从而有利于企业从经营困境中脱颖而出，“抢跑”并奠基长期竞争优势。

内忧外患，企业经营“新常态”

企业经营“新常态”可总结为四点：一是在较长一段时间内企业将在低迷的宏观环境中经营；二是外部需求疲软和内部产能过剩将在一段时间内困扰企业；三是企业将面对日新月异的客户需求和更加激烈的外部竞争；四是人口红利消退，特别是人工成本上升增加企业负担，企业感受深切。

1. 经营“新常态”之一：缓慢复苏的宏观环境

从宏观来看，国内外经济环境都不乐观，特别是全球经济低迷，对长期依赖出口和投资的中国经济造成较大冲击。

（1）全球经济持续低迷

2015 年全球经济增速对比预期再次下滑，金融危机已过去 7 年，但全球各国仍旧在寻找促进投资与复苏经济的良方。2015 年全球 GDP 增长约为 2.4%，增速比 2014 年再次放缓 0.6 个百分点。工业生产持续低迷。2015 年，全球工业生产同比增速为 2.3%，较上年放缓 1.1 个百分点，而发展中国家工业生产同比增长 3.9%，较上年下降 1.3 个百分点。世界贸易进一步放缓。根据国际货币基金组织（IMF）的数据显示，2015 年世界贸易增长量约为 2.6%，较上年下降 0.8 个百分点。由此可见，2015 年全球经济增长乏力，世界经济整体复苏乏力。我国商务部预测认为，世界经济在未来两年内持续走低的可能性较大。而在刚刚结束的 2016 年世界银行秋季会议中，由于全球债务创新高、通胀持续低迷，国际货币基金组织再次下调了 2016 年全球经济增长预期。其中，全球经济增长率下调 0.1%~3.1%，而美国的经济增速则从 2.2% 下调至 1.6%。实际上，即使是经济探底有回升趋势的美国，其商业投资数据仍然显示疲软，而货物库存积累则增速明显。由此可见，主要国家和地区的经济前景仍然不明朗，未来几年内全球经济将增长缓慢。

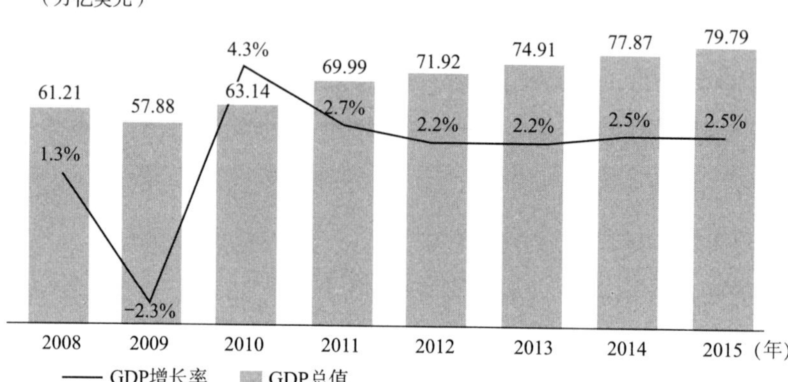

图 1–3　全球 GDP 总值及增长率

资料来源：世界银行

实际上，全球经济和市场已经形成较强的联动性，国际经济的低迷将直接对我国经济造成负面影响。在 2016 年冬季达沃斯论坛期间，国际货币基金组织副总裁朱民表示，全球联动性和溢出效应都已经达到空前水平，“当前，任何一个区域性的波动都会迅速溢出至全球，危机期间的市场联动性为 80%，这就提高了应对危机的难度”。因而，全球任何一个经济体都不能孤立于其他经济体发展，而中国作为全球第二大经济体自然也难以“独善其身”。

（2）中国经济复苏缓慢

国外市场持续低迷直接影响我国出口市场，使得我国经济增长所依赖的“三驾马车”之一——出口不再具有拉动力。2015 年我国出口总值为 14.12 万亿元，同 2014 年相比下降 1.9 个百分点。如以美元计价，2015 年我国出口总值为 2.27 万亿美元，同 2014 年相比下降 2.9 个百分点。虽然从全球来看，我国出口情况仍好于其他主要经济体，但由于全球贸易额大幅下滑，预期我国出口贸易近

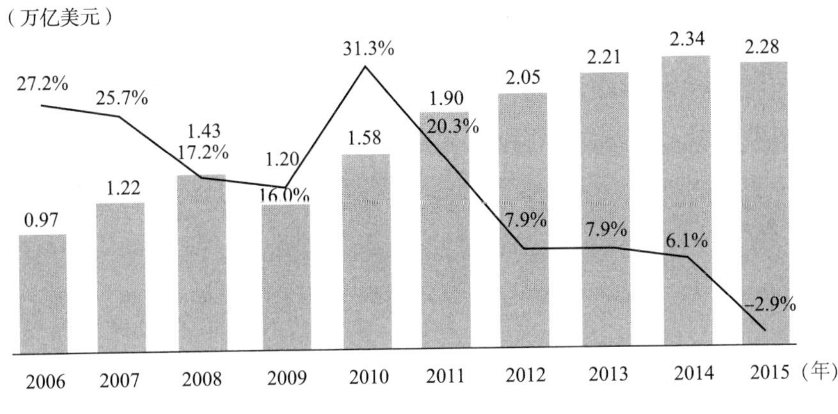

图 1-4 中国工业出口总值及增长率

资料来源：国民经济和社会发展统计公报

期内难以回升。出口市场的萎靡不振直接影响了我国出口企业的经营环境。近年来，我国出口企业在面临订单量下降且成本上升的双重打击下，多数企业陷入亏损境地，部分企业被迫宣告倒闭。其中2015年，广东东莞地区有至少4000家出口工厂倒闭。

出口的萎缩从另一个侧面反映了我国经济面临的困境。实际上，我国自身的宏观经济已处于数年来的低谷阶段。2015年，中国GDP增速“破7”，仅为6.9%。工业主营业务收入“0增长”，全国工业增加值增速为5.9%，较2014年下降了1.1个百分点。而投资增速自2016年初以来不断下滑，制造业投资、民间投资下滑明显。这些数据均说明中国宏观经济已经步入下行周期。

内需外需不断下滑造成我国大型企业内外交困的窘境。订单量下滑导致收入下降，已丧失发展能力和市场活力并且连年亏损资不抵债的“僵尸企业”越来越多。由于这些大型企业的资不抵债导致不良资产急速增多，金融机构的风险增大则导致金融机构对实体经济的融资支持不断减弱。金融机构开始减少对实体经济的资金支持

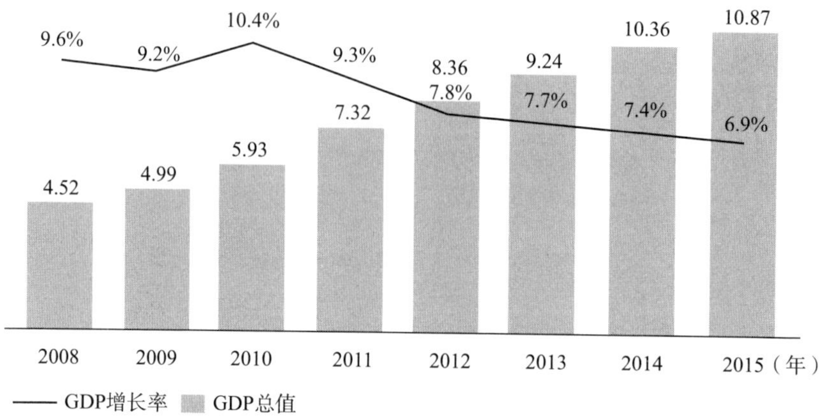

图 1-5 中国 GDP 总值及增长率

资料来源：国民经济和社会发展统计公报

数量，这就使实体经济更加萎靡，陷入恶性循环之中。

市场下行加上不确定性加强使得我国的宏观经济形势更为严峻，我国政府也采取了一系列措施进行经济刺激，但是政策推动的成效还有待观察，中短期内，国内经济仍存在较多不稳定因素。

这种经济环境对企业经营带来了直接冲击，企业需要“逆水行舟”。更进一步，除了身处停滞的大环境外，企业还需要面对更多其他的挑战。

2. 经营“新常态”之二：需求疲软与产能过剩

供需是商业活动的基础，供需平衡是健康商业环境的主要衡量标准。但部分中国企业则陷入了需求疲软、供给过剩的恶性循环中，从而使扩大内需、化解产能过剩成为政策层面的关注点。就目前看来，政策的推动效果并不显著，企业还需要自谋出路。

（1）外部需求疲软

在国家统计局2015年的调研中，八成以上中小企业认为“市场需求不足”是“当前面临的最突出问题”，而企业“新三难”中的另外两个——“用工成本上升快”和“原材料成本上升快”分别有73%和57%的投票率。对宏观需求的悲观态度更打击了企业家的信心，超过六成企业家认为宏观经济处于偏冷或过冷阶段，而2010年持如此悲观态度的企业家只有10%。

企业经营者的悲观态度和对“市场需求不足”的切身感受主要体现在两个方面。一是企业订货销售情况的低迷。在2015年中国企业经营者问卷调查中，49.1%的企业家认为目前订货情况“低于正常”，其中处于供销链条上游的采矿业、钢铁业和处于下游的房地产、汽车等大额消费行业的订货情况低迷更为普遍。

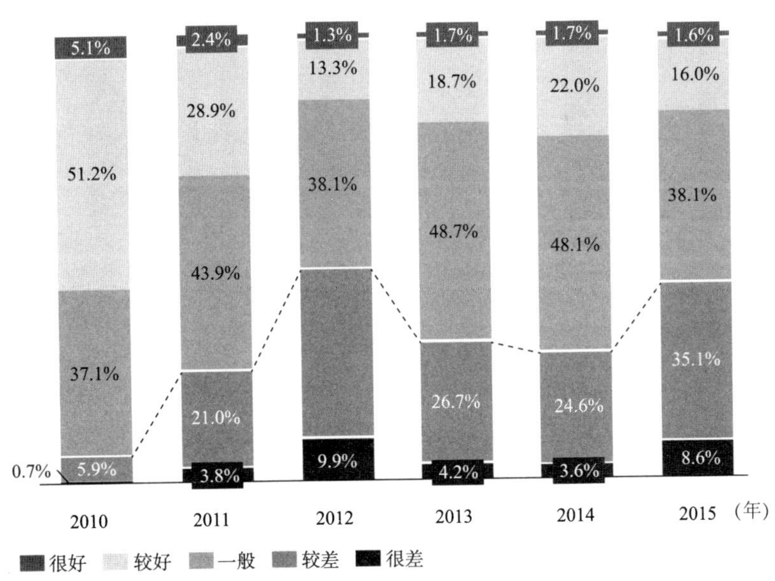

图1–6 企业经营者对当前宏观经济形势的判断

资料来源：中国企业经营者问卷跟踪调查报告

以企业订货情况作为先行指标具有较强的前瞻性，而实际销售情况更能反映企业的真实处境。从图 1-7 中可以看到，2012 年是企业经营的关键拐点，在此之前，仍有大多数企业家对销量情况表示满意（增加），但从 2012 年起，超过 40% 的企业家表示销量减少，而 2015 年，超过八成企业销量持平或减少。

二是产品价格的不断下滑。相对于 2014 年，2015 年 57.1% 的企业销售价格出现下降，达到近 5 年峰值，而仅有 6.6% 的企业销售价格上升。其中，在化工、化纤、钢铁、金属制品等行业中，价格下降尤为明显。

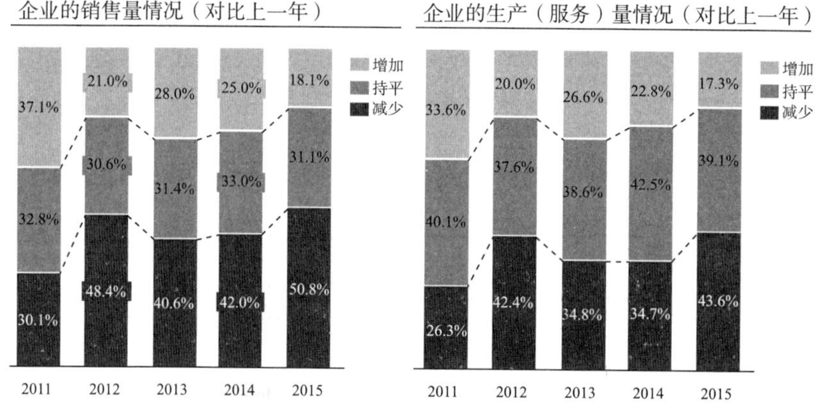

图 1-7　企业销售生产情况

资料来源：中国企业经营者问卷跟踪调查报告

实际上，销量下降、价格下降是市场需求对企业经营者的“双重打击”，其直接结果便是企业销售收入大幅下滑、盈利能力减弱，甚至亏损。减产停工成为企业的解决方案。2015 年，已有近 30% 的企业减产停工，从而导致工人工资停发甚至失业。这会形成连锁反应，就业降低、职工收入减少，甚至对未来收入预期的降低，都会导致职工增加储蓄率并降低当期消费支出，从而导致国内需求的继续萎缩，形成螺旋形下降的恶性循环。

从更加宏观的角度来看，内部需求的提升好转还有待时日。从几个宏观需求关键指标来看，2016 年的进口总额创下近 5 年来新低，2016 年第一季度进口总额 22021.2 亿元人民币，较 2015 年同期下降 8.2%。制造业 PMI（采购经理指数）一直在 50% 的荣枯线徘徊。2016 年 6 月的民生新供给中小企业制造业综合指数为 43.2%，环比继续下降；而在 2016 年尼尔森发布的消费者信心指数中，中国的消费者信心在过去 8 个季度中的每一个季度都在下滑。可以说，宏观数据并没有给中国企业传递积极的需求信号。

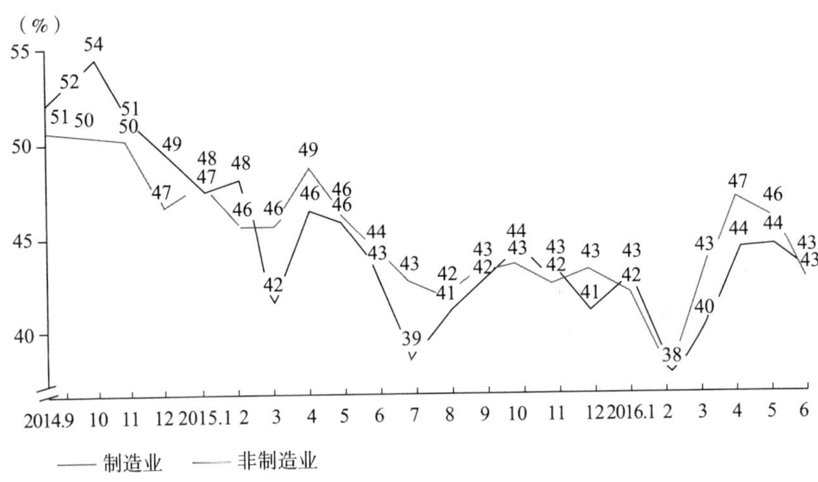

图 1-8 民生指数走势

资料来源：尼尔森调研数据

在拉动经济的“三驾马车”——消费、投资和出口中，中国长期基于廉价劳动力的比较优势依赖出口拉动、投资驱动的经济增长模式，消费占 GDP 比重长期远低于发达国家。但作为高速增长的发展中国家，投资拉动经济发展的效率更高，消费率较低、投资率较高也可以理解。但是随着中国人口红利的逐渐消退，传统增长模式风险凸显且难以为继，需要转变增长方式，加强需求和消费对经济增长的拉动作用。

在过去 10 年中，扩大内需成为政府政策的主旋律。2008 年确定的进一步扩大内需、促进经济增长十项政策，出台的 4 万亿元撬动国内需求，对中国从全球金融危机中迅速恢复，在短期内起到了明显的促进作用，但长期来看持续的需求推动效果有限。挖掘内部需求动力成为当前政府的重要课题。在 2015 年的“双十一”国务院常务会议上,“新消费”这一新名词被首次提出,而网络消费正是“新消费”的一种形式，寄希望于网络消费成为内需的助推器；在 2016 年 1 月召开的国务院常务会议上，李克强总理指出，“城镇化是中国最大的内需所在”，因此近两年，新型城镇化所配套的棚户区改造和旧房改造开展得如火如荼。政策层还在积极不断探索需求的驱动力，挖掘拉动需求的热点，但也传达着需求驱动力不足的信号，正是驱动不足才需要不断挖掘。

扩大内需，促进需求与消费对中国今天的发展至关重要，同时还紧密牵连另一个热点课题——产能过剩。

（2）内部产能过剩

从全球范围看，美国、欧洲、新兴经济体的产能利用率大体处于 81%~82%，通常认为 85% 的产能利用率属于较高的产能利用，而 80% 以下则处于产能过剩的范围。自 2010 年之后，我国的产能利用率长期低于 80% 的产能过剩衡量点，而设备利用指数也处于 45% 以下的较低设备利用水平。

随着我国经济增速的放缓、转型阵痛的持续以及国际经济的持续低迷，我国工业生产领域产能过剩问题日益凸显，并且有向新兴产业蔓延的趋势。据国家统计局 2016 年第一季度公开的不完全统计数据显示，我国钢铁、水泥、电解铝、平板玻璃以及船舶的产能利用率已降至 75% 以下，且部分行业已经出现了长期性和绝对的产能过剩。

钢铁、煤炭等行业产能过剩问题尤为突出。以钢铁业为例，进入 21 世纪以来，随着我国工业化进程持续加快，钢铁业迎来了快速发展的黄金时期，粗钢产能持续扩张，产量呈爆发式增长，加之 2008 年金融危机后我国出台了一系列扩大投资、刺激内需的政策，部分钢企无视市场需求，盲目扩张产能、扩大生产，导致部分行业产能过剩。2008 年底我国炼钢产能仅为 6.6 亿吨，而到 2012 年底，炼钢产能已扩张至 9.95 亿吨。尽管自 2012 年后钢铁产能增速有所放缓，但截至 2015 年底钢铁产能业已达到 12 亿吨的水平。12 亿吨的产能远高于 2015 年的钢材消费量 6.68 亿吨，这意味着钢铁行业内的企业绝大部分处于半停产状态，并且全球钢铁行业的产能过剩问题无疑使我国钢铁行业成为绝对的产能过剩。

如此严重的产能过剩问题如果无法得到有效解决，将使我国工业陷入长期的萧条之中。而造成我国产能过剩的主要原因是过去我国投资驱动的增长模式、企业及地方政府投资激励政策的扭曲以及 2008 年金融危机后我国政府为了维稳而实施的大规模市场刺激。

过去 30 年，我国主要依靠投资驱动增长的经济模式推动了传统制造工业产能的快速增加，形成了最初的产能过剩问题。我国经济在过去的 30 年时间里一直保持高速增长，而投资是驱动 GDP 增长的第一推动力。2009 年，我国的 GDP 增速为 9.2%，而投资贡献率高达 86%。我国中央政府以及地方各级政府为了推动经济增长制定和实施了以经济增长为主要目标的宏观政策，其中包括 5 年规划、产业战略等。这些政策刺激了大量投资涌入钢铁、水泥、平板玻璃、化工、纺织、金融、造纸等基础产业，使得这些行业的产能快速增加。

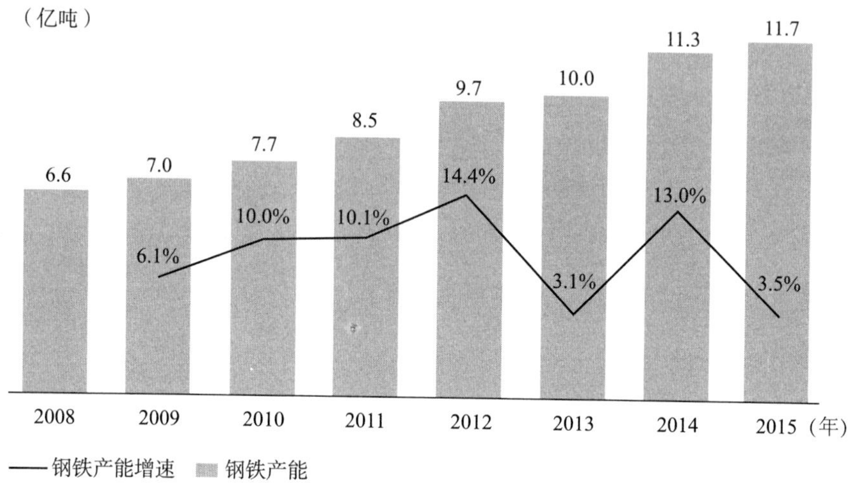

图 1–9　中国钢铁产能及增速

资料来源：钢铁工业运行情况分析和运行展望

即使面临产能过剩和过度投资的问题，地方政府为了完成经济增长目标也左右为难。

而过去我国经济的飞速增长无形中增加了市场中企业的信心，企业盲目追求扩大资本投资，地方政府不惜一切代价吸引投资恶化了产能过剩的问题。2003—2014 年，我国流向制造业固定资产投资的资本增速为 25%。大量企业不顾自身发展状况，无视企业应有的发展规率，将自身资本大量投入扩大产能的固定资产中。而随着国家宏观政策不断扶持“新兴”产业，近年来企业的资本投资开始从传统工业、制造业向竞争激烈的“新兴”产业转移。地方政府为了增加地方的 GDP、税收和就业，实施了一系列优惠补贴政策，不断刺激企业扩大投资，一些地方政府甚至设置了破产退出壁垒，如果企业资金链出现问题，或者出现资不抵债的情况，政府将帮助企业兼并重组，以保障各自辖区内的投资和就业。而政府这种不理智的行为进一步扭曲了企业的投资行为，恶化了产能过剩问题。

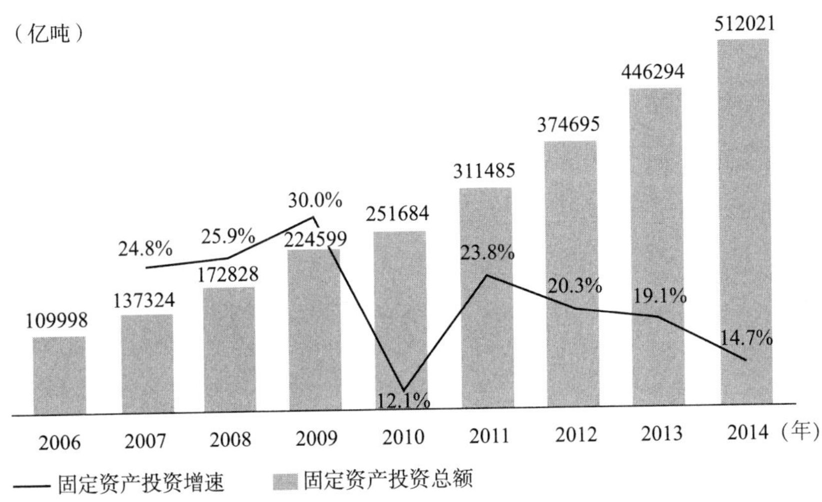

图 1–10　中国固定资产投资总额及增速

资料来源：国家统计局

2008 年金融危机后我国政府为了维稳经济形势而大规模刺激市场加剧了产能过剩。2008 年的全球金融危机使得我国制造业的外需与内需急剧收缩，我国政府为了稳定增长实施了大规模的市场刺激计划，确立了大量的公共基础设施投资项目。这使因为产能过剩问题而陷入停产或半停产的钢铁、水泥等上游产业的企业看到了又一轮的“春天”。不仅产业内的企业开始再一次投资扩大产能，不少行业外的资本为了追赶国家政策也纷纷涌入这些传统工业行业。随后，我国政府又出台了“十大产业调整振兴计划”，推出了多项配套政策，包括政府基金、信贷支持、税收减免等政策以刺激这十大关键产业来解决就业问题。虽然这些刺激政策对我国经济的稳定和回暖发挥了重要作用，但无疑再次加剧了产能过剩的问题。

产能过剩现已成为中国工业较为严重的问题，如何实现“去产能”是政府需要加快部署的政策。但现在来看，我国政府对于产能过剩企业的退出机制并不完善，去产能遭遇瓶颈。身处于产能过剩行业的企业需要认清行业现状，并根据自身生产实际进行调整。

3. 经营“新常态”之三：环境变化与竞争加剧

在中国社会发展的这个阶段，一成不变将成为企业的软肋，利用变化来应对“变化”至关重要，其中，最大的变化就是消费者的需求在不断升级，而竞争对手都在响应这种升级的需求。

（1）需求的日新月异

随着人均可支配收入的不断上升以及消费经验的日益丰富，消费者的消费决策越发理性和精明，消费需求的快速变化以及差异细分正不断催生出新的需求。而消费升级的到来使消费者的需求更难以满足。从趋势来看，高端化、个性化、多元化是未来消费的发展方向。但从企业的角度来看，我国企业目前普遍缺少满足消费者新兴需求的产品，以及缺少把握消费者行为变化动向的能力。

中国的消费升级现象必然会带来产品升级，而我国大部分的企业仍面临产品附加值的问题。以服装行业为例，我国的纺织服装制造厂商大多是为外资、合资或贴牌生产。2008 年，我国的纺织服装出口额占全球纺织服装出口额的比重已经达到了五分之一。但是，其中自主品牌只占 10%，其余 90% 均为无牌、贴牌或定牌出口。中国纺织服装制造厂商的通病是缺乏自主创新能力，无法生产高附加值产品。而随着消费者对生活品质，高端化、定制化、个性化的不断追求，我国的纺织服装企业是定然无法满足消费者的需求的。如何将企业转型为具有高附加值的品牌服装企业是它们近年来所要努力的方向。

（2）更激烈的市场竞争

我国过去的政策导向以及体制问题导致过去很长一段时间内消费品市场都是卖方市场，企业对于消费者的需求不重视导致现今缺乏把握消费者行为趋势的能力。我国在改革开放之后的很长一段时间里，消费品市场都处于供不应求的卖方市场，而到了 1997 年，我国人均 GDP 上升到 560 美元，将我国的消费品市场带进工业化初期的低水平买方市场。这就导致自 20 世纪 90 年代后期以来，我国适应消费、需求变化以及科技进步需求的有效供给严重不足。许多企业仍旧沉浸在卖方市场为企业所带来的高速发展的历史中，忽略了消费者在市场中的重要性。从产品最根本的设计、研发部门开始就缺乏对消费者未来的消费行为及趋势的预估能力，无形中削弱了企业的竞争力。

随着市场的繁荣与发展，每个企业所面临的同业竞争者不断增多，中国市场已从卖方市场全面过渡到买方市场。以餐饮业为例，1978 年改革开放之前，我国饮食业的经营网点尚不足 12 万个。但自 1991 年以来，我国餐饮业网点数量增幅每年都保持在两位数以上，截至 2007 年已达到 400 万个。如此快速的发展使得市场迅速饱和，与 20 世纪 90 年代的竞争市场截然不同，餐饮企业面临着越来越多的竞争者，市场竞争异常激烈。

随着改革开放的深入，市场的不断开放，市场上的企业数量呈爆发式增长。根据国家统计局公布的数据显示，2010 年，我国企业法人单位数为 6517670 个，而到 2014 年，企业法人单位数则猛增至 10617151 个，平均增速为 12.6%。而具体到批发和零售业，2005 年批发和零售业企业法人单位数仅为 47698 个，而到 2014 年，企业法人单位数已增至 181612 个，平均增速为 28%。企业数量的增多必然会导致企业间更加激烈的竞争，从而形成买方市场。随着市场竞争的日趋激烈化，也出现了更多的兼并整合，从而使得行业集中度提升，行业竞争难度加剧，企业竞争难度更大。

4. 经营“新常态”之四：红利消退致成本上升

近年来，人工成本不断上升，中国制造业的低成本核心竞争力逐渐消失，这对企业家提出的不仅是挑战，更是思维转变的要求。

实际上，人工成本上升是近年来困扰企业经营的最大问题。根据 2015 年国家统计局的调研结果，有 71.9% 的企业家认为人工成本上升是企业经营发展中遇到的最主要困难，且在珠三角地区表现得更为强烈，珠三角地区有 85.5% 的企业认为人工成本上升是企业经营发展中遇到的最主要困难。而人工成本上升主要来自两个方面，一方面是基本工资的飞速上涨，另一方面则是人员福利（五险一金）的全面覆盖。

小时工成本在过去 10 年内飞速上涨且增速极快，但近年来增速有所放缓。根据国际劳工组织的数据，我国制造业小时工成本在 2000 年仅为 0.71 美元 / 小时。2005 年，我国的小时工成本为 1.33 美元 / 小时，低于同期菲律宾的 2.05 美元 / 小时以及泰国的 3.42 美元 / 小时。而当时间转到 2013 年，我国的小时工成本已增长至 3.98 美元 / 小时，远高于同期菲律宾的 2.1 美元 / 小时，与泰国的 4.6 美元 / 小时近乎持平。我国的小时工成本较东南亚国家已不再具有绝对优势。

从小时工成本的增速角度来看，2000—2013 年间我国小时工成本的平均增速为 15.4%。而同一时期内，美国、日本和德国制造业小时工成本年均增速分别为 3%、2.9% 和 5%。巴西、墨西哥、捷克和菲律宾的增速分别为 8.2%、2.5%、11% 和 6.4%。发达国家小时工成本基数较高，增速较慢可以理解，但我国对比发展中国家的人工成本增速也处于较高水平。尽管 2014—2015 年，我国人工成本增速已经放缓至 5%~6%，但过去 10 年间人工成本增势迅猛仍是不争的事实，这也必然使我国劳动密集型企业感受到巨大的成本压力。

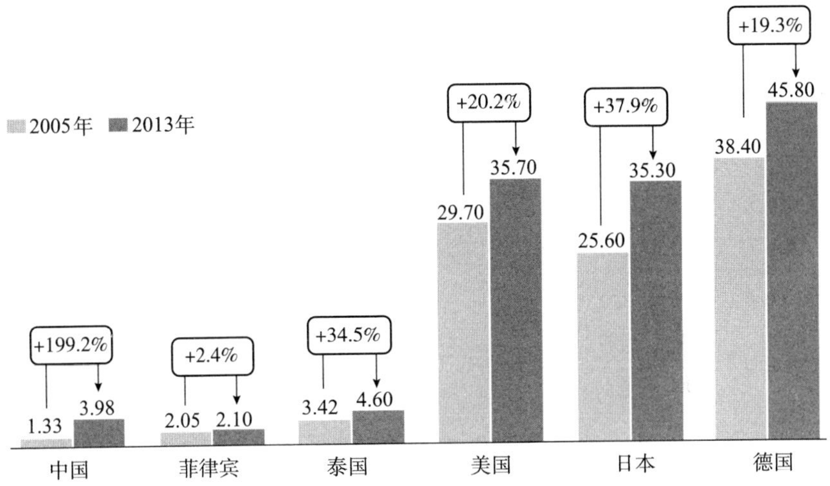

图 1–11 各国制造业小时工成本（美元 / 小时）

资料来源：世界银行

另外，随着国家对劳动力保护政策的不断完善，企业必须覆盖全部员工“五险一金”的缴纳，更是加重了企业人工成本的负担。现行的五项社会保险缴费合计达到企业工资总额的 39.25%，其中，养老保险总费率为 28%（企业缴费 20%，个人缴费 8%）、医疗保险费率 8%（企业缴费 6%、个人缴费 2%）、失业保险费率 2%（企业、个人比例各省自定）、工伤保险费率 0.75%（全部由企业缴纳）、生育保险费率 0.5%（全部由企业缴纳）。这使得企业用工成本与员工实际所得工资之间存在很大差异。如果企业预计用工成本为 1 万元，那么员工到手工资为六七千元，而如果员工想要拿到 1 万元的工资，那么企业的预计用工成本将会上涨至 1.5 万元。面对如此高的社保缴费比率，不少企业家直呼“不敢为员工涨工资”。

而根据北京师范大学课题组的调研结果，过去 10 年，企业用于社保缴费的成本增幅为 540%，而企业用于公积金缴纳的成本增幅则为 817%。2005 年，“五险一金”在企业劳动力成本中所占比重仅为 18%，而 10 年后的今天，“五险一金”所占比重已高达 25.1%。国家对劳动力的保护越来越重视，并且不断调高“五险一金”的基础缴纳标准，这些都使得人工成本成为企业头痛的首要难题。北师大课题组也在调研报告中呼吁，企业的社会保障负担过重，并且有日益加重的趋势，政府应当出台政策显著调整社会保险缴费基数，降低各种形式的社会保障缴费。

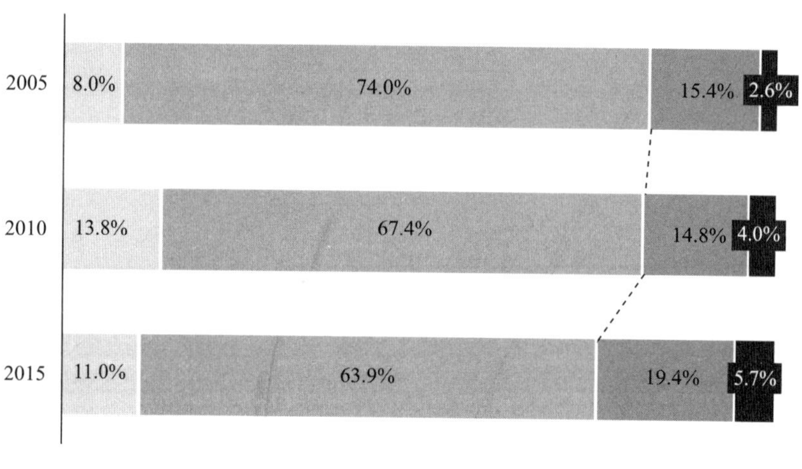

图 1–12 “五险一金”缴费占比

资料来源：《企业成本上升真相》，财新网

5. 企业经营“新常态”下的启示

企业在“新常态”下面对的挑战是全方位的、由外及内的，既有来自外部环境、竞争、需求变化的影响，更有来自内部生产、经营、成本的困难。企业需要制订全方位的解决方案应对这种挑战，特别是最大限度地利用金融工具，发挥金融的最大效用，来支持企业的生产经营活动。而传统金融在服务企业上存在长期痛点，这种“老顽疾”成为金融服务企业的桎梏。

金融服务的“老顽疾”

金融理应是实体产业的助推器、润滑剂，但长期以来，金融与实体经济的关系反而是金融脱离实体经济形成空转，从而使得中小企业融资难、融资贵成为普遍性问题；再者，传统金融单一、封闭的服务模式难以与新的企业经营特点匹配。从而使得这些金融服务“老顽疾”亟须解决。如何利用金融更好地服务企业、服务实体经济，这不只是单一企业需要思考的问题，更是全社会的课题。

金融脱离实体和中小企业融资难、融资贵是硬币的两面，正是传统金融的一些固有特性使其脱离实体，也正是脱离实体使金融资源无法有效地进入中小企业，而这些中小企业恰是实体经济中最具有迫切需求的领域。

实际上，中小企业融资难、融资贵的问题由来已久，这除了中国中小企业自身经营的一些特点外，主要还是由于中国现有的金融体系，特别是商业银行体系难以为中小企业提供有针对性的服务。中国的中小企业对 GDP 的贡献超过 65%，提供 75% 的就业岗位，如何解决中小企业融资问题，将关系到中国长期的经济繁荣和长治久安。

中小企业融资问题不但是中小企业个体的问题，也是中小企业所处供应链条上核心企业的问题。中小企业的经营困难将极大地影响供应链条的稳定性、生产的时效性、产品的质量性。因此，所有企业都需要创新性地思考解决措施。

1. 中小企业融资难、融资贵

中小企业作为国家经济发展不容忽视的群体，多年以来一直受到融资问题的困扰。2014 年，我国中小微企业对 GDP 的贡献超过 65%，税收贡献占到了 50% 以上，出口额占比超过 68%，提供了 75% 以上的就业。而中小企业在融资方面却没有享受到符合其地位的待遇。我国每年倒闭的中小微企业中，超过六成都是因为融资问题得不到解决而导致的。根据国家统计局 2015 年企业家调研报告显示，2015 年，有 43.9% 的企业家认为目前的企业流动资金情况比较紧张，只有 10.1% 的中型企业认为目前的流动资金比较宽裕，而流动资金较为宽裕的小型企业仅仅占了 5.6%。这无疑证实了中小企业融资现状仍然比较困难。融资难、融资贵成为中小企业的生存噩梦。

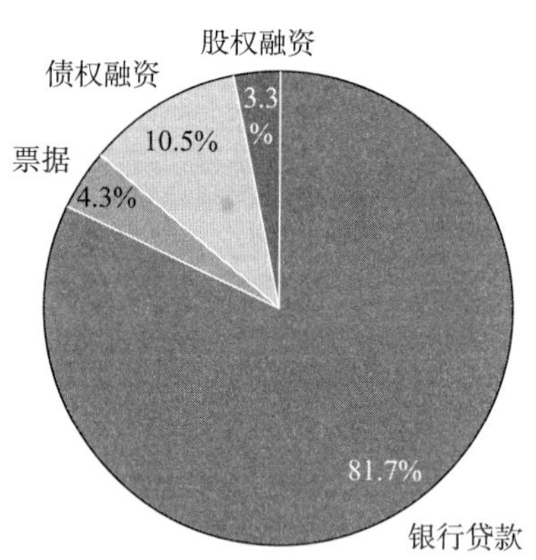

图 1–13　2015 年融资规模存量占比

资料来源：中国人民银行

中小企业融资难主要体现在融资渠道较为狭窄以及从银行获取贷款的难度较大。尽管现在市场上存在的无论是内源性融资还是外源性融资渠道都非常多，但是真正可以被中小企业主使用的融资渠道非常少。据中国人民银行 2015 年的统计数据，截至 2015 年，我国社会融资中，81.7% 为银行贷款，而债权融资和股权融资分别只占 10.5% 和 3.3%（股权融资只涵盖非金融企业境内股票）。由此可以看出，中小企业融资主要还是依赖企业自主投资、内部筹资以及银行贷款等间接融资渠道。而像债权融资、股权融资等直接融资渠道对中小企业来说门槛较高，且审批时间也较长。中小企业对于资金的需求一般具有短、小、频、急的特征，直接融资并不能很好地满足中小企业的需求。而当企业向银行申请贷款时，经常会被银行"拒之门外"。"有的东西做抵押银行不认，银行要的抵押物又没有"成为中小企业主在向银行借贷时的普遍难题。

中小企业融资贵问题更是越发严重。中小企业向银行借款一般需要有第三方担保。而中小企业一般风险较大，如果通过资产管理公司或其他公司担保，增信费用可能会达到 7%~8%，再加上平均 6%~7% 的利息成本以及一些第三方费用成本，向正规金融机构融资的成本都已接近 20%。而因为向正规金融机构融资较为困难，它们大都依赖非正规金融渠道。这些融资渠道的融资成本往往要比正规金融机构高得多，可想而知，中小企业的融资成本将对企业造成多么沉重的负担。

中小企业融资难、融资贵是一个"老生常谈"的话题，也是一个世界范围内都较难解决的问题。而造成中小企业融资难的成因相对复杂，不仅有企业自身方面的原因，也有金融机构、中国现有的金融体制等各方面的原因，其主要体现在以下三个方面。

第一，中小企业自身资本金不足、财务制度不健全导致现有金融机构较难为其提供融资。中小企业自身资本金不足且资产结构不合理，一般负债率很高。一旦市场发生变化，或由于其他原因导致企业受到冲击，企业的资金链极易断裂，并直接拖垮企业。即便是破产清算，金融机构也很难获得可以抵扣借款的资金或资本。另外，中小企业的财务制度一般都处于不健全或者缺失的状况下。企业没有明确的资金使用计划，债权债务方面的管理比较随意，财务报表缺失等因素都导致金融机构很难深入了解企业的真实财务状况，无法对企业进行财务评估，造成了中小企业融资难的现状。

第二，中小企业融资所依赖的信用担保体系并不完善。我国现有担保体系内的公司主要分为三种类型，信用担保机构、互助担保机构以及商业担保公司。信用担保机构目前主要由地方经贸委会同财政、银行等部门共同组建，属国家扶持中小企业融资的重要政策手段，资金主要由政府划拨；互助担保机构为中小企业自发组建，不以营利为目的，主要是服务中小企业自身；商业担保公司则是由企业或个人出资筹建的担保机构。

担保业现在所面临的共同问题是规模较小、机构数量少、担保品种单一且费用高昂。我国目前注册资本金在1000万元以下的担保机构占总数的47.24%，而注册资本金在1亿元以下的占比为95%，担保资金不足会影响担保机构在银行的信用度，担保机构不能使用合理的金融杠杆乘数放大效应，担保机构可同时担保的中小企业数量减少。而担保机构总体数量较少更是恶化了担保市场的供需问题。需求大而供给少且担保品种单一，无形中抬高了中小企业寻求担保时所要支付的担保费用，进而抬高了中小企业融资成本。

第三，银行是企业的主要融资渠道，但在其传统经营模式下，难以服务中小企业。商业银行的贷款审批标准基本上是为大企业、大项目或者大资金需求而制订的。无论是评级标准、风险分类还是抵押条件、收费标准等都较为偏向大企业，很少考虑小企业的融资特点。银行可供放贷的资本金有限，在同等条件下，将资本金放给大企业会比放给小企业风险低得多。而我国商业银行基本上没有差异化经营，很少有致力于服务中小企业的商业银行，专门服务中小微企业的金融机构也非常少。而我国征信体制的不完善无形中增加了银行对中小企业的授信成本。银行一般很难获得中小企业的财务信息，在信息极度不对称的情况下，银行只能抬高抵押担保门槛，而这无疑是向大部分中小企业关闭了银行渠道融资的大门。

其中，银行难以服务中小企业是至关重要的原因，也意味着中国金融体系脱离了实体经济，对实体经济的服务不足，银行也单一地变成了“大企业的银行”。

2. 金融脱离实体经济，形成空转

在谈论金融脱离实体经济时，主要指金融作为血液，并没有流入急需输血的领域，而是进入了并没有促进 GDP 增长的领域，如个人房贷等；或者流入了很多资源已经比较丰富、需求并不迫切的地方，如大型企业等，最具代表性的现象即形成了所谓的“大企业的银行”。

根据全国工商联于 2010 年 2 月发布的《中小企业融资问题调查报告》，在 2001—2010 年的 10 年时间里，国有银行 80% 以上的信贷资金都投向了大型企业，只有 20% 的信贷资金发放给了中小企业。与中小企业每年对 GDP 的贡献超过 65% 相比，中小企业所得到的资金扶持力度非常薄弱。针对这一问题，中央政府及银监会不断出台扶持中小企业融资政策，但在过去的 5 年间情况并没有得到很好的改善。根据银监会数据，截至 2015 年底，银行业金融机构用于小微企业的贷款存量为 23.5 亿元，对比银行业贷款总存量的 95.8 亿元，小微企业贷款仅占到银行贷款总额的 24.5%。

银行需要考虑成本收益比，是其对中小企业放贷意愿较低的主

要原因。其一，中小企业每笔借贷金额较小，与大企业的每笔金额相比差距较大。其二，银行审核中小企业借贷申请成本高，且放款之后承受风险大，银行放贷给中小企业的意愿自然会比较低。

从银行的角度来看，尽管中小企业群体对于资金的需求总量很大，但单个企业对于资金的需求对于银行而言并不大。大企业向银行申请借贷，一笔的金额就可能是几亿元，但是一家中小企业向银行申请借贷，一笔可能仅为几百万元甚至几十万元。向中小企业发放几十笔贷款才有可能等同于向大企业发放一笔贷款。

另外，因为中小企业难以满足银行贷款的抵押担保条件，并且相对经营风险较高，还款风险较大等种种原因都使银行向中小企业发放贷款的积极性不高。对于商业银行来说，安全性、流动性、营利性才是它在经营管理中应该考虑的首要问题，而鉴于中小企业自身的限制等因素，商业银行审核一家中小企业的贷款请求的成本甚至要高于审核一家大企业的贷款申请。无论如何，这样的贷款成本对商业银行来讲都是不划算的。因此，商业银行认为与其将资金投放给中小企业，不如与大企业建立好关系，这样既可以保障资金的有效利用，同时也可以保证降低银行的资金风险。

我国政府一直较为重视扶持中小企业发展，然而收效甚微。我国现行法律对中小企业融资进行了详细规定，从法律层面上为中小企业融资提供保障。《中华人民共和国中小企业促进法》(以下简称《促进法》)第十四条和第十五条规定，中国人民银行应当加强对中小金融机构的支持力度，鼓励商业银行调整信贷结构，加大对中小企业的信贷支持。各商业银行和信用社应当改善信贷管理，扩展服务领域，开发适合中小企业发展的金融产品，调整信贷结构，为中小企业提供信贷、结算、财务咨询、投资管理等多方位的服务。国家政策性金融机构应当在其业务范围内，采取多种形式，为中小企业提供金融服务。尽管《促进法》奠定了国家大力扶持中小企业的基调，但由于条例规定过于宽泛，对金融机构的约束能力不强，《促进法》并未收到很好的成效。

2006 年，中国银监会发布了《商业银行小企业授信工作尽职指引（试行）》，确立了监管机构推动商业银行加大对中小企业的信贷投放所持的坚定态度。该《指引》规定，银行对小企业授信时，可根据其经营特点和业务风险等信息实行差别于大客户的管理制度。可适当简化对小企业的授信环节，扩大客户经理的授信权限。2011 年，银监会又继续出台了《关于支持商业银行进一步改进小企业金融服务的通知》，并规定，对于运用内部评级法计算资本充足率的商业银行，允许其将单户 500 万元（含）以下的小企业贷款视同零售贷款处理。在计算存贷比时，对于商业银行发行金融债所对应的单户 500 万元（含）以下的小企业贷款，可不纳入存贷比考核范围。2013 年，银监会再次放宽了对中小企业贷款的风险监管标准。中小企业贷款的资本占用只按 75% 计提，不良贷款容忍度高于大企业贷款。

但从效果来看，银监会接二连三出台的鼓励商业银行发放中小企业贷款的政策收效也并不理想。中小企业贷款风险大、回款难、成本高致使商业银行无视监管机构的鼓励政策，以致中小企业融资问题并没有得到解决。

3.“新常态”下传统金融的桎梏

进入 21 世纪，相信每一个中国人都有非常明显的生活变化体验，包括物质生活的丰富、生活方式的改善、线上生活的普及，北上广深等一线大城市已经可以与纽约、伦敦、东京相媲美。以深圳为例，从 25 年前的小渔村，一跃成为高楼林立、交通便利、金融发达、创新活跃的类国际化大城市；人民城内出行有便利的地铁网络、跨城出行有高铁飞机，网络购物可实现当日达、吃饭出行可手机指引等，生活追求更便利、更快捷、更优质。可以说，中国社会的发展、人民生活的变化日新月异，伴随的是企业生产经营方式的不断变革、升级，企业发展推动社会发展，需求升级又反推企业革新。

从企业生产经营革新的角度而言，主要体现为三大特点。一是从局部区域转向跨区域化，交通的便利、企业规模的扩张使得更多企业不再局限于区域内的生产经营活动，而是形成了跨区域、全国性甚至海内外的经营网络，从而使得生产经营活动更为复杂，上下游众多、分支机构网络庞大、收付结算形式多样。

二是从粗放经营转向精益化，主要是指为了响应客户更优质、更快捷的需求，生产经营活动信息化提升，追求质量与效率，生产经营计划更细致且紧凑，形成整个供应链条的生产经营协同。具体来说，即链条上各个环节逐步形成统一的整体，分工协作、步调一致。进而从一个松散的生产组织升级为统一利益的合作体。

三是从简单粗放转向复杂化，在经营区域扩大、生产链条日益精益的情况下，经营活动也日益复杂。这种复杂既源于业务多元化下内部规模扩大、部门增多，内部需要进行集团化管理；也源于经营区域扩大后外部合作伙伴、交易伙伴增多，每个伙伴的独特性使得外部管理变得更具差异化和针对性；还源于内外部的精益化协同环境变化使得流程、组织、绩效都需要进行变革。

上述从局部、粗放、简单到跨区、精益、复杂的企业经营模式变化直接影响金融服务的质量与效率。众所周知，传统金融服务的特点是产品单一、渠道割裂、服务封闭。其中，产品单一不是指产品数量有限，而是指产品标准化、同质化高。根据不完全统计，建设银行的产品名录高达 8000 多种，但同类型产品高度同质，无法与差异化的客户需求相匹配，因为复杂经营必然导致经营差异化，从而对金融服务的需求亦将体现出高度差异化。

渠道割裂指在金融机构的传统经营模式下，不同区域机构形成竞争，从而使得跨区域协同服务困难重重。区域经营模式下，这种渠道割裂问题被掩盖。一旦企业经营突破区域边界，金融服务的问题就浮出水面，无法形成跨区域的协同服务使得金融服务效率低、成本高，金融服务跟不上企业经营发展节奏，从而成为企业发展的累赘。

更进一步说，传统金融机构之间的合作性不足，每个服务主体分别向服务对象提供服务，服务之间缺乏连贯性和整体性。实际上，在复杂的经营活动中，企业对金融服务的需求是全方位、多元化的，既有支付结算、资金增值、资金融通等传统需求，更有流动性管理、高效收付、担保增信、员工服务等增值性需求，从而对整体金融解决方案提出了更高的要求。但在封闭的金融服务环境中，难以形成整体金融解决方案，碎片服务必然使客户体验变差。

为此，新的企业经营模式将对现有的传统金融服务造成冲击，必然倒逼产品单一、渠道割裂、服务封闭向产品多元、渠道协同、服务开放的模式变革，而这种模式变革的核心是从以产品为中心向以客户为中心转变。实际上，领先的传统金融机构已经意识到传统模式不能适应企业变化的弊端，推进实施以客户为中心的经营模式，真正基于客户需求、结合企业经营情况为企业提供服务。但是，一方面，传统金融体形臃肿，转型过程漫长；另一方面，最了解企业的必然还是企业自身，外部金融机构希望能够理解企业必然需要做出更多努力，市场上看到了一些尝试，但还未看到更多成功。

突围之道，企业经营与金融的深度结合

在这种情况下，企业必须建立并强化自身的竞争能力，以下四点至关重要，包括夯实现有业务、绑定客户；优化供应链生态；降本增效；挖掘新的业务增长点。为此，企业可通过与金融深度整合，帮助其建立竞争能力。

在这种企业经营“新常态”下，企业应该首先建立自身竞争优势。尤其在以下四个方面，更可形成同金融的合力。一是夯实企业现有业务优势，使业务及产品能够更好地满足消费者不断变化的需求。二是优化企业供应链条，以合理优化企业成本，解决企业在供应链上成本不断上升的问题。三是优化企业经营效率，进一步降低成本。其中，优化管理成本以及人工成本，合理降低企业生产成本。四是企业在经济低迷期应寻找新的业务增长点，可以拓展新的业务来帮助企业获取更多利益，渡过经营难关。而这四个领域正好可以与金融形成紧密的合作，或应用金融的工具，或借助金融的手段，使金融与企业经营形成深度结合，助推企业发展。

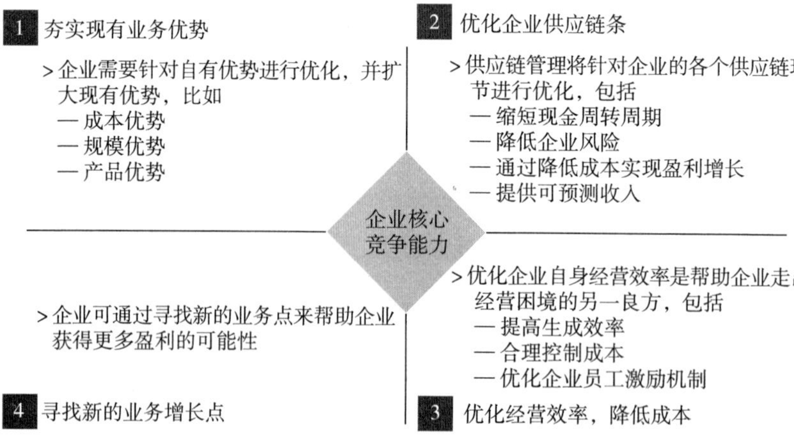

图 1–14 企业核心竞争能力

1. 夯实现有业务优势

企业在多年的运营中，一定有领先于其他企业的特有优势，也许是成本优势，也许是规模优势，也许是产品优势。企业需要在全面了解自己的优势后，针对这一优势进行优化，从而实现扩大现有优势的目的。例如，华为作为中国本土领先的手机制造商，曾通过过硬的产品质量与极高的产品性价比迅速打开了一直由外国手机制造商垄断的中国手机市场。华为的规模在近几年的经营中不断扩大，但是，它也清楚地认识到其在市场中立足的根本点在于自身的产品优势。那么，不断更新与优化自己的手机产品则成为华为扩大自身优势的立足点，这也是华为坚持要大力投资研发的原因。

无论是增强研发、创新产品还是提升质量都是为了迎合消费者需求、促进产品销售。而通过与金融服务结合是促进销售的重要举措之一，如汽车厂家为消费者提供分期付款使得消费者能够更轻松地购买汽车，从而起到促进消费、巩固客群、扩大规模、夯实业务优势的效果。

2. 优化企业供应链条

在企业纷纷受到冲击的今天，它们为了生存纷纷将目光转移到供应链管理上。供应链管理可以使企业在满足一定的客户服务需求的前提下，将供应商、制造商、仓库、配送中心以及渠道商等各个供应链环节进行优化。供应链管理可以实现企业四个方面的目标：缩短现金周转周期，降低企业风险，通过降低供应链系统成本实现盈利增长以及提供可预测收入。其中最重要的无疑是通过降低供应链系统成本以实现企业盈利增长的目标。以供应链中的采购环节为例，我国现在大部分企业缺乏采购环节的管理，供应商与企业之间缺乏有效的信息沟通方式，监督机制不完善，或者根本无法实现对供应商的管理等。这些问题导致企业经常在采购环节中遭遇物料重复、资金压力增大或对特定的供应商过分依赖等问题。如果这些问题不能很好地解决将严重影响企业在供应链成本上的支出，致使企业盈利水平持续下降。做好企业的供应链优化改革是帮助企业度过经营困境的有效手段。

而金融正是优化供应链条的重要手段之一，正如前面所述，供应链条中的许多中小企业经营困难较多，而资金周转、短缺等问题无法通过正常的融资渠道得到解决，从而出现产品供应不及时、质量参差不齐甚至企业倒闭等问题。通过为供应链条上的中小企业提供金融服务，保证其资金充裕，使终端消费者能够更及时地获取更高质量的产品，销量扩大将使得整个价值链条上的企业受益。

3. 优化经营效率，降低成本

从企业自身角度出发，优化企业自身经营效率是帮助企业走出经营困境的另一良方。优化企业经营效率包括提高生产效率、合理控制成本，以及优化企业员工激励机制等多个方面。以合理控制企业成本为例，我国大部分企业的成本管理机制都不完善，缺乏健全的成本控制方案及监督措施。优化企业成本管理机制可以使企业有效降低成本，提高企业盈利水平。具体的优化措施包括：通过对现有的经营状况以及未来的经营目标进行分析后，对某一成本项进行有针对性的削减或优化，例如对不利于成本节约的因素进行预防，或者通过金融手段对可能造成成本上升的因素进行合理调节等。提高企业经营效率可以增加企业生产经营的经济效益，增强企业的生存能力和发展能力，对企业的进步与发展至关重要。

随着企业对内部精益化经营的重视，加强财资管理是重要的经营手段之一。通过财资管理为企业内部实现资金归集、资金调配、内部融资等金融功能，使得资金的运用效率更高、资金获取成本更低。

4. 新的业务增长点

企业通过一个业务点可以获得的盈利贡献是有限的，在充分优化这个唯一的业务点后，企业可以考虑通过寻找新的业务点来帮助企业获得更多盈利。新的业务如果与已有业务具有协同效应，那么在与其他企业竞争中，协同效应会使企业拥有远高于其他企业的竞争优势。例如，互联网产业巨头阿里巴巴作为中国电商平台的开创者，现已是全球最大的电商平台运营商。然而，阿里巴巴近年来一直不停地开拓新兴业务，比如，第三方支付、阿里小贷、智能家居等。其中，阿里巴巴金融业务板块由于其电商平台拥有的庞大数据资源，在银行非常薄弱的中小企业贷款领域也可以做到很好地控制风险。自然而然地，阿里金融成为阿里巴巴继电商平台主营业务后的另一个支柱型业务板块，而且每年盈利相当可观。

从阿里的示例可以看出，金融不但增强了主业的能力，更使阿里能够通过金融获得额外收益。而且金融收益率更高、盈利能力更强，在某些传统行业中，通过金融获得的收益甚至比主营业务更高。

在宏观经济形势内外交困的时代背景下，企业理应深思未来的发展之路。无论是巩固现有业务优势还是进军新的业务领域，唯“变”才是在竞争越来越激烈的市场中持续发展的不二选择，而金融或许能成为企业“求变”的法宝。

第二章　企业与金融结合的探索

从全球范围看，企业与金融结合、利用金融手段为主业提供服务已有较长时间的实践，而中国在近10年时间内才逐步有企业主动参与并开展金融服务、服务主业。尤其在最近两三年，大多数企业已意识到主动开展金融服务的价值，并参与开展金融业务。

企业开展金融服务主要有以下几种形式：一是针对企业内部经营管理提供以资金集中管理为核心的解决方案；二是针对供应链上下游提供资金融通；三是针对消费者提供各种形式的金融服务。部分行业如汽车等已经出现具备行业特色的行业综合金融服务。

同时，随着互联网技术的发展，为企业开展金融服务提供了更多技术手段和条件，这也是“企业+金融”涌现的主要原因，并且催生了更多包括众筹在内的创新性的业务形态。

企业开展金融服务的历程

1. 企业开展金融服务概览

正如第一章所述，在整体经济下行的背景下，企业面临着盈利不断下降甚至亏损的境况，其中可能涉及需求疲软、产能过剩、竞争加剧和成本上升等多重问题，此外，融资难的遗留问题依然困扰着大部分中小企业。

在长期的企业实践中，企业主导开展金融服务可以部分地解决上述问题。在企业内部开展的金融服务有利于优化企业内部的资金配置；针对企业上下游开展的金融服务有利于强化企业的供应链生态，并解决上下游企业融资难的问题；针对企业用户开展的金融服务可以有效增强用户的黏性等。这些都是企业开展金融业务可以为企业经营带来的好处。

从全球范围看，综观企业自行开展金融服务的历史，最初应追溯到19世纪末的美国，并随着时间的推移而不断发展，到20世纪初期逐渐出现了专门针对消费者的由企业提供的金融服务。而比较确信的第一家由集团自己设立的金融服务公司应该是1919年美国通用汽车成立的通用金融票据兑换公司。该子公司旨在为购买通用汽车的消费者提供融资贷款服务。由于当时美国银行并不愿意办理汽车贷款业务，这使得通用汽车利用广阔的市场空间，成立金融公司后在个人零售金融业务方面大获成功，并使其他汽车公司争相效仿。

到20世纪70年代，美国许多较大的集团企业纷纷建立金融部门，甚至是金融公司延伸金融服务。这种类型的金融服务主要定位为三大方面，一是管理企业内部资金周转，二是为供应链上下游企业提供金融服务特别是融资支持，三是消费信贷。其中，消费信贷在美国普及程度极高，特别是几乎所有的大型零售商如Macy's百货、Nordstrom百货等均发行自己的信用卡，而美国消费信贷覆盖包括学生助学贷款、汽车贷款、医疗贷款等领域。

我国的非金融企业延伸金融业务相对来说起步较晚，直到1987年才出现第一家企业集团财务公司。综观我国非金融企业发展金融业务的历史，可分为三大阶段。

第一阶段：集中试点阶段（始于1987年）。在这个阶段中，主要通过成立财务公司，为特大型企业的成员企业提供资金结算与集中管理服务，同时延伸更多类似存贷款的银行职能。在此阶段，业务开展主体主要为东风汽车、中石油、宝钢等特大型企业，面向的服务对象为其集团内成员企业，提供的服务以资金集中管理为主。

第二阶段：多元拓展阶段（始于 21 世纪初）。在这个阶段中，更多是物流公司、制造业核心企业针对上下游企业提供融资服务。业务主体从第一阶段的特大型企业下沉，主要为一些特定行业中的大型企业，如物流行业、制造业，而服务对象主要围绕供应链条上的企业，服务内容以融资为主。

第三阶段：创新发展阶段（始于 2010 年左右）。在这个阶段中，受益于互联网的发展，更加多元化的企业依托互联网提供更丰富且更具创新性的业务。包括以余额宝为代表的消费余额理财、以支付宝为代表的第三方支付、以电商为代表的线上供应链金融、以京东白条为代表的消费信贷、以腾讯员工购房贷为代表的员工贷，等等。由不同行业、不同规模的企业主导开展金融业务，服务的对象也更加广泛，业务模式多种多样，形成百花齐放的态势。

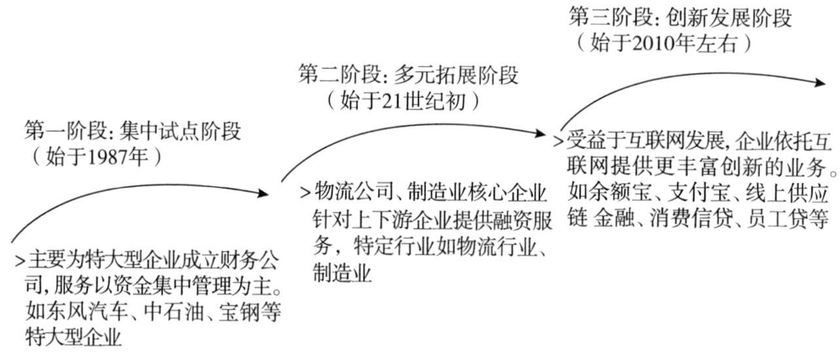

图 2-1　企业开展金融服务阶段

综上所述，非金融企业开展金融服务包括支付交易、投资增值、信贷融资和增值服务四种模式。其中增值服务包括信息服务、数据服务、系统服务等，主要通过利用经营或金融活动所掌握的数据、信息、基础技术为金融或经营活动提供支持。

据估算，非金融企业开展金融服务的市场中，支付交易市场规模已达到 11.8 万亿元，预计至 2020 年将达到 30 万亿元；理财 / 投资市场规模已达到 1 万亿元，预计至 2020 年将达到 2.5 万亿元；融资市场规模已达到 13 万亿元，预计至 2020 年将达到 28 万亿元。可以说非金融企业开展金融服务市场规模庞大，且在未来数年将迅速发展。

根据企业开展或者参与开展金融服务的历程，可以总结出几个比较典型的金融服务模式，分别包括：针对企业内部经营提供整体金融解决方案——财务公司，针对上下游的融资活动——供应链金融，针对终端消费者的融资活动——消费金融，以汽车金融为代表的行业性金融服务方案。

2. 企业开展金融服务的几种路径

传统企业在开展金融服务时，会根据业务阶段和业务能力来考虑实施路径和落地举措。

第一，自建还是合作需要考虑多方面因素，这里不做详尽分析。但参考京东金融的发展历程，可以为读者带来启发。京东在刚开始拓展金融业务时，一是缺乏相应的金融牌照，二是业务规模较小，所以在 2012 年与中国银行北京分行合作，共同打造供应链金融服务平台。资金由中国银行提供、风控由中国银行负责，京东主要提供担保与数据输出。

但随着业务规模的扩大，合作模式成为规模扩张的“瓶颈”，因此京东一方面不断获取相关金融牌照，并首先在 2013 年底获取小贷牌照从而可以自主提供资金，并且持续获取包括支付等牌照，以支撑业务规模的持续增长；另一方面建立自身金融能力，包括风险控制能力，基于数据风控和信用体系的“京东白条”也在2014年初上线。

可以说，在业务规模有限、重要性较低、获取难度较大的情况下，合作模式是最佳选择。在最初的金融雏形，或现阶段的保险、信用卡业务上，京东均采取合作模式。在业务规模持续扩大、重要性提高、能力可获取时，京东均投入大量资源进行自建，如小贷、消费金融、支付牌照、风控能力、智能投顾算法等，从而既建立了自身核心金融优势，又形成了合作互补。

第二，企业在开展金融服务时，既需要有资金、资产等金融资源的输入，也需要有风控、平台等技术能力进行支撑。为此，可以将开展金融服务的能力和资源分成两种类型。

一类是金融资源，该资源对于开展相应业务至关重要，是业务模式的重要组成部分，资源的质量决定了业务模式的竞争力，如资金价格等。其中包括开展信贷业务的资金，开展投资/理财业务的资产等。如小贷公司、财务公司、消费金融公司、保理公司等能提供资金，或银行理财等能提供资金或资产等金融资源，这些都是开展金融服务不可或缺的，在条件允许的情况下应该优先考虑自建。当然，如这类型金融资源的获取存在较大难度，则应建立紧密的合作关系。

另一类是技术支撑能力，该要素是业务模式开展的支撑工具，也是开展金融服务时的重要组成部分，但不会成为核心竞争力。比如，提供技术支撑的科技类公司、丰富业务模式和资金资产来源的交易所、作为支付手段的支付工具类企业等。实际上，自建技术支撑能力的收益成本比非常低，首先是因为其并不会成为业务模式的核心竞争力；其次是其具备较高技术门槛或进入壁垒，从而使得自建的收益较低，可以优先考虑合作的方式。

值得一提的是，如富士通等企业在搭建金融科技平台时，也主动采取合作的方式，从而形成效率高、收益最大化的合作互补。

企业开展金融服务的主要业务形态

现阶段，我国企业开展金融服务主要有以下几种形态：一是针对内部经营提供综合金融服务；二是针对供应链上下游提供金融服务；三是针对终端消费者提供金融服务。与此同时，具有行业特性的综合金融服务也在汽车行业等得到较为成熟的实践。随着互联网技术的成熟和广泛应用，上述金融业务形态形成了更丰富的表现形式、更高的运营效率、更强的风控能力，也支持了更多的企业能够开展不同形式的金融业务。

1. 企业自行开展金融服务的先锋——财务公司模式

（1）财务公司发展历程

我国的财务公司扮演着企业的“内部银行”的角色。根据银监会的定义，财务公司是以加强企业资金集中管理和提高企业集团资金使用效率为目的，为企业成员单位提供财务管理服务的非银行金融机构。因此在功能上，财务公司在企业集团的资金管理、内部结算以及投资融资等方面发挥着极为重要而关键的作用。

我国财务公司的发展历程见证了我国经济发展和金融体制改革的不断变迁，相关的监管机构对监管方式与力度不断进行调整和规范，并逐渐清晰了财务公司的业务范畴和定义等。根据监管内容的变化，我国财务公司的发展历程也可以划分为三个阶段。

探索尝试期（1987—1995 年）：1987 年，我国第一家财务公司——东风汽车工业财务公司成立，在这个阶段，中国人民银行对财务公司的监管主要参照专业银行和信托公司进行。1992 年，国家首次对财务公司提出定位：办理企业集团内部成员单位金融业务的非银行金融机构。

自律规范期（1996—2003 年）：1996 年，中国人民银行第一次以专门法规的形式对财务公司进行了全方位的规范，并把财务公司定义为"为企业集团成员单位提供金融服务的非银行金融机构"。1997 年，中国人民银行针对部分财务公司大量解决集团融资支付等问题，将定位调整为"为支持集团企业技术改造、新产品开发及产品销售、以中长期金融服务为主的非银行金融机构"。

健康有序期（2004 年以后）：2004 年，银监会对财务公司的功能定位进行了重新调整，"以加强企业集团资金集中管理和提高国内企业集团资金使用效率为目的，为企业集团成员单位提供财务管理服务的非银行金融机构"，突出强调了资金集中管理的核心功能，弱化了投融资功能，把为企业集团提供财务管理服务作为重点，自此财务公司的发展进入健康有序期。

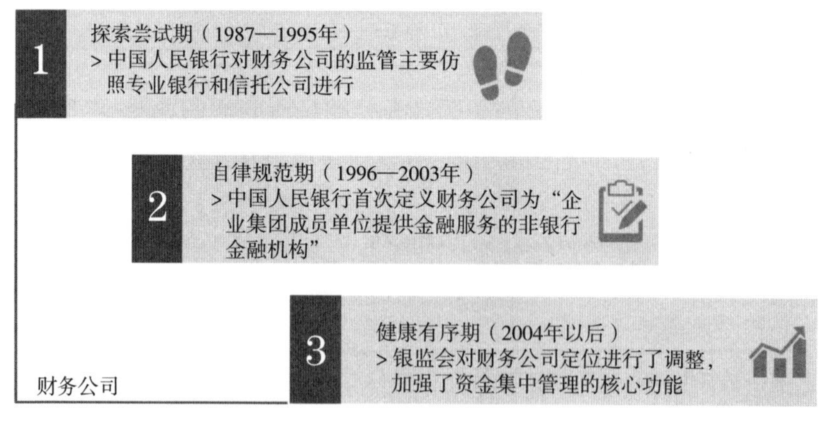

图 2-2　财务公司发展阶段

我国财务公司行业规模增速较快，2014 年财务公司数量为 194 家，全行业总资产为 3.2 万亿元，而 2015 年财务公司数量为 220 家，全行业总资产为 4.1 万亿元，资产增长率为 28.48%。预计未来几年，我国财务公司规模仍将保持较快的增长速度。

（2）财务公司核心功能与优势

我国的财务公司虽然已经发展出资产、负债、同业、中间业务等比较全面的传统金融机构业务，但实际上仍然以资金集中和专业化管理作为其核心功能，目的是通过资金集中管理为集团的财务管理提供专业服务。这种核心功能主要满足三方面的需求。

一是企业集团内的资金调配，提升资金利用效率。在我国，企业间的资金拆借受到严格限制，传统模式下，企业集团内部资金调拨需要通过金融机构，效率较低，并且需要支付较多的费用。

二是形成较大额的融资需求，降低外部融资成本。因为集团内部单个企业的资金需求通常额度较小、信用较低，银行贷款利率较高。通过财务公司集中管理可集合集团内成员单位的贷款需求，基于集团的商业信用，形成规模效应的贷款需求可降低获取成本。

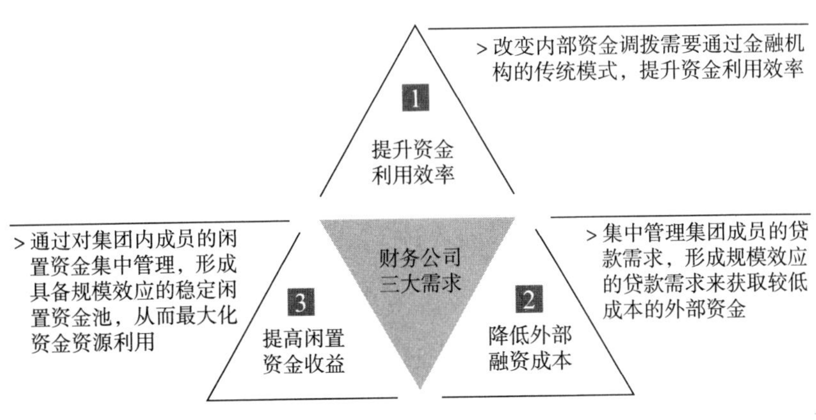

图 2-3 财务公司三大需求

三是形成规模化资金归集，使闲置资金获得较高收益。集团内单个成员单位的临时闲置资金通常数额小、期限短；而当对集团内所有成员单位进行资金集中管理时，可形成具备规模的稳定闲置资金池，稳定的闲置资金池一方面有助于开展内部融资，另一方面能获得长期的较高投资收益，从而最大化资金资源利用。

具体来说，现金与流动性管理是财务公司进行资金集中管理的基础，通过构建账户和应收应付体系，实现资金计划管理、现金池管理、账户集中管理、结算集中管理、集中资金运营管理等，发挥现金集中的规模效应，节约资金占用、减少现金持有量，提高现金周转效率和现金使用效益。

实际上，企业构建财务公司进行现金与流动性管理相对银行而言更具有优势。因为现金与流动性管理以适度控制存量、适时调节流量为目的。存量过大、流动性过高意味着资金并未得到高效利用，企业赢利能力下降，而存量过小、流动性不足则无法满足成员单位的流动性需求，陷入流动性危机。

在这个目标下，要求现金与流动性管理体系基于企业的行业特性、商业模式、交易特点、成员企业差异进行个性化与定制化构建。而外部金融机构无论对行业、商业模式、交易还是成员企业均缺乏专业认知与深度理解，所以通常标准化的服务工具并不能满足企业集团的流动性与现金管理要求。

（3）财务公司模式的发展展望

未来财务公司模式的发展变化主要体现在两个层面：一是业务主体将扩散普及；二是业务模式的拓展延伸。

从业务主体角度来看，现阶段财务公司的开展主体主要集中在如能源电力、石油化工、电子电器、煤炭钢铁、建筑建材、机械制造、交通运输等资产规模较大、集中度较高、存在超大型企业的传统行业中，并且开展主体为超大型企业。

未来，这种财务公司模式的业务主体将下沉，包括行业的下沉及企业的下沉。行业的下沉包括从上述的传统的重资产行业下沉至轻资产的新兴行业，如科技、生物制药、医疗健康、餐饮、教育等；企业的下沉包括从超大型企业下沉至大中型企业。

当然，这些新的业务主体并不必然要求其设立财务公司，而可通过内部资金中心等方式开展业务。

从业务模式角度来看，更多的财务公司结合互联网延伸更多元化的业务，包括大额存单、资产证券化等创新业务，也包括供应链金融、消费金融等从单一地向集团成员单位提供服务向供应链与价值链上的其他主体提供服务延伸。

可以预期，具有较多分支机构的企业将开展类财务公司业务，特别是进行资金集中管理，以优化企业经营的现金与流动性效率。

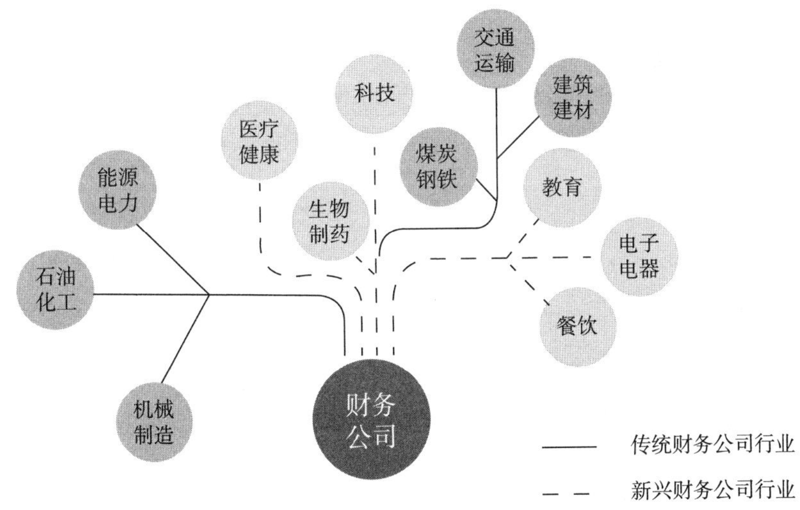

图 2-4　财务公司服务主体变迁

2. 企业针对上下游的融资活动——供应链金融

我国的供应链金融经历了从早期形式较为单一到多样化的过程，服务开展的主体从银行主导过渡到银行和企业共同发展的阶段。后期结合了互联网的发展，供应链金融在风险管控手段、审核操作成本和资金来源等方面都得到优化。供应链金融通过加强企业所在产业链的生态环境使得企业的主体业务更有竞争力，增强了与上下游关联企业的黏性，使得企业所在的供应链更加稳固。

（1）什么是供应链金融

简单来说，供应链金融是指以供应链内部交易结构为依托，引入核心企业、物流公司等风险控制变量，运用自偿性贸易融资手段，为供应链上各个环节的企业提供综合性金融产品和服务。我国的供应链金融发展历史较短，目前发展并不完善。回顾国内的供应链金融发展历史，要追溯到20世纪末制造业和物流业的快速发展，它们是供应链金融模式产生的驱动因素。

由于制造业的快速发展，其供应链管理面临成本趋高的问题。改革开放初期，中国凭借丰富且廉价的劳动力和取之不尽的资源一跃成为“世界工厂”，制造业作为中国面向世界的主体行业在飞速发展。与此同时，制造业向国内的转移也造成了复杂的供应链体系，供应链管理成本一直走高，从而削减了企业的利润，高成本的供应链管理费用促使企业管理者去思考优化供应链的解决方案。而国际供应链金融的成熟发展，给国内的供应链管理提供借鉴，同时供应链金融带来的效益也对国内企业产生了很强的吸引力。

制造业存在对供应链管理优化的需求，国外供应链的成熟模式为供应链发展提供了参考，物流企业的发展为供应链金融的建立提供支撑。在这样的背景下，深发展银行（现平安银行）于 1998 年在广东地区首创货物抵押业务，也是国内最早的供应链金融模式。1998 年以后，我国供应链金融的发展主要分为三大阶段。第一阶段，是以银行为主导的金融机构作为供应链金融提供商的主体。第二阶段，则是核心企业成为供应链金融服务提供商的核心。第三阶段，企业依托互联网纷纷开启线上供应链金融模式。

第一阶段，自 1998 年深发展银行首创供应链金融业务后，各大银行相继加入供应链金融市场。2002 年深发展银行最早系统性地提出并推广供应链金融理念及贸易融资产品组合。2005 年深发展银行首次提出建设最专业的供应链金融服务商。

第二阶段，由银行主导的供应链金融逐渐引入企业，并发展至由企业作为供应链金融服务的独立提供商。阿里巴巴是国内较早开始尝试自行提供供应链金融服务的企业。2007 年，作为一直走在为中小企业服务前列的阿里巴巴，与建设银行、工商银行合作推出小贷产品。阿里巴巴作为银行的销售渠道及信息提供商帮助银行评估中小电商企业的信用风险。2008 年，阿里巴巴推出网商融资平台，旨在为阿里巴巴平台上有融资需求的中小电商企业提供融资解决方案。

第三阶段，企业依托互联网纷纷开启线上供应链金融模式。互联网技术的发展使得供应链金融中最重要的资金流等数据实现了在线化的可能。2014 年海尔开始独立开展供应链金融业务，并在一年时间里迅速实现了交易量 101 亿元，用户规模 200 万的好成绩。

自 1998 年以来，我国的供应链金融飞速发展，2015 年我国的供应链金融市场规模已经达到了 10 万亿元，预计我国供应链金融在未来 5 年内将保持每年 15% 的增长，市场规模将在 2020 年达到 20 万亿元。

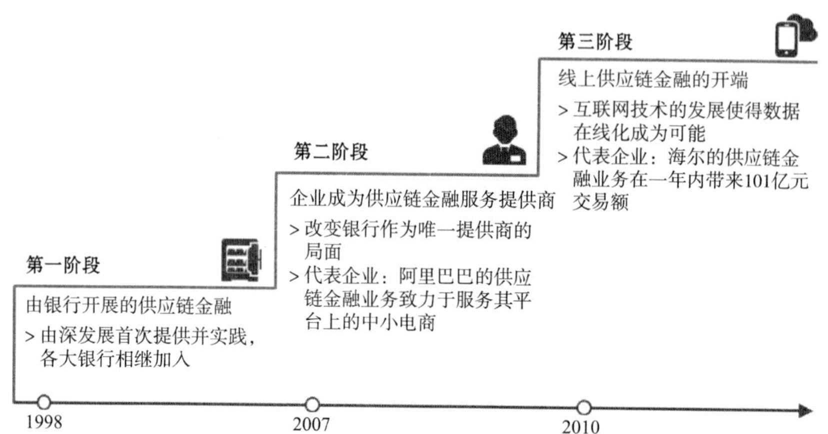

图 2-5　供应链金融发展阶段

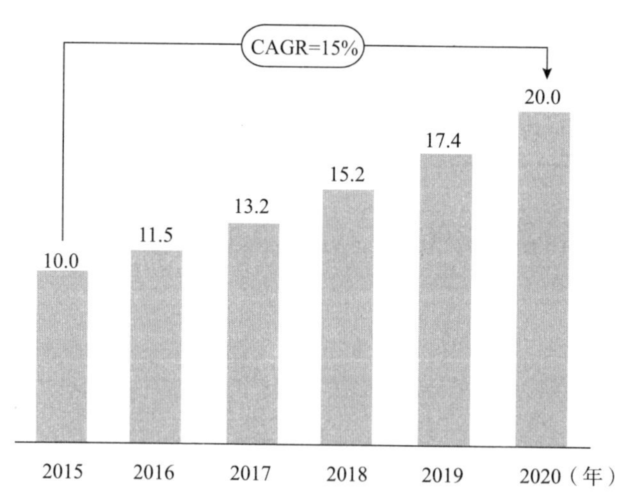

图 2-6　供应链金融市场规模（万亿元）

注：CAGR, Compound Annual Growth Rate, 复合年均增长率。

（2）供应链金融模式

国内早期的供应链金融模式相对单一，基本是面对贸易型客户，且对客户的库存要求比较高，也就意味着没有库存的企业就无法获得融资机会，这大大限制了供应链金融服务对象的扩展，因此企业和金融机构都在尝试开拓新的供应链金融模式。

供应链金融的现有模式一般分为应收账款融资、库存融资、预付账款融资。其中应收账款融资通常运用于赊销账款较多的上游供应商，通过将应收账款单据转移给金融机构作为担保从而取得信用贷款；库存融资则是以企业库存作为抵质押物进行融资的供应链金融模式，分为静态抵质押授信，以及其延伸业务动态抵质押授信和仓单质押授信；预付账款融资主要运用于预付款较多的下游经销商，具体是指在上游企业承诺回购的前提下，由第三方物流企业提供信用担保向银行等金融机构申请质押贷款。这三种供应链金融模式都是需要应收账款、库存或预付账款作为抵质押物来进行授信的。

针对应收账款

> 适用于赊销款较多的上游供应商
— 通过将应收账款单据转移给金融机构获得贷款

针对库存

> 适用于库存较多的上下游企业
— 通过将企业库存作为抵质押物进行融资

> 适用于预付款较多的下游供应商
— 在上游企业承诺回购的前提下，通过第三方物流提供信用担保向金融机构申请贷款

针对预付账款

> 适用于长期合作的战略合作伙伴
— 通过双方的来往交易数据和较高的信任度进行融资

针对紧密合作伙伴

图 2-7 供应链金融四大模式

除了上述三种供应链金融模式之外，值得一提的是，基于相互之间长期合作产生的信任和战略合作伙伴关系的战略关系融资。这种融资方式的独特之处在于无须抵押物作为担保，仅仅依赖关系治理、信息与数据。由于这种供应链模式的资金需求企业与主体

企业之间有长期的战略合作关系或者较高的信任度，且双方有较多的交易来往数据，信息对称程度较高，所以弥补了质押品的缺失。这种模式适用于主体企业希望与供应链上的战略合作伙伴保持长期深入的合作关系，改善供应链的生态体系，优化供应链的运营效率。

供应链金融模式相较于传统信贷具有一定的优势，核心是这种模式下能够实现更好的风险管控。主要体现在四个方面。

一是数据更丰富：传统信贷主要依赖于企业财报，而供应链金融以真实交易数据、“四流”数据为基础，极大地丰富了风控模型的数据源，多维数据风控提升了风控效率。

二是还款来源具有自偿性：供应链金融的融资资金是供应链中的未来现金流，授信企业的销售收入未来将自动作为借贷的回款，如保理中应收账款的回款将按期回流到保理专户。

三是操作具有封闭性：在发放融资到收回融资的整个流程中，能够对资金流、物流、信息流进行控制，如在动产质押业务中可对货物进行抵质押，授信企业需要以分次追加保证金的方式赎回货物。

图 2-8　供应链金融四大优势

四是授信用途特定化：供应链金融基于真实的贸易背景，每笔资金只作特定用途，需要对金额、时间、交易对手等进行匹配。

（3）企业通过互联网开展供应链金融

然而，尽管传统的供应链金融模式相比于传统信贷模式有很大的优势，但在市场的检验中仍然存在一些缺陷，主要表现为以下两点。

第一，授信企业的不诚信行为难以被监控：在供应链金融的运营过程中，由于当前的风险管理手段除了质押以外，主要依赖于物流企业提供的物流和信息流，缺少对于资金流和商流的把控，使得部分企业可以通过应收造假、重复质押等不诚信的手段申请授信。

第二，依赖于物流企业的风险管控手段限制了供应链金融的服务范围：由于传统的供应链金融模式依赖于物流企业掌握的物流和信息流来进行风险管控，同时意味着只有物流业深入渗透的企业才具备供应链金融的条件，这种方式使得部分企业无法参与到供应链金融中。

在第一阶段以银行为主导开展的供应链金融中，因为银行并不参与供应链中的活动，在供应链条中信息不对称程度较高，难以充分发挥上述供应链金融的优势。

但随着互联网技术的发展，更多的企业介入供应链金融，供应链中的商流、物流、资金流、信息流均可连接到互联网进行信息收集沉淀，随后基于互联网的大数据风控体系、社会化营销和平台化运营，传统供应链金融的缺陷正逐渐因互联网企业的加入而完善起来。

以联想为例，它作为一家跨国科技公司，目前在国内已有5000

余家二级经销商，2 万家店面，同时上游还有众多供应商，因此联想的产业发展和业绩与这些小微企业的经营状况密切相关。然而，当这些小微企业面临经营困境需要融资支持时，按照银行等传统金融机构的信用评估方式它们无法获得所需的资金。

2014 年，联想通过自有资金和外在的信贷渠道拿出 50 亿元额度，希望可以满足上下游企业的资金需求并最终实现优化产业链的目的。他们找到一家名为“群星金融”的供应链金融服务平台并共享了上下游的电子交易信息，使得该金融平台可以借助互联网，实时了解产业链上企业的运营数据、财务状况、合同执行等商业信息。在此基础上，该金融平台再利用互联网技术，将整个链条中的“信息流、商流、物流、资金流”转为标准化、即时化的数据，然后对这些数据进行分析积淀，并建立风控模型，将每个企业的信用状况“翻译”成金融级别的标准语言，由此从产业链上筛选出符合授信条件的上下游企业，这样，联想的供应链金融最终实现对众多“长尾”企业的服务。

从上述案例中可以看到，用互联网技术进行革新的供应链金融，其可获得的企业数据从相对单一的物流和信息流扩展到商流和资金流等全方位的数据信息，有条件对目标企业的资信情况进行精准的评估，有效控制信贷风险。而且，由于技术的变革，以往的线下高成本审核方式被统一管理的线上审核操作取代，这种审核方式的技术创新使授信审核过程的操作成本大大降低，也使得满足小额信贷的需求成为可能。

实际上，在运营模式变得越来越多样化的同时，供应链金融的业务主体也从最初的银行等金融机构增加到供应链上占有主导地位的核心企业本身。初期，银行出于营利性的考虑，抓住了企业需要优化上下游的痛点，率先切入了供应链金融模式中。后期，企业在运营过程中越来越重视所在供应链的整体生态环境，希望打造具有竞争力的上下游企业，因此核心企业也不断尝试在供应链金融中主动担当主导地位。当然，相较于银行而言，核心企业开展供应链金融服务拥有自身独特的优势。

（4）企业主导开展供应链金融的优势与价值

企业开展供应链金融服务，由于其企业特性，相比于银行等金融机构有一定的优势，主要体现在主导者优势、业务信息优势以及生态圈优势这三点上。

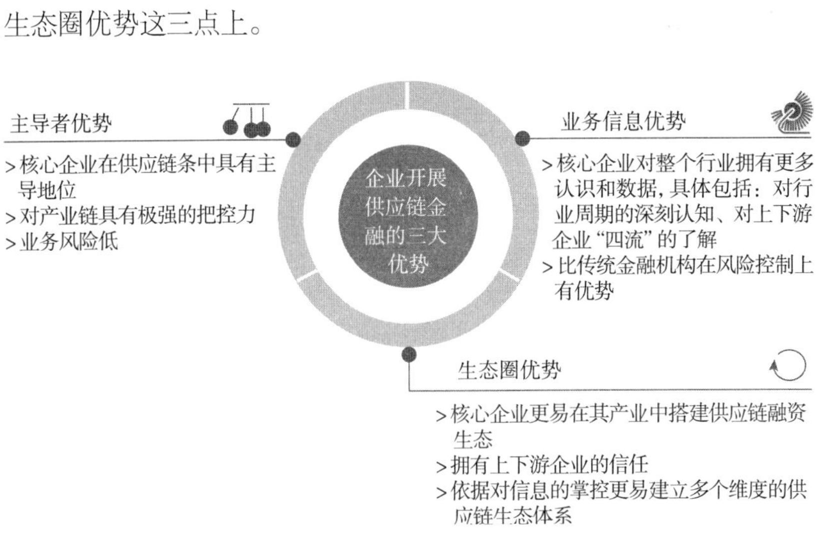

图 2-9 企业开展供应链金融的三大优势

主导者优势是指核心企业在供应链条中处于主导地位，拥有对自身产业链极强的把控力，如上游企业的应收账款的还款来源即核心企业，所以开展供应链金融业务风险较低。

业务信息优势是指核心企业相较于传统金融机构拥有对行业以及上下游企业更深和更丰富的认知和数据。首先，核心企业对于行业周期的深刻认知是传统金融机构无可比拟的。其次，核心企业更易获得其上下游企业的商流、物流、信息流以及资金流信息，可以很好地掌控上下游企业的运行情况，在风险控制方面具有绝对优势。

生态圈优势是指相较于传统金融机构，核心企业更易在其已经完全渗透的产业中搭建供应链融资生态。上下游企业对于自己的核心企业具有天生的信任。并且，由于核心企业对行业、上下游企业的商流等信息的掌控，将更容易建立多个维度的供应链生态系统。

实际上，从实践的效果来看，企业主导开展供应链金融业务不但风险较低，而且极大地优化了供应链条生态；供应链条上的企业参与融资积极性较高，应收账款账期变短，供应商和经销商的流动性能力更强，使得核心企业的生产经营效率更高。

3. 企业针对终端消费者的融资活动——消费金融

供应链金融是针对与主体企业相关的上下游企业，由银行或核心企业提供金融服务。而消费金融则是企业针对终端消费者所开展的金融服务。消费金融同样是起源于传统金融机构，但是随着居民收入的提升、消费者观念的升级以及国家政策的开放，企业在认识到消费金融可以为自身带来销量的上涨之后也纷纷转身成为消费金融的提供商。现在的消费金融提供商一般分为电商平台和针对特定场景提供消费金融的网络借贷平台。互联网形式下的消费金融服务相比传统的金融服务更具有普惠性，并且逐渐拓展到多样的生活消费场景。

（1）传统消费金融的发展历程

消费金融是指向各阶层消费者提供消费贷款的现代金融服务方

式。从概念上来看，消费金融是一种为消费者提供消费贷款的现代金融服务方式，这里的消费贷款一般是指向借款人发放的以消费（不包括购买房屋和汽车）为目的的贷款。我国消费金融起步较晚，其发展历程大致分为三个阶段。

第一阶段，消费金融服务的提供商主要为银行。我国的消费金融最先是由银行开始的。1981—1983 年初，中国人民银行在六个省市的行、处、所开办了消费信贷业务，这是我国消费金融的雏形。但是，很长一段时间内这种由银行提供的消费金融的业务量很少，直到 1997 年亚洲金融危机爆发，我国经济出现了下滑和通货紧缩的势头。为了解决通货紧缩问题，政府鼓励发展消费信贷，这时以国有银行为主体的消费信贷业务才逐渐开展起来。

第二阶段，我国对消费金融公司政策的放开使消费金融的主要提供商从银行向消费金融公司转移。随着 2009 年《消费金融公司试点管理办法》的出台，以中银、北银、锦程、捷信为代表的金融系消费公司建立起来。但是该《办法》实施初期，消费金融公司的发起人主要为商业银行或非银行金融机构，直到试点开放后才逐渐由其他主体作为发起人设立消费金融公司。

第三阶段，企业纷纷作为主要出资人之一成立消费金融公司，瞄准消费金融市场纷纷加入竞争行列。自 2014 年起，随着我国消费金融市场的不断扩大，许多企业瞄准了消费金融这一市场纷纷转身成为消费金融提供商。不仅是传统产业企业作为主要出资人成立消费金融公司，如海尔、美的等企业，旨在提升企业自身的销售业绩；还有很多电商平台也出资成立自己的消费金融公司，如京东、阿里巴巴、苏宁等，旨在提升消费者的购买频率和购买单价。由于企业开展消费金融具有天然优势，由企业为主体的消费金融公司发展壮大且尤为迅速。

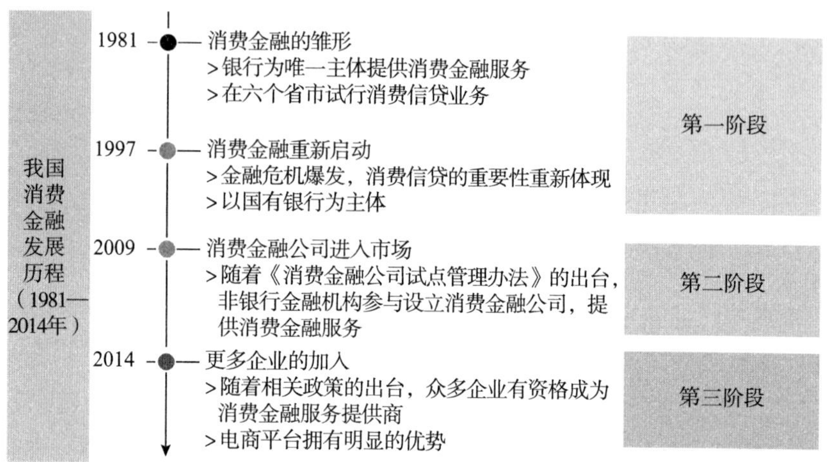

图 2–10　消费金融发展历程

尽管消费金融在我国的发展时间较短，但现今市场已经颇具规模。2015 年我国消费金融市场规模为 1.1 万亿元，预计未来 5 年将会保持 30% 左右的年增长率，2020 年市场规模将达 4.1 万亿元。

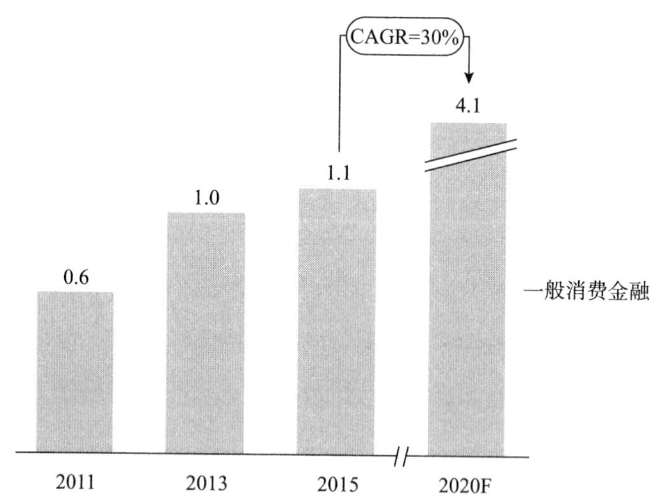

图 2–11　消费信贷市场规模（万亿元）

（2）企业积极参与消费金融

随着互联网技术的普及，企业开展消费金融的条件更为充足。特别是互联网平台类企业，近年来加快了其在消费金融领域的前进步伐。根据消费场景的不同，消费金融也被分为不同的类别，如电商平台类消费金融、旅游类消费金融、装修服务类消费金融、教育类消费金融、租房类消费金融等。

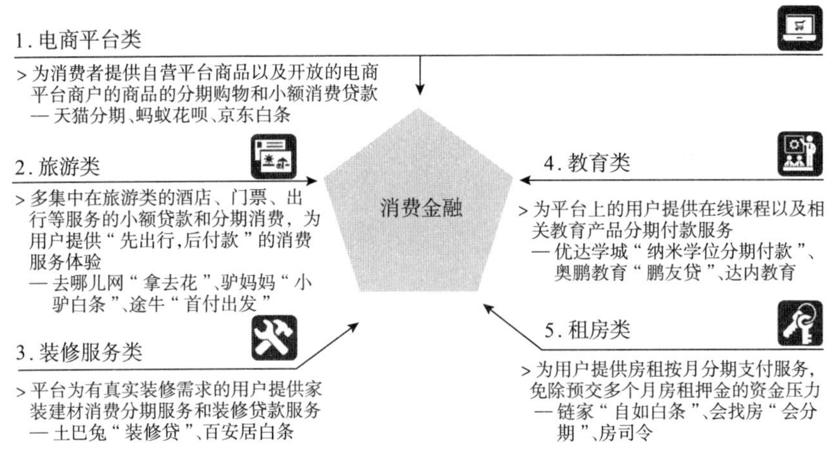

图 2–12　消费金融场景

电商平台的消费金融是近几年发展最迅速的金融模式之一。以京东为例，京东金融于 2014 年 2 月推出京东白条，这也是互联网金融第一款面向消费者的信用支付产品。通过利用电商平台的消费数据对客户信用进行在线评测，京东提供给白条用户可选择的消费信贷服务，包括 30 天免息延后付款和 3~12 个月分期付款。在融资端：一方面，京东将消费者的白条赊购和供应商的预付款账期相结合，转移部分资金成本；另一方面，京东金融于 2015 年 9 月发行了利率为 5.1% 的京东白条 ABS，拓宽了其融资渠道。

消费金融服务的开展很好地促进了电商平台自身的业务。仍以京东为例，根据京东对外公布的数据，首先，产品推出后京东商城月订单量和订单金额大幅上涨，订单数量增幅为 33%，订单金额增幅为 58%；其次，使用产品的用户占比很高，对整体订单金额贡献突出，有 55% 的用户使用了分期付款服务，且分期付款的商品客单均价比非白条用户的客单均价高 50%；最后，白条用户对比之前的消费数量和金额同时大幅增长，其中月均订单比例提升 52%，月均消费金额增长 97%。

随着近年来中国旅游市场大热，旅游类消费金融成为各大互联网企业的必争之地。以去哪儿网的“拿去花”产品为例，“拿去花”是一款基于去哪儿网平台开发的旅游类消费金融产品，用户可以享受到先旅游、后付款的服务。目前“拿去花”产品可向用户审批最高达 6 万元额度，用户可选择 30 天内随时还款或分 3 期、6 期、9 期、12 期还款，平均费率低于信用卡分期费率。消费金融可以有效刺激更多用户提交订单，也能有效提升客单价，对平台的整体交易量有着非常显著的帮助。从数据上看，“拿去花”产品上线 10 个月时间内，用户使用信用支付的比例超过 10%，开通“拿去花”额度用户的客单价较之前提升了 50% 以上。

当然，现在的消费金融市场上还存在很多其他场景下的消费金融模式。以赶集网、买单侠为代表的为蓝领阶层提供分期的消费金融服务，抓住了蓝领阶层的信贷需求；以分期乐、贝多芬为代表的针对大学生分期购物的消费金融服务，借用当前没有收入的大学生的未来信用；以家分期、小窝金服、土巴兔为代表的在装修场景下的消费金融服务，满足了市场上旺盛的装修需求；以学好贷、孩分期为代表的在教育场景下的消费金融服务以及以住分期、自如白条为代表的在租房场景下的消费金融服务。

（3）企业开展消费金融的机遇与价值

近年来，由于互联网的迅速发展，互联网企业主导的消费金融服务在 2014 年之后出现并逐渐形成规模，其中不乏以京东、阿里为代表的大型电商平台，它们进军消费金融领域主要基于以下几点。

第一，居民收入提升，零售品市场的潜力巨大。自 2010 年以来，我国城镇居民家庭人均可支配收入平稳增长，他们的消费需求保持着强劲的增长势头，消费市场也保持着较为平稳的增长态势。国家统计局数据显示，2015 年我国社会消费品零售总额为 30.09 万亿元，同比增长 10.7%。①

第二，消费者消费观念的升级。随着人均收入的提升，加之“80 后”“90 后”成为消费市场的主流消费者，他们的进入引领着市场上消费观念的转变，社会主流的消费模式由传统的理性保守消费转变为提前消费、信用消费等。这使得消费金融得以快速发展，并为互联网企业进入消费金融领域奠定了基础。

第三，国家政策在 2015 年变得更加开放，引导更多企业进入消费金融领域。《政府工作报告》提出要促进养老家政健康消费，壮大信息消费，提升旅游休闲消费，推动绿色消费，稳定住房消费，扩大体育文化教育消费；国务院印发《关于大力发展电子商务加快培育经济新动力的意见》，进一步促进电子商务创新发展；国务院常务会议决定下放消费金融公司审批权，扩大试点范围至全国。大量国

① 数据来自《2015 年国民经济和社会发展统计公报》。

家政策的支持以及监管的放宽使互联网企业进入消费金融领域具有可能性。

当然，越来越多的企业自己开展消费金融服务不仅是因为居民收入提升、消费升级、政策开放，企业开展消费金融服务对企业自身业务也有非常明显的促进作用。消费金融既可以很好地促进消费，也可以有效地提升订单数量以及客单价，对整体交易量有非常明显的积极影响。同时，金融业务本身也是可以帮助企业盈利的渠道之一，企业自行开展金融业务相当于为企业增添了一条营收通道。企业自己开展消费金融的好处颇多。

（4）企业开展消费金融的优势

由于企业自身对数据的掌控以及其身处产业链当中等特点，相较于其他金融机构，在开展消费金融服务时具有天然优势，主要体现在两个方面。第一，企业开展消费金融可以通过其掌握的用户信息有效控制风险。长期积累的用户基础信息、购买偏好、因支付而产生的资金流信息和部分银行信息以及物流端产生的地理位置等数据，构成了大数据金融的核心，基于这些数据可以对用户收入水平、支付能力、还款能力、还款意愿等进行评估，建立征信数据库，从而实现对风险的管控。而企业所掌握的数据维度的多样性要远超金融机构所掌握的用户信息维度，风控成本相对较低。

第二，由于消费金融与消费场景紧密相连，企业拥有金融机构所不具备的场景入口以及海量客户资源。一方面，实体零售企业通常具备真实消费场景，场景与消费金融的结合将对金融产品的销售起到明显的带动作用；另一方面，与传统金融机构相比，企业无须通过广泛布局网点的方式来获取客户，只需利用企业现有的海量客户资源，并将其转化为金融服务的客户，即可达到传统金融机构需要付出高额获客成本才能达到的效果。

可以预计，更多互联网或零售企业开展消费金融将成为普遍现象。

4. 汽车行业的性综合金融服务方案——汽车金融

汽车金融的发展起源于20世纪初的美国，由于政策限制我国直到2004年才出现汽车金融公司。现今的汽车金融主要分为两大板块：一是为汽车产业链上下游企业，包括零部件供应商、经销商，提供批售金融服务；二是为汽车终端消费者提供包括消费信贷、融资租赁、保险等零售金融服务。未来，随着市场参与者的多元化，汽车金融将成为中国汽车市场的主要推力，促进中国汽车产业的结构性调整。而汽车金融为汽车行业提供具备行业特色的综合金融解决方案将是其他行业的有益借鉴。

（1）汽车企业开展汽车金融的历程

发达国家的汽车金融起源于20世纪20年代的美国，相对来说我国的汽车金融起步较晚，直到1998年随着相关法案的颁布才正式启动。而我国汽车金融的发展经历了三个阶段。

第一阶段是1998—2003年，当时银行是唯一的市场参与者。1998年9月政府出台《汽车消费贷款管理办法》，汽车金融市场正式启动，其中2001—2004年是一个快速发展阶段；2004年3月，由于风险管控不到位带来的高坏账率，中国保监会正式叫停车贷险业务，银行的汽车消费信贷也陷入了市场萎缩期，自此银行的汽车信贷对资质审查和风控流程的要求逐步提高。

第二阶段是2004—2007年，汽车整车厂成立的汽车金融公司成为推动市场发展的主要力量。2004年政府颁布《汽车金融公司管理办法》，首次允许国外汽车厂商设立汽车金融机构，并对其准入门槛、业务范围、经营地域以及法律责任做出了明确界定。国内的第一家汽车金融公司上汽通用金融公司于 2004 年成立，截至 2014 年底，国内主要的 18 家整车厂基于自身业务的发展均成立了自己的汽车金融公司。汽车金融公司的成立打破了原有市场银行一家独大的状况，加速了行业竞争。

第三阶段是 2008 年至今，更多企业的进入形成了一个多元竞争市场。修订后的新版《汽车金融公司管理办法》于 2008 年颁布，进一步打破汽车金融公司的政策壁垒，帮助汽车金融公司破解融资渠道单一等难题。该《办法》还新增了融资租赁业务，正式明确汽车金融公司的三大核心业务。

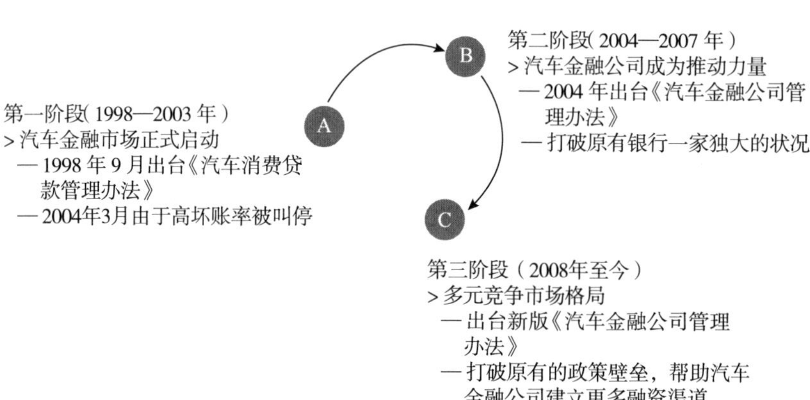

图 2–13 汽车金融发展历程

汽车金融公司自从进入汽车金融市场以来一直保持着高速的增长。根据银监会的统计，截至 2014 年底，全国的 18 家汽车金融公司资产规模达到 3403 亿元，贷款余额为 3204 亿元，净利润约 58.8 亿元，较 2007 年底分别实现 42.5%、43.5%、131.7% 的复合增长。全年累计发放的经销商库存车贷款对应车辆 347 万辆，零售贷款车辆 226 万辆，个人汽车消费贷款占银行业金融机构的 55% 以上（不含信用卡分期购车)。2008 年之后，由于受到之前高坏账率的影响，银行汽车信贷余额基本保持稳定，汽车金融公司才是推动汽车金融市场维持较高复合增速的主要力量。

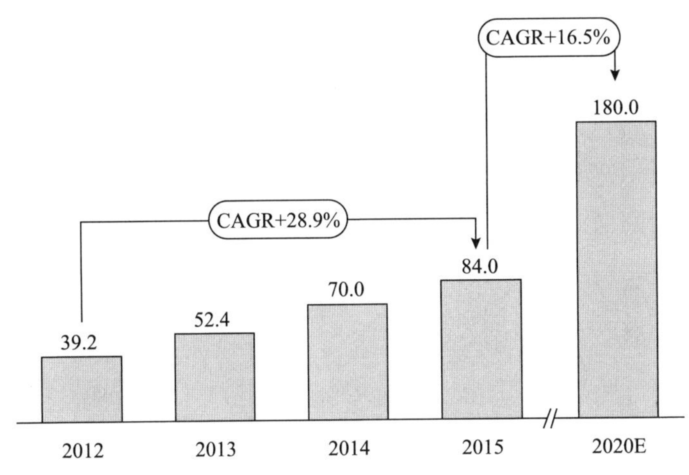

图 2–14　汽车金融市场规模（10 亿元）

然而，相较于国外市场，我国的汽车金融业务仍处于初期阶段。2014 年，我国汽车金融的渗透率仍低于 20%，而在成熟市场如美国、法国和德国，汽车金融的渗透率已经达到 50%~85%。汽车金融业务不但可以降低消费者的购车门槛、为上下游提供融资渠道，而且可以拓宽企业自身业务的渠道，预计随着市场的发展，汽车金融将迎来蓬勃发展的黄金时期。

实际上，汽车金融已经发展出具备行业特色的个性化解决方案，其中以具备汽车行业特色的供应链金融和消费信贷为代表。

（2）向经销商和供应商提供汽车金融服务

汽车金融的供应链金融是极具行业特色的。具体来说，面向下游经销商的金融服务以库存融资为主；而面向上游零部件供应商以提供应收账款融资的金融服务为主。

汽车金融通过库存融资为经销商解决购车资金问题，同时也大大提升了经销商对汽车集团的忠诚度。众所周知，经销商是汽车产业链上资金压力最大的一环，在我国经销商购车只能使用现金进行结算，且需要有抵押资金储备，因此库存资金对经销商的现金流产生了很大的影响，占用了经销商大量的运营资金，加上外部融资的困境，经销商极易出现资金链断裂的情况。

目前向经销商提供金融服务的主体主要是银行和汽车金融公司，其中在非上市经销商集团中，银行提供的融资占比约为 80%，汽车金融公司提供的占比约为 8%；在上市经销集团中，银行的占比约为 60%，汽车金融公司的占比约为 8%。造成这种局面的主要原因为银行是市场的先进入者，且具有较高的广泛应用性；汽车金融公司出于服务本体业务的目的，为经销商减轻资金压力、降低财务成本，因此主要是为该品牌的授权经销商提供融资支持。

汽车金融公司提供给经销商更好的汽车金融服务，对维持经销商忠诚度有很大的帮助。相比于银行提供的贷款利率，汽车金融公司的利率会进行下浮或提供一定期限的免息期，此外，放款审批速度也会更快更灵活，这在缓解经销商的资金压力上极其有效。根据 J.D. Power 亚太公司发布的 2014 年中国汽车金融满意度研究 SM（DFS）显示，在库存融资领域，经销商对于汽车金融公司的满意度高于银行（854 分对比 831 分）。该报告还发现，经销商汽车金融满意度和忠诚度之间有着高度相关性。使用高满意度金融服务机构（833 分及更高）的经销商中，有 84% 表示“肯定会”在未来 12 个月里继续使用该金融服务机构。对于使用中等满意度（799~829 分）或低满意度（797 分及以下）金融服务机构的经销商，其忠诚度则分别下降至 69% 和 51%。

关于提供给供应商的汽车金融服务，主要的融资对象是汽车零部件供应商，用以缓解它们的资金压力，服务提供方基本以汽车金融公司为主。由于我国整车厂商手中有较多上下游资源，因此在产业链上一直处于核心地位，它们往往通过延迟支付零部件供应商的应付账款，来扩大账期、缓解自身的财务压力，因此造成零部件供应商回款周期长的问题，且层级越低的供应商回款周期越长。相关数据显示，2013 年，一级零部件供应商应收账款占总资产比重是整车厂的 2 倍，应收账款周转天数高出整车厂 1.5 个月左右，面临的资金压力很大，由此可以推断，二级且更低级的零部件供应商的资金压力更大。由于零部件供应商的回款周期较长以及随时有可能出现资金链断裂，银行几乎无法向它们提供贷款，因此汽车金融公司是其主要服务提供方。

在上述对汽车供应商和经销商提供的金融服务中，汽车金融公司之所以可以提供更快的审核速度以及更低的贷款利率，一方面是基于汽车企业的业务需求，位于其上下游的供应商和经销商的经营状况会间接影响企业所在的产业链环境，从而影响企业自身的业务发展，对提升上下游的黏性也有所帮助；另一方面是基于汽车金融公司的风险控制能力，供应商和经销商均是其产业链上的一环，企业拥有大量的交易数据来分析资金需求方的真实经营状况和盈利能力，因此对贷款有较高的风险把控能力。

（3）向终端消费者提供的汽车金融服务

面向终端消费者的消费信贷有利于汽车企业促进销售。汽车作为仅次于房屋的大额消费品，具有大额、低频的特性，一次性支付全款对于消费者来说是一笔不小的支出，汽车金融服务的出现很好地解决了不足以支付全款的消费者对于汽车的需求。目前，汽车金融市场上满足消费者汽车需求的模式以消费信贷为主体，约占 85% 的份额，融资租赁、经营性租赁等规模较小，约占 15% 的市场份额。

消费信贷的提供方仍以银行和汽车金融公司为主，其中在银行发放汽车信贷的模式下，它们通过与保险公司和专业的资信调查公司合作，对消费者进行审核，然后评定消费者的信用程度，最终签订信贷协议。截至 2014 年底，银行在汽车信贷市场中的占比约为 54%，作为主要参与者，银行的优势集中在资金雄厚、线下网点多和资金成本低等方面。然而，正如前文所提到的，由于银行曾经在汽车信贷中遭遇高坏账率带来的巨大损失，因此当前银行提供的汽车信贷服务仍具有审查过程严，手续烦琐，对贷款人的职业、信用和收入要求高等特点，此外，产品单一和同质化严重这两个缺陷也十分明显，这在一定程度上是不利于汽车信贷的发展的。

自从 2004 年政府放开管制之后，汽车金融公司成为汽车信贷领域冉冉升起的一颗新星。截至 2014 年底，汽车金融公司以 26% 的市场份额仅次于银行。在贷款的实际操作中，汽车金融公司提供的贷款手续快捷简便，通常无须担保，只需进行简单的资信调查，便可在 3 天左右发放贷款。此外，汽车金融公司提供的贷款一般低于银行的首付款比例，并且针对月还款可提供弹性信贷服务，灵活性较强。随着消费者需求的升级和选择范围的多样化，这些优势将逐渐受到购车者的青睐并成为比较的重点，帮助汽车金融公司在汽车金融消费市场赢得更大的市场份额。

汽车金融公司相对银行在汽车消费信贷上的优势主要体现在风险把控和效率上，由于汽车金融公司相比银行更有条件专注于提供汽车金融服务，因此它们对汽车贷款的风控能力往往比银行更强。此外，由于汽车金融公司提供的汽车信贷服务可以降低消费者的购车门槛，让当前没有足够资金的消费者享受低利率的信贷服务，这有利于刺激其自身的业务需求，为终端销售做出贡献。

除了银行和汽车金融公司，市场上还出现了一些整车厂携手互联网企业提供汽车信贷的创新模式。这种模式主要通过整车厂与以阿里、腾讯为代表的大型互联网企业合作，将互联网平台作为用户渠道入口，同时利用平台原有的海量交易数据、社交数据等建立大数据风控模型，筛选出拥有还款能力的消费者并进行后期的授信。

在这种模式下，整车厂可以利用互联网企业的平台入口作为渠道开拓新的消费者，同时互联网企业的海量数据使得汽车信贷的风险控制更佳。

除了消费信贷，还有更多的金融服务模式如融资租赁等，相对来说更灵活便捷，在现阶段主要应用于二手车领域。

（4）汽车金融的发展趋势

预期未来，整车厂会越来越重视汽车金融所能提供的维护上下游以及拓展终端消费者的积极意义，大力开展互联网合作并进行优势互补会是整车厂未来的发展趋势。随着市场参与者的多元化，汽车金融将成为中国汽车市场的主要推力，促进中国汽车产业的结构性调整。而这种极具特色的行业金融解决方案也值得其他行业借鉴。

企业利用互联网开展金融服务的实践分析

事实上，随着互联网的发展，越来越多依托互联网为主业提供金融服务的业务形态开始出现。同时随着前沿技术的发展将不断推动更多业务形态的发展与变革，并带来更为广阔的市场。

其中，第三方支付和众筹是比较典型的在互联网环境下，企业为服务主业而兴起的金融业态。

1. 第三方支付——绑定消费者的交易活动

如今，以支付宝为代表的第三方支付得到了蓬勃发展，从最初应用于网上支付到现在无论在线上还是线下都可以使用第三方支付甚至移动第三方支付工具。超市购物、餐厅吃饭、地铁公交等都能够直接使用第三方支付工具进行交易。简单来说，无须钱包、无须现金、无须银行卡，一部手机就能够完成日常的交易活动。截至2015年，中国第三方互联网支付交易规模已达到11.9万亿元，同比增长46.9%，第三方移动支付交易规模达到10.2万亿元，同比增长69.7%。

支付宝是第三方支付的始祖之一，而10年前，支付宝的应用场景远没有今天这样广阔，只是阿里巴巴用来支撑淘宝商业模式的一个金融工具而已。

从小的方面来说，淘宝改变了人们的消费方式，从线下购物向线上购物转变；而从大的方面来说，淘宝塑造了中国的信任体系，建立了人与人之间的互相信任。

在淘宝模式中，消费者从一个天南地北的陌生人那里购买一件从未见过实物的商品，而这个商品又从陌生人那里交付给消费者，这与传统地从百货商店柜台前选购商品是完全不同的。这里面除了商品质量、真伪等风险外，在支付交易中存在极大的痛点。

对于买家来说，他无法确认付钱后卖家就会发货，并且货物质量如何；而对于卖家来说，他无法确认发货后买家就会付钱，若买家不诚信、不付钱怎么办？

淘宝在初期的交易方式主要有两种：一是同城见面交易，这就对交易地域进行了限制；二是远程交易汇款，这就会产生上述所提到的问题。

所以阿里巴巴做了支付宝，作为一个第三方担保交易工具，基于淘宝业务（存在空间错配的网络购物）中遇到的交易信用问题，承担担保交易的角色来促成交易。具体的运作流程是先由买家将货款打到支付宝账户，然后支付宝通知卖家发货，买家收到商品之后在支付宝上进行确认，支付宝再将货款发放给卖家，至此完成一笔交易。在这个过程中，支付宝充当淘宝网电商业务的资金流工具角色，承担便利支付（取代烦琐的现金交割）和信用中介等职能，在保证交易双方权益的基础上促成交易发生，降低了网上购物的交易风险。

可以说，淘宝用了十多年的时间，成为一个年交易额超过 3 万亿元的交易平台，支付宝功不可没。正是支付宝作为第三方支付解决了交易双方的信用问题，降低了网上购物交易风险，促使消费者放心地在网上购物。

支付宝是企业应用互联网、利用金融服务于主业的典型成功案例，或许可以给更多的企业基于自身商业模式利用金融产生协同带来一些启发。

2. 众筹——为企业产品或服务提供直接融资

众筹即大众筹资或群众筹资，是指一种向群众募资，以支持发起的个人或组织的金融模式。众筹具有低门槛、多样性、依靠大众力量、注重创意等特征，特别是在互联网普及的基础上，如京东、淘宝等平台利用众筹模式支持其平台上的中小企业发展、促成产品销售。

众筹可分为股权众筹、项目众筹、产品众筹。以产品众筹为例，众筹的产品并没有形成批量的实体产品，而是产品模型。一方面，对于企业而言，产品众筹为企业在产品生产前就募集生产资金，并且能够根据客户反馈生产更符合消费者喜好的产品；另一方面，对于消费者而言，通过产品众筹能够以优惠的价格获得产品或服务，同时能够对产品提出个性化建议。

实际上，众筹项目更适用于小型或创业型企业，企业在初期资金不足且缺乏客户认知，可能只有一个产品创意或发明，但是要完成传统产品生产、营销的全部流程，时间周期长、资金需求大、业务风险高。而通过众筹模式，可以帮助这些小型或创业型企业：一方面，削减企业成本，因为通过众筹统一积累大量订单，使得原材料采购、外包加工、物流配送等均能形成规模效应，从而能够给消费者让利，并且更好地管控产品质量；另一方面，为企业提供资金支持。实际上，这种类型的企业难以通过传统渠道获得融资或资金支持，而中小型企业资金流本来就不充足，而且在供应链条中处于弱势地位，所有的采购或加工大多需要进行预付，而从采购到最终销售至少需要2~3个月的时间，现金流风险极大。而众筹形式能够帮助企业解决极大的现金流问题及核心的生存问题，从而能够把公司、产品继续做下去。

除此之外，众筹还能够收集用户意见、优化产品；形成免费宣传，促进销售。如京东等众筹平台不但能够扶持这些平台上的小企业发展、提升企业对京东的黏性、丰富平台的品类和提升平台品类质量；同时能够通过众筹辨别优质企业和优质产品，对其提供包括股权投资等多种形式的支持，从中获取收益。

京东众筹于2014年7月上线，在《中国众筹行业2014年度简报》中，京东众筹以45.23%的市场份额坐上了中国众筹的第一把交椅，年筹资额达到1.22亿元。并且在2016年进一步提出“IP+文化”

的战略模式，将IP——图书、动漫、游戏、虚拟偶像等与产品的合作进行延伸从而实现协同效应，实现IP变现，支持文化产业的发展。实际上，IP炒作严重，成长型IP无法获得运营资金和资源的支持，变现能力有限。在新的模式中，京东将众筹这种金融业态应用于文化产业上，契合文化产业的商业痛点和运营要求，利用金融创新，服务产业需求。

3. 互联网交易型银行：企业的直接投融资

互联网交易型银行即通过互联网服务于客户交易的银行，作为信息中介，为个人及企业提供投融资、支付结算、风险管理等交易金融服务。这既是银行数字化转型的革新性举措，也是企业银行在金融业务合作上的重要尝试。

互联网交易型银行对企业金融业务带来的重要变化体现在三个方面，从线下向线上、从信用中介向信息中介、从“持有”向“交易”，从而使金融交易服务的体验最佳、效率最高、成本最低。其中，招商银行“小企业E家”投融资平台和平安一账通是最佳的实践借鉴。

“小企业E家”深度融合招行优势的现金管理与贸易金融业务，全面覆盖供应链金融业务领域，为客户提供具有鲜明特色的投资理财和现金增值服务。“小企业E家”投融资平台，将中小企业融资需求与庞大的社会资金高效对接，提供融资方融资项目发布与投融资方交易相匹配的服务。这种投融资的直接对接匹配正是充分利用互联网开放、高效、低成本的特点，使得互联网与金融结合，将互联网的优势应用于金融活动上，从而建立了一套开放、高效、低成本的金融模式。这种模式切实利用互联网解决了企业融资难题，截至

2015年，“小企业E家”注册会员已经超过50万，在企业客户中反馈极佳。

平安一账通是平安的网络综合资产账户管理工具，是一站式的金融服务平台，提供账户管理、财富管理、信用管理、生活管理的全方位互联网金融服务。利用一账通，用户可以管理平安内部和外部的金融、生活账号、理财投资、购买保险、申请贷款等服务，可看作全能型的金融生活服务平台。

相对于“小企业E家”，现阶段平安一账通主要是一个个人平台，以打造个人金融生活服务蓝图的核心和支点。一方面，用户可在平台上购买超过1万个金融产品，实现完全互联网化投资；另一方面，结合大数据、场景、征信体系，在未来一账通可便捷地在平台上对客户授信、发放贷款，从而打造一个整合商流、资金流、信息流的金融和生活闭环。一账通甚至有望延伸从个人到企业的金融服务，使互联网整合账户，账户捆绑金融。

更多不同的行业都应该结合自身行业特征、发展特点、经营痛点，思考如何最大限度地发挥金融的协同和服务能力。实际上，在互联网和更多创新技术的支持下，金融能够更大程度地发挥其服务实体经济、产业的作用。

4. 企业利用互联网开展金融服务的未来展望

可以看到，随着互联网以及其他新兴技术的不断发展，企业开展金融服务的模式也将发生巨大的改变。从传统的财务公司、供应链金融、消费金融，到具有行业特性的行业综合服务方案，再到新兴的第三方支付、企业众筹，企业开展金融服务在互联网技术的推动下将迎来更为广阔的市场和更加便捷的模式。企业在未来的市场中，将不断拓展自身的金融服务领域。

预期未来，企业将在客户获取、产业创新、流程优化、体验提升、数据积累、风险分析等方面更深入地运用互联网技术。例如，核心企业可面向更广泛的上下游企业提供更多基于大数据处理的金融服务；行业定制化的互联网财资管理平台可以帮助供应链条上的企业更好地在流动性、风险、资金归集、支付结算等方面进行管理与预测。

而面向消费者，企业可以通过互联网，利用大数据等工具对个人信用和还款能力进行评估，提升道德风险与信用风险的管控，从而丰富并强化个人征信的能力。未来，个人征信机构将会与各种不同类型的数据源合作，通过合法合规渠道获取个人信息，然后对接为消费者提供金融服务的平台，帮助他们实现对于风险控制的需求。

而在不同的行业中，可以基于互联网打造具备行业特色的个性化综合金融服务，这种行业综合金融服务充分结合行业特点、匹配行业需求，从而更好地促进各个行业的发展。

基于不同商业模式的痛点，将会有更多的金融创新有针对性地为商业模式提供金融服务，传统的标准化金融服务将逐渐与定制化、场景化服务形成差异性发展。

实际上，互联网以及新兴技术的发展为企业更深度地开展金融服务提供了无限的可能。

第三章　企业与金融结合的支持要素

互联网为企业开展金融服务提供了基础技术支持，而更多的前沿技术，包括已经较为成熟的大数据、云计算，还处于初级发展阶段的区块链、物联网、人工智能等，能够在金融领域有广泛且深度的应用，并且为企业开展金融服务提供了更多的可能性。这种应用主要能够提升金融四方面的能力，包括拓宽数据获取的渠道、降低数据存储的成本、加强数据分析的能力和基于信用体系提升数据的真实性，从而解决传统金融业长期在数据获取、真实性把控、分析与应用上的痛点。这些前沿技术为企业开展金融服务创造了技术条件，企业可利用上述技术更便捷地获取数据，更低成本地存储数据，构建分析模型应用于需求和风险识别、作为支付手段等。

另外，监管对金融创新的态度更为积极开放，其对技术应用、创新业态、参与者的开放态度为企业开展金融服务创造了健康发展的环境。

可以说，企业开展金融服务，正当其时！

互联网的开端

1. 互联网的起源与发展

互联网始于 1969 年出现的阿帕网（Arpanet），这是第一个使用包交换技术的真实网络并将斯坦福大学和加州大学洛杉矶分校的计算机首次连接起来。而随着互联网的不断发展，在 1995 年迎来了互联网商业化的元年，SSL（一种安全协议）的诞生使得在线的金融交易更加安全。从 1995 年开始，不断涌现出诸如 eBay（易贝）、Amazon（亚马逊）、Google（谷歌）等互联网巨头，人们的生活开始发生改变。

从最初的阿帕网到现在的全球广泛使用，互联网已经成为人们生活的重要组成部分。相关数据显示，截至 2016 年 6 月，我国网民规模已经达到 7.10 亿人，半年增长率达到 3.1%，互联网普及率达到 51.7%；我国手机网民规模达 6.56 亿人，网民中使用手机上网的比例达到 92.5%。[①] 而在 2005 年，我国的网民规模仅为 1.11 亿人，互联网普及率仅为 8.5%。过去 10 年可谓中国互联网爆发式增长期。而互联网也在发展过程中不断改变着个人生活习惯、企业经营习惯等。

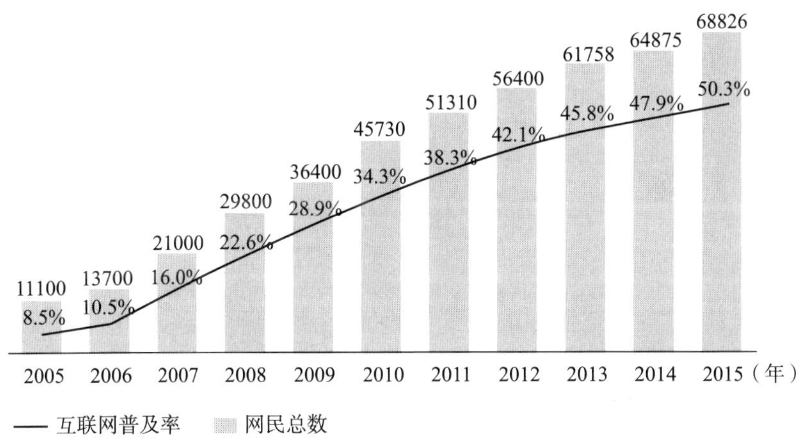

图 3-1　中国网民规模和互联网普及率（万人）

资料来源：《第 37 次中国互联网络发展状况统计报告》

互联网的快速发展给个人用户、企业都带来了非常深刻的影响，

① 数据来自《第 38 次中国互联网络发展状况统计报告》。

在金融行业表现得尤为突出。

2. 互联网对个人用户的影响

互联网的快速发展给人们带来的改变涉及方方面面，我们无时无刻不在享受着互联网带给我们的便利生活，同时互联网提供给我们的众多便利性也在潜移默化地改变着我们的思维习惯。

Amazon 和 eBay 的出现为人们打开了网络购物的大门。而随着网上支付渠道安全性的不断提升，我国也涌现出了淘宝、天猫、京东等一系列电商平台巨头。电商平台的出现与发展正逐渐改变着人们的购物方式。人们不再追求出门购物，而是在家里通过互联网就可以完成购物。消费者只需打开电脑就可以通过各种电商平台查看成千上万的商品目录并从中挑选自己喜欢的商品。而且，现在的电商平台可以提供全方位的商品信息，包括商品的规格和性能，甚至可以查看商品的三维图形等。而互联网为人们生活需求提供的便捷也不仅仅体现在网络购物上，在线的旅游预订、教育服务、支付、理财 / 投资等服务也很大程度上为人们的生活提供了便利。传统的

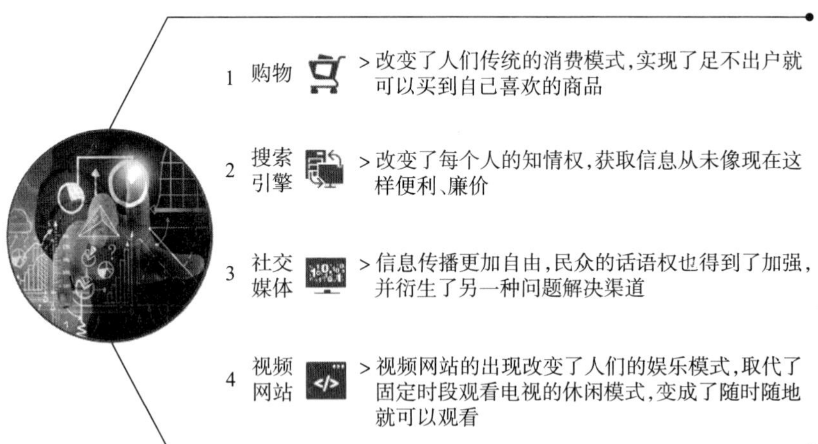

图 3–2　互联网对个人用户的影响

线下服务线上化使得消费者完全可以足不出户就享受各种各样传统的服务。据统计，我国的网购用户在 2015 年已达到 4.13 亿，而全国网络零售交易额则达到了 3.88 万亿元，同 2014 年相比增长了 33.3%，超过美国成为全球第一。

而 Google 等搜索引擎和以 Facebook（脸书）、Twitter（推特）等为代表的社交网络的出现则使每个人的知情权和话语权都更受尊重。搜索引擎的出现使得信息的获取更为便利，所有人对信息的知情权变得平等。“百度一下，你就知道”作为一句流行语很好地诠释了搜索引擎为人们获取问题答案所提供的便利。另外，网络社区、微博、微信等信息共享平台的成立，颠覆了传统的媒介传播方式，信息传播更加自由，民众的话语权也得到加强。人们现在越来越多地通过社交网络表达自己对国家、政治、经济、生活等各种各样的话题的意见。而网络热话题往往也可以引起相关部门的高度重视，甚至有些人通过网络达到伸张正义的目的。

从上述两个方面可以看出，人们的生活方式和思维习惯已经深受互联网的影响，它在连接人与人、人与服务、人与设备等方面扮演着越来越重要的角色，企业的所有发展战略方向都要考虑互联网这个日益强大的因素。

3. 互联网对企业的影响

对于企业，互联网的普及更是给其整体经营过程中的多个环节带来了巨大的变化，电商渠道使得企业拥有了更加丰富且有效的销售渠道，网络媒介的诞生使得企业面临着更精准的获客方式以及客户经营手段，此外，互联网还给企业带来了更多高附加值的产品以及更直接高效的运营手段等。

1.销售渠道	2.推广渠道	3.产品升级	4.企业运营
> 电商渠道的出现使得企业拥有了更加丰富且有效的销售渠道	> 网络媒介的诞生使得企业拥有更精准的推广渠道，例如微信、微博等	> 许多产品的互联网化带来了更多新的功能，对满足消费者日益个性化的需求具有积极意义	> 产品的前期设计与后期改进的流程和企业内部管理沟通的流程得到了颠覆性的改变

图 3–3　互联网对企业的影响

阿里巴巴研究院与贝恩公司联合推出的中国电商报告《互联网品牌化和品牌互联网化》中的数据显示，2014 年中国线上零售渗透率达 11%，总价值约 2.9 万亿元，预计到 2020 年这一数字将会进一步增长至 22%，总价值将达到 10 万亿元。越来越多的传统品牌在淘宝或天猫平台上开设自己的旗舰店，海尔电器、百丽鞋业等大品牌企业还建立了自己的垂直 B2C（商对客）零售商城。这些网络销售渠道也都取得了可观的销售成绩，以国际美妆品牌巴黎欧莱雅为例，在过去 5 年间，电商渠道跃升到欧莱雅中国分销渠道前三位，2015 年电商渠道销售较上年增长 60%，销售额达到 13 亿欧元，占集团销售的比例已经超过 5%，相当于欧莱雅的第五大市场——德国的整体销售规模。

从上述数据和案例中可以看到，众多企业在电商销售渠道进行拓展，这种扁平化的销售渠道有利于降低企业的分销成本并带来有效的销售增量。

同时，随着互联网的出现而诞生的微信、微博、邮件、资讯等传播媒介使得企业拥有更多的推广渠道，其社交媒介对用户信息的定位功能使企业的推广内容可以更精准快速地到达目标群体，从而对推广的转化率也有一定的提升。国内目前用户活跃度最高的社交软件——微信，自从 2015 年初开放首批朋友圈广告之后，包括宝马、可口可乐、vivo 手机等品牌商都高调晒出了用户互动的数据，以奥妙和《王朝的女人杨贵妃》为例，它们的转化率分别达到 15% 和 13%。如此亮眼的数据也推动着更多企业在运用互联网向获客拓展和客群经营上不断前进。

此外，互联网对传统产品的改造同样给企业带来了深远的影响，主要体现在产品的互联网化带来了许多新的功能，因此给消费者带来了新的附加值，这对于满足消费者日益个性化的需求具有积极意义。现在很热的可穿戴设备、智能家居、车联网等都是传统产品在互联网影响下的产品升级，这里可以看一个很简单的例子，一个做箱包的企业在它的传统皮包上加上了 GPS（全球定位系统）定位功能，与手机 APP（应用软件）相连接，实现了安全防丢，这一传统产品与互联网的结合抓住了消费者的痛点，获得了市场的良好反应。

最后，我们还可以看到互联网使得企业生产运营的过程发生了颠覆性的改变，表现在产品的前期设计与后期改进流程和企业内部管理沟通流程的设计上。可以说，在这方面互联网对于企业的影响是最彻底的，在产品进入市场之前以及后期用户反馈收集的过程中，通过互联网渠道进行信息收集已非常普遍，这使得企业更好更准确地满足目标消费者需求并大大缩短了企业活动的反馈链条，为产品实现快速迭代提供了可能。在企业内部管理沟通的流程上，互联网的普及率非常之高。从 2015 年区域两化融合发展水平评估结果看，代表网络普及和应用水平的基础环境指数为 75.38，这表明全国绝大部分工业企业使用互联网开展业务，其中大中型企业普遍使用供应链管理、客户关系管理等基于互联网的管理信息系统，普及率均超过 60%。

互联网已触及企业的方方面面，互联网的强信息中介和处理功能不仅为企业接触消费者提供了多样化的路径选择，同时对企业的运营效率也带来了极大的改善。

4. 互联网对金融业态的影响

互联网对企业的影响是非常巨大的，实际上，它对金融业的冲击相较其他行业要更为巨大。互联网对企业的影响也全部渗透进了金融业。

销售渠道	推广渠道	产品升级	企业运营
> 手机银行、网上银行的出现大大方便了个人用户，也提高了银行的效率	> 社交媒体的出现也为各大金融机构提供了更多的推广渠道	> 传统金融产品都得到了不同程度的升级，特别是在贷款领域	> 互联网大数据的出现使得信息高度对称，对资金需求方的信用和风险有更准确的把握
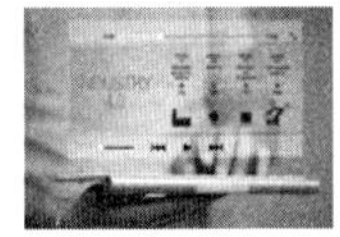		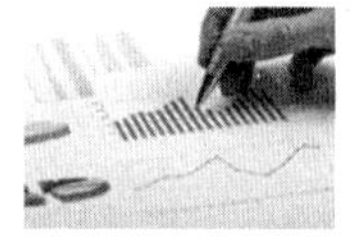	

图 3–4　互联网对金融业态的影响

首先，从销售渠道的角度来看，互联网的出现为整个金融业提供了一种新的模式，手机银行、网上银行的出现大大方便了个人用户，也提高了银行的效率。用户无须再到柜台办理业务，很多时候可以通过手机或电脑几秒钟解决以前需要花几十分钟甚至几个小时才能解决的业务问题。同时由于手机银行、网上银行的上线，也减少了来柜台办理简单业务的客户人群。网上银行、手机银行以及实体柜台三方合力，可以大大提高银行办理业务的效率。

其次，从客户群体覆盖渠道的角度来看，社交媒体的出现也为各大金融机构提供了更多的推广渠道。各大金融机构纷纷在微信、微博等社交媒体上设立公众号，定期推广自己的金融产品。而与其他微商一样，社交媒介对用户信息的获取及分析可以更精确定位目标人群，从而有效地提升推广转化率。

再次，从产品改造的角度来看，互联网的出现使得传统金融产品都得到了不同程度的升级，特别是在贷款领域。网贷平台的出现在一定程度上解决了我国一直面临的中小企业融资难的问题。网贷平台通过互联网渠道，匹配资金提供方与资金需求方，颠覆了传统金融模式下的贷款方式。

最后，从信息系统的角度来看，互联网的出现使得大数据成为可能，而大数据的获取与分析所得结果对金融机构来讲尤为重要。金融机构在获取用户数据后，将其整合成数据集，再对数据集进行分析后，金融机构可以根据不同的结果向客户推广适合他们的金融产品。当然，大数据的应用不仅仅在销售方面，在风险控制方面的应用前景也是非常可观的。

在风险管控上，互联网大数据的出现使得信息高度对称，对资金需求方的信用和风险有更高的把握。互联网可以从各个终端中收集个人或企业的数据，并进行集中处理，相比以往依据人工经验进行评估，互联网使得评估结果更具客观性和时效性。在传统金融业态下，风险管控一般只能依靠企业的财务数据，或者个人的财务信息，但是由于我国征信体制并不完善，这些信息的获取一般较为困难。但互联网与大数据的出现将改变这一现状。通过互联网，金融机构可以获得多维度的企业信息，包括资金流、货流、商业信息流等。通过对这些数据的整合与分析，对企业进行风险评估时，企业的财务数据将不再是唯一的评判标准。这在很大程度上简化了金融机构对于风险管控的流程。同样，通过对个人数据的获取与分析，也可以达到同样效果。

总的来讲，互联网的出现，特别是近年来互联网在中国的蓬勃发展为金融业态的改革与创新提供了基础支撑。它对金融业态创新的推动将引领金融业迈向一个全新的未来。

5. 互联网的未来发展趋势

首先，互联网在发展趋势上表现为从 PC 端到移动端的完全转移，移动互联网将渗透到网民生活的方方面面。据《中国互联网络发展状况统计报告》数据显示，中国手机网民规模为 6.56 亿人，在整体网民中的占比提升至 92%。目前，O2O（线上到线下）的发展已经使得移动互联网渗透到移动支付、社交、出行、购车、买房、办公等各个生活场景。

其次，互联网信息量的快速积累膨胀使得信息从本地到云端进行迁移，云服务涵盖的计算、存储、联网、编程，以至通信服务和协作工具，将为社会创造出更高水平的效率和经济性。Google 提出："未来一台电脑只需要安装一个浏览器，所有应用软件以插件的形式内嵌在浏览器，浏览器将会是一切的入口。"这也是基于云端的极致发展而提出来的。

除了以上两个趋势，互联网的发展还存在着无限的可能性。其在金融服务的应用上具有丰富的想象空间，去中介化的趋势提高了人们生活的便利性，信息流的把握使金融服务的风险控制更加有力。

在金融服务的应用上，一方面，伴随着 PC 端向移动端的完全转移以及支付清算系统的统一，移动支付和第三方支付将会占领几乎所有的支付清算市场，资金在互联网上进行流通，实体的现金和银行卡都将被取代，资金实现完全线上化。另一方面，互联网的广泛应用将可以实现对所有终端的数据收集，包括个人和企业的所有信息流，从而经过计算搭建起一个完整的大数据征信系统，改变过去依赖中国银行征信体系的传统方式，在投融资过程中做到更高的风险把控。

互联网为金融业带来了巨大的变革，使未来的发展越来越难以预测，然而更高的风险控制以及资金的完全运用仅仅依靠互联网本身是不够的，互联网在金融服务的数据收集处理、交易安全、授信风险等方面还存在不足，需要与其他新兴技术的发展进行匹配，下面将重点讨论新的技术如何驱动金融发展。

技术革命的胜利

金融的核心在于风险管理与需求匹配，而这就要求进一步提升数据收集的手段和升级数据分析挖掘的能力，利用数据进行需求识别和风险计量，这将非常依赖技术发展的水平。而大数据、云计算、区块链、物联网、人工智能等新兴技术将使得金融能够在更低成本的环境下更广泛地收集有用数据，并基于数据对风险和需求进行分析，从而实现金融服务的精准匹配与严谨风险管控。

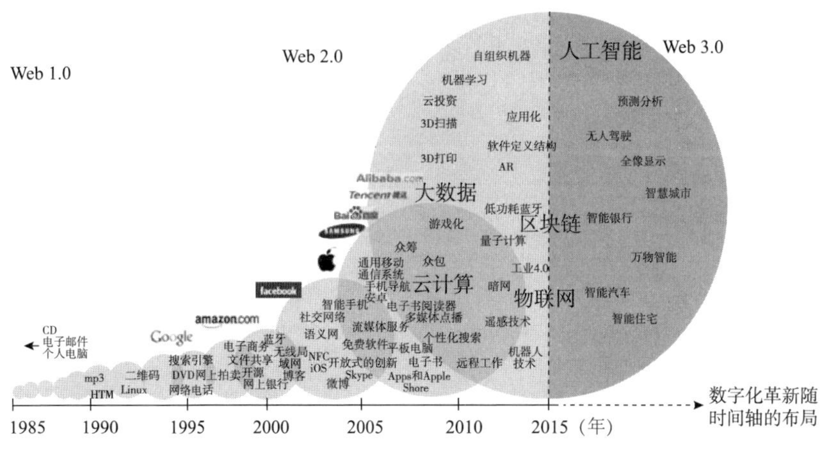

图 3–5　数字化革新里程碑

其中，大数据和云计算已经具有了一定的发展和应用，主要作用于降低数据获取和储存成本，使得基于大量数据进行分析成为可能。而区块链、物联网、人工智能将带来更丰富的数据获取手段和数据处理方法。这将使得金融能够在海量数据中提炼出数据核心价值并为金融服务。

1. 已经成熟并广泛应用的技术

在过去，金融业受限于数据获取的渠道、数据存储的成本、数据分析的技术能力，其掌握的数据较为有限，主要是客户属性的静态数据，比如企业客户的财报数据、个人客户的属性和央行征信数据。所以，金融机构难以通过数据对客户有更深入的了解，所以导致出现对客户需求不了解、对客户风险不清晰等情况。而大数据为金融开辟了数据获取的渠道，使得金融能够在原有财报数据、属性数据、征信数据等基础上掌握更丰富的数据，如交易数据、税务数据、能源数据等；而云计算则大幅降低了数据存储的成本，作为大数据的底层基础设施，为大数据的不断发展提供了技术支撑。

大数据与云计算是近年来大家经常提及的新兴技术，其现今的发展已经比较成熟，在各行各业中都有非常广泛的应用。大数据由巨型数据集组成，所涉及的数据量规模巨大以至于无法通过人工或者计算机，在合理的时间内截取、管理、处理并整理成人类所能解读的信息。由于大数据几乎无法使用大多数的数据库管理系统处理，所以大数据与云计算是相辅相成的两个技术。大数据的特点为“3Vs”，即量（Volume，数据量大）、速（Velocity，数据输入输出的速度快）与多变（Variety，数据的多样性）。大数据在中国的发展极其迅速，根据贵阳大数据交易所发布的《2016 年中国大数据交易产业白皮书》数据显示，我国大数据产业在 2014 年规模达到 1038 亿元，而 2015 年的产业规模则达到了 1692 亿元，增幅为 63%。现在我国大数据应用份额占比最高的是政府，达 11.38%，接下来依次是电信、金融、电商、医疗和能源行业，分别为 9.35%、8.9%、7.92%、7.63%

和 7.5%。而随着未来大数据应用范围的不断扩大以及技术的逐渐成熟，市场规模也会快速扩张。根据贵阳大数据交易所统计数据显示，预计 2016 年末，我国大数据市场规模将达到 2485 亿元，到 2020 年，产业规模或达 13626 亿元。

云计算作为计算资源的底层，为大数据的应用和挖掘提供了基础设施，大幅降低了存储和计算成本，使大数据应用成为可能，丰富了数据的应用场景。2007 年云计算这一概念被引进中国市场，随着过去几年的飞速发展，我国的公有云市场在 2014 年已达到 70.2 亿元，同比 2013 年增速为 47.5%。而私有云市场在 2014 年达到 216.8 亿元，较 2013 年增长 28.6%。自 2015 年以来，云计算技术正不断地从互联网领域企业渗透至传统产业企业。并且，在国家云计算产业政策的驱动下，政府部门以及大型央企正将其非敏感性的业务系统搬迁到公有云上，并优先选择私有云技术作为其整个 IT（信息科技）架构转型和业务升级的载体。未来的云计算产业将快速发展，并逐渐向更多的应用渗透。

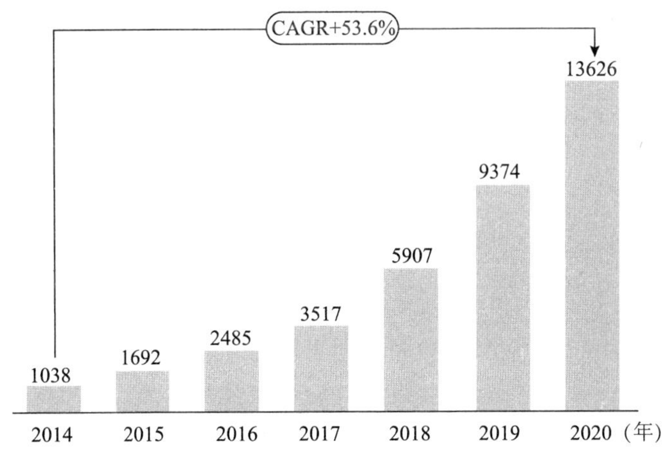

图 3–6 中国大数据产业市场规模（亿元）

资料来源：《2016 年中国大数据交易产业白皮书》

大数据和云计算作为硬币的正反两面，是相辅相成的两个技术。其在金融领域内的应用场景非常广泛，特别是在定价、授信、风控领域。在定价领域中，大数据和云计算技术可以帮助保险公司针对不同客户更精确地制定保险价格。大数据与云计算的本质在于采集尽可能多种类的数据并通过模型来预测未来。而在保险领域中，每一个保险购买者的行为都是不同的，所以根据不同客户制定不同的价格可以更好地保障保险公司以及客户双方的利益。如车险，在保险公司充分收集了客户的年龄、性别、职业、车型、车色、日常行车路线、里程、行车习惯以及行车时间等多维度的数据信息后，可以给不同的客户制定不同的车险价格。一位开中级车，每天往返于公司与家之间通勤，偶尔会在周末出外游玩的拥有熟练车技的女白领车主，与一个开中级亮色车，经常在晚上及半夜出行且比较年轻的男车主相比，两者的出险概率通过模型计算出来后应该是完全不同的，且后者的出险概率显然比较高。那么，车险公司完全可以通过大数据与云计算的结果向后者收取更高的保险费用。

而大数据和云计算在授信及风控领域的应用则更为重要。现今市场小额贷款、消费贷款等是银行认为比较难以处理的散客市场。对于没有固定担保物的客户，银行应该向其授信多少额度是一个难以解决的问题。但是通过大数据与云计算可以很好地解决授信额度，甚至是风险控制的问题。例如淘宝的小微贷款业务，对这些小微企业在淘宝上的流水账单以及业务数据进行收集并通过模型计算出某一小微企业的授信额度。而由于淘宝拥有非常多维度的企业数据信息，其在做小微金融业务时可以很好地了解某一小微企业所可能面临的风险并通过自己的方式来掌控资金借出后的风险。大数据和云计算可以使阿里巴巴的金融业务触及银行难以解决的业务领域。

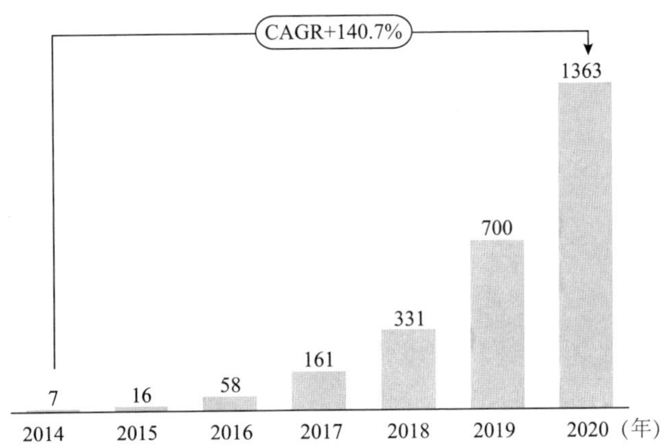

图 3-7　中国金融大数据应用市场规模（亿元）

资料来源：《2016 年中国大数据交易产业白皮书》

但是大数据与云计算在金融领域的应用中仍旧面临许多问题。阿里巴巴可以开展金融大数据业务是因为其自身拥有淘宝以及天猫的所有交易数据，而传统金融机构目前还没有有效的途径可以获得能够用来建模的数据。虽然很多互联网公司现在拥有金融公司所需要的客户数据，但是由于中间层数据交易公司的缺乏，传统金融机构无法获得这些数据。另外，金融公司获取客户个人信息及私人数据涉及隐私权等法律问题。如何界定私人数据与公共数据以及如何保护个人的数据隐私权是需要相关部门进行规定甚至立法的问题。大数据与云计算技术还面临如何实现共享，以及如何保证存储安全等问题。如何解决这些问题以及何时才能解决需要一些时间来寻找答案。

实际上，大数据与云计算已经发展得比较成熟，在定价、授信、风控等领域应用得日益娴熟，同时还有一些正在发展中的新兴技术，如物联网、人工智能和区块链等，对金融活动在交易安全、数据收集和风控方面具有积极的意义。

2. 物联网

正如前文所述，技术主要作用于拓宽数据获取的渠道、降低数据存储的成本、提升数据分析的能力，其中物联网将在拓宽数据获取渠道上起到关键作用。利用物联网技术,可以获得物体状态等数据，从而一件商品无论是运输在途、储存在库，还是陈列货架，抑或已经被消费者带回家都能够被收集记录。这使得金融业可以基于这些数据分析交易进程、监控抵质押物状态、识别交易真伪等，对于风险管控都至关重要。而企业可以利用物联网技术进行物品数据收集，作为风险模型和需求分析模型的输入数据。

物联网作为一项新兴技术在各行各业的应用已非常广泛。物联网技术是通过射频识别（RFID）、红外感应器、全球定位系统等信息传感设备，按约定的协议将物品与互联网连接，进行信息交换和通信，以实现智能化识别、定位、追踪、监控和管理的一种网络技术。物联网在中国的发展非常迅速，尤其是在物流、交通等领域。根据工信部的数据，2015 年我国物联网产业规模已经达到 7500 亿元，比 2014 年增长 29.3%。而根据预测，我国物联网产业规模将在 2020 年达到 18300 亿元的规模，年平均增速将在 18% 左右。全球互联网巨头都在积极布局物联网，希望快速构建物联网生态体系。

而物联网在金融领域中的应用将随着万物互联时代的到来而产生改变。现今互联网金融的基本逻辑是谁掌握了更多的客户端与消费者喜好的商品接口，谁就掌握了金融入口。而当万物互联时代到来时，消费市场将不再是金融入口的全部。未来物联网的产值贡献主要来自物联网供应商和产业领域的物联网应用，而这就意味着产业领域的物联网金融将成为未来的竞争重点。例如，通过物联网

图 3-8　物联网示意图

技术可以对核心企业外的相关企业的信息流、资金流以及物流进行可视化跟踪，使所有关联企业均能获得有效信息，从而拓展供应链金融的客户范围及业务领域。然而，与大数据类似的是，要想实现物联网技术在金融领域的大规模应用，首先要做好规则的制定和立法工作，并且我国的物联网技术目前还处于初期发展阶段，在应用过程中亟须解决的技术难题还有很多。物联网技术发展成熟并大范围应用在金融领域仍需时间。

3. 人工智能

人工智能则有利于提升金融业的数据分析和挖掘能力。当大数据、云计算、物联网为金融业降低了获取和存储数据的成本，积累大量数据后，需要最大限度地利用这些数据为金融服务，从海量数据中提出关键数据并进行风险分析和需求分析。而人工智能为数据分析和挖掘提供了重要的技术支持，通过人工智能，搭建数据分析与挖掘模型，并根据实践结果不断优化模型，提升分析的速度和准确度。企业可基于自身所掌握的数据，利用人工智能技术帮助构建风控和需求模型，直接为客户提供服务，从而建立自身开展金融的差异化竞争力。

2016年初，最吸引全球目光的事件无疑是Google开发的AlphaGo（阿尔法围棋）与韩国棋手李世石九段的人机大战，最后，AlphaGo的胜利则直接反映了人工智能作为一种新兴技术的广阔前景。然而，在中国，人工智能仍是一个非常新兴的领域。数据显示，2015年我国人工智能市场规模大约为12.6亿元，而2015年全球人工智能市场规模为1683.9亿元，我国的人工智能产业规模只占全球的不到1%。相比于其他新兴技术市场，我国的人工智能产业规模相对较小。但是，中国“十三五”规划纲要中首次出现了人工智能一词，并且在“科技创新2030项目”中，智能制造和机器人成为重大工程之一。这预示着人工智能将在未来的几年内迎来井喷式的增长。

而人工智能在金融领域中的应用预期也极为广泛。从智能客服到生物特征识别，从金融预测到智能投资顾问，从金融知识库到服务机器人。例如，通过人工智能的语音识别与自然语言处理技术可以实现人工智能客服的应用。人工智能客服将实现语音分析、语音识别，并且能实时语意理解，快速掌握客户需求，帮助客户解决问题，成为个人金融助理。人工智能中的计算机视觉与生物特征识别应用还可以帮助实现人像监控预警、核心区域安全监控等目标。并且，人工智能中的机器学习等技术可以有效地帮助金融机构进行金融预测与反欺诈。可以说，人工智能的发展将为金融业带来各个方面的变革。但是，除语音识别这一技术实现难度较低、进入壁垒不高且已经广泛应用在金融领域外，其他人工智能技术目前仍处于初期的研发阶段。

4. 区块链

前面已经讨论了数据对于金融的重要性，其中需要特别重视数据的真实性和时效性。这对于传统金融来说一直是个无法逾越的鸿沟，中国信用体系相对并不完善，数据做假情况普遍，在虚假数据基础上更精准、更先进的模型都是空谈。区块链在信息安全基础上，构建数据化的去中心信用体系，所有真实活动都在区块链体系内被有效记录，从而大大降低了数据做假的概率。同时，更进一步，基于高安全性，区块链成为低成本的支付工具和媒介，金融应用场景广泛。为此，企业在开展金融服务时可以利用区块链技术来降低支付成本，同时也可以在未来以低成本获得真实数据，使真实数据成为企业开展金融的燃料。

区块链是一个源于比特币社区的技术，现在正受到金融机构的高度重视。区块链的中心概念以去中心化和去信任的方式，借助数学算法集体生成一系列有序数据块，并由其构成一个可靠数据库的技术。区块链的特点在于去中心化、去信任化、集体维护以及安全性高。去中心化即没有中心系统，节点间可以直接进行信息交互，任意节点出现问题，例如网络问题、硬件故障或黑客入侵等都不会影响全网运行。去中心化的优势在于交易效率高且成本低。而去信任化则是借助开源算法使系统运作规则公开透明，点与点之间的交易以及数据交换无须互相信任，可以匿名进行，但是所产生的每笔交易都会被真实记录，可以避免违规行为。而集体维护这一特点体现在，区块链的单个节点的计算能力并不高，但是通过分布式点对点的模式可以大大提升计算能力。而安全性高则体现在，历史交易记录基本不会被暴力篡改，也许单个节点的历史数据可以被篡改，但单个节点的数据修改将不会被全网认可，只要无法控制全系统

50% 以上的计算能力，数据就不可能被篡改。并且，随着系统中节点的增多，系统的计算能力越强，数据安全性越高。

根据区块链去中心化的特点，金融机构正在努力研究其在金融领域内的应用方式。2015 年 9 月，摩根大通、巴克莱银行、高盛集团等 9 家全球知名的金融机构共同投资创立了“R3”公司，委托其为区块链技术在银行业的使用制定行业标准和协议。区块链在金融领域内的应用 1.0 阶段应该是以支付为突破口，构建低成本的全球一体化实时清算体系。现有的支付系统是一种典型的中心化模式，跨行手续费较高，大额交易时间较长，某个系统关闭或出错将导致交易无法进行。跨境支付更是需要借助 swift（银行估算系统）等在各个银行、代理之间进行金融交易，节点多、流程长、效率低、成本高且易出错。区块链技术可以很好地解决现有的难题，使用分布式核算将交易实时记录在全网共享平台上，无论哪一节点出错用户都仍旧能够查询交易状态，各节点间也可以实现资金实时清算，大大提升了效率。但截至目前，所有区块链的应用仍停留在理论范围内，部分金融机构专门成立了实验室以开发区块链的应用，但最快的

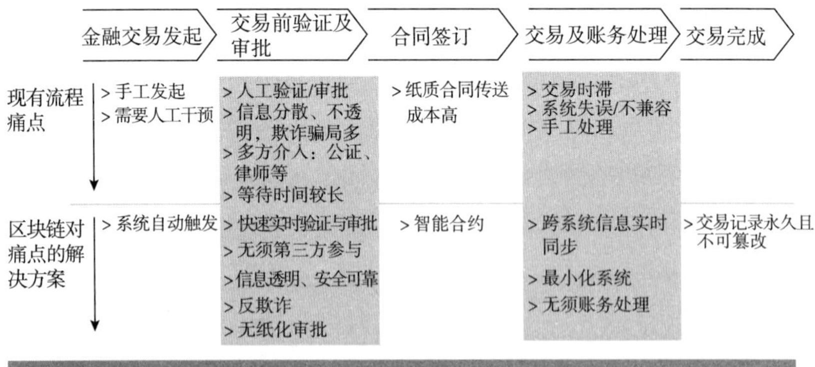

图 3–9　区块链优势

也仍旧处于内测阶段。所以，区块链在金融领域内的应用仍需要一段时间的发展。

上述这些技术革命的发展使得企业在开展金融服务的过程中得到更多安全性、高效性保障，然而它们还只是正在涌现的科技进步的一部分，更多的新兴技术还有待发掘，相信互联网和科技的进步在未来会继续加持金融服务的开展，更多的企业将具备开展金融服务的能力。

监管的开放态度

互联网的快速发展和新兴技术的运用使得众多非金融企业作为金融市场的外部进入者，初步具备了开展金融服务的基础技术能力。同时，中国的金融监管也进入了鼓励开放创新的新阶段。这种对开放创新的鼓励态度主要体现在三个方面：一是技术应用的开放创新，二是业务形态的开放创新，三是参与者的开放创新。监管的积极态度有利于为企业发展金融服务营造健康的环境。

1. 鼓励科技创新与应用

大量有利于金融服务发展的新技术手段，在风险控制、提高效率和降低成本等方面都做出了突出的贡献。对于这些技术手段，政府也表现出了鼓励发展的积极态度，为最终实现金融普惠而努力。

其中，2015 年 9 月由国务院发布的《促进大数据发展行动纲要》突出强调了大数据技术发展的重要性，认为“数据已成为国家基础性战略资源，大数据正日益对全球生产、流通、分配、消费活动以及经济运行机制、社会生活方式和国家治理能力产生重要影响”，并提出“支持企业开展基于大数据的第三方数据分析发掘服务、技术外包服务和知识流程外包服务。鼓励企业根据数据资源基础和业务特色，积极发展互联网金融和移动金融等新业态”等指导性建议，充分反映了政府对大数据技术的重视程度以及对企业开展大数据相关业务的政策支持力度。

2015 年 12 月 25 日，央行发布的《关于改进个人银行账户服务加强账户管理的通知》称，“提供个人银行账户开立服务时，有条件的银行可探索将生物特征识别技术和其他安全有效的技术手段作为核验开户申请人身份信息的辅助手段”。体现了央行对于生物识别技术的认可，从而在此基础上放开了对远程开户的限制。

2. 引导创新金融模式

科技创新为在互联网环境下诞生新型的金融服务手段提供了支持。监管机构也通过政策引导创新金融业态健康发展。

2015 年 7 月 18 日，由央行会同有关部委制定的《关于促进互联网金融健康发展的指导意见》对外发布，首次明确网络借贷业务由银监会监管。在监管思路上，“要坚持平台功能，为投资方和融资方提供信息交互、撮合、资信评估等中介服务。个体网络借贷机构要明确信息中介性质，主要为借贷双方的直接借贷提供信息服务，不得提供增信服务，不得非法集资”。从政策层面上对网络借贷进行了明确规定，在规范监管的基础上，为其发展提供支持。

在第三方支付领域，央行自 2011 年起，对外不断发放《支付业务许可证》，支付宝、财付通等 27 家公司成为第三方支付牌照的第一批获得者。在 2017 年 6 月发布的《非金融机构支付服务管理办法》中，央行表示对《支付业务许可证》不做数量限制，鼓励所有满足提供支付服务条件的非金融机构在支付服务市场中平等竞争。此外，在上海，金融办拟同相关部门针对第三方支付企业制定扶持政策，提供相关的培训服务。由此可以看出，当局对于第三方支付这种新型的金融服务给予了足够的重视，并对其进行积极培育和政策引导。

3. 鼓励更多竞争主体参与金融服务领域

在过去的监管政策下，众多金融服务领域是银行一家独大的，甚至在某些领域银行是唯一的金融服务提供方，严格的监管政策使得外部机构、民营资本没有机会参与到金融信息服务中。然而在金融服务的需求越来越多元化的今天，银行的服务已经无法满足广泛的需求，监管机构也放宽了相应的监管要求，从外部引入竞争机制，对非银行金融机构和民间资本开展金融业务提供支持性政策。

一是推动非银行金融机构开展科技金融创新。2016 年 9 月 7 日，北京银监局发布了《关于北京银行业加强科技创新的意见》，其提到，“推动非银行机构开展科技金融创新”和“支持符合条件的大型科技企业集团公司按规定设立财务公司，推动辖内企业集团财务公司为集团科技创新、产业升级提供服务。支持金融租赁公司为科技研发和产业化提供租赁服务”等，支持相关的非银行金融机构积极开展科技创新，提供金融服务。

2016 年 9 月 13 日，江苏省政府参事在发布的《关于加快江苏金融支持实体经济发展的建议》中也提到了“支持金融租赁公司等非银行金融机构开展业务，创新发展面向小微企业的金融产品与服务”，鼓励非银行金融机构积极进行科技创新，在金融领域发挥重要的作用。

二是支持民营资本进入金融业。2016 年 1 月 27 日《进一步推进中国（上海）自由贸易试验区金融开放创新试点加快上海国际金融中心建设方案》对外发布，用以加快上海国际金融中心的建设。其中要求不断扩大金融服务业对内对外开放，包括支持民营资本进入金融业，支持符合条件的民营资本依法设立民营银行、金融租赁公司、财务公司、汽车金融公司和消费金融公司等金融机构；允许外资金融机构在自贸试验区内设立合资证券公司，允许符合条件的外资机构在自贸试验区内设立合资证券投资咨询公司，允许国外资本进入自贸区设立相关的金融机构。

2015 年 5 月 21 日，国务院发文同意在北京开展服务业扩大开放综合试点，推动互联网和金融服务等六大重点领域扩大开放。其《关于北京市服务业扩大开放综合试点总体方案的批复》中提到“支持符合条件的民间资本和外资进入金融服务领域”，“使外资金融机构和民营资本在平等的市场环境下提供金融服务和参与市场竞争”，表达了对外部多种属性的资本进入金融市场的支持态度，希望可以“健全多层次资本市场体系，鼓励金融创新，丰富金融市场层次和品种，拓宽企业直接融资渠道”。在这样的监管政策支持下，有利于外部资本进入金融服务领域。

总的来说，金融业未来的发展前景非常广阔。互联网在我国的蓬勃发展为新的金融业态提供了基础支撑，而新兴技术的发展与应用为金融业态变革提供了技术纽带，政府与监管机构的政策导向为金融业态的创新改革提供了前进方向。所以，我国的金融业将在未来几年内进入一个全新的蓬勃发展期。

第二部分

发展与展望

第四章　企业自金融

企业自金融依托互联网，提供综合金融信息服务，具有区别于传统金融及其他金融形态的特征和比较优势。而企业在开展自金融过程中，能够为自身带来多元化的价值，核心是提升主业、完善供应链、优化经营、促进营收，并最终实现品牌与价值的提升。

企业自金融将成为现有金融体系的重要补充，与传统金融形成以合作互补为主、竞争促进为辅的竞合关系，从而能够营造企业自金融健康发展的良好环境。

什么是企业自金融

我们将这种企业开展金融服务的模式称为企业自金融，具体来说，即非金融企业依托信息技术，以服务自身主业及关联产业为目的，向其自身或有业务关联的企业及个人提供投资、融资、支付结算与增值等综合金融信息服务。

1. 企业自金融的定义

在当前的宏观环境和内部经营管理环境下，企业的竞争已不再是个体与个体之间的竞争，而是供应链条与供应链条之间的全面竞争、经营生态与经营生态之间的综合竞争。因此更多的企业应该更主动地参与到金融服务中，甚至作为金融（信息）服务的主导者，为自身及业务关联主体营造更健康且更有竞争力的经营环境。正如在上文中提及的众多企业集团或汽车厂商，它们积极地围绕自身主业，参与金融、主导金融，实现经营生态的“多赢”，从而为自身主营开拓更为广阔的疆土。

这种企业主导金融服务的模式可称为企业自金融，即非金融企业依托信息技术，以服务自身主业及关联产业为目的，向其自身或有业务关联的企业及个人提供包括投资、融资、支付结算与增值的综合金融信息服务。

企业自金融与传统金融存在明显的差异，这种差异全方位地体现在开展业务的主体、业务目的、服务对象、业务范畴等方面。而这种全方位差异使得两种业务形态体现出一种“差异化合作”而非“同质化竞争”，从而使企业自金融作为金融体系内的重要拼图优化中国金融服务格局、提高中国金融服务能力。

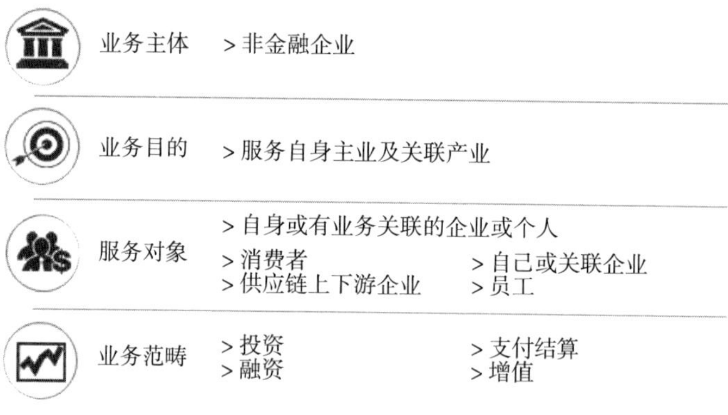

图 4-1　企业自金融

2. 业务主体：非金融企业

与传统金融是将持有牌照的金融机构作为服务提供主体相比，企业自金融开展业务或提供服务的主体是非金融企业，这些非金融企业遍布在各行各业，并不持有金融牌照，以为企业或个人提供实物产品或服务为主业，并不具备银行、保险、证券等金融机构提供资金融通的金融能力。

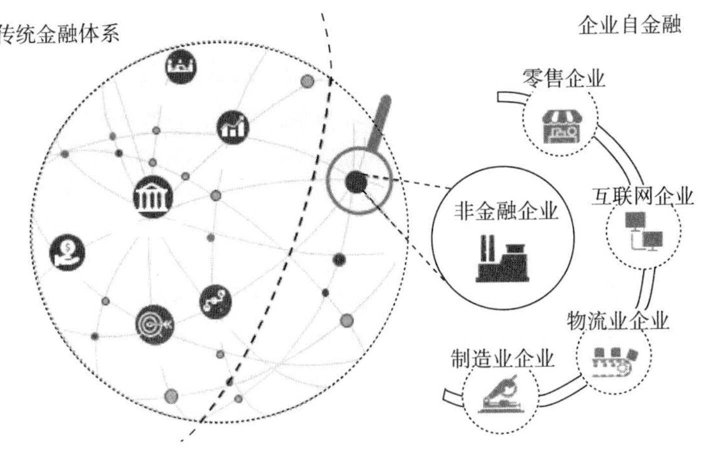

图 4–2　企业自金融业务主体

经过 60 多年的发展，中国已经构建了以银行业为主体，涵盖保险、证券、基金、信托、金融租赁、财务公司等多元化的金融机构体系；形成了以存贷汇为基础，包括期货、期权等衍生品的服务结构体系。而非金融企业虽然在过去主要作为金融活动的参与者并没有主导开展金融相关业务的经验，但企业具备主导并深度参与金融业务的核心资源和能力，包括对行业、场景的理解，掌握经营管理活动的“四流”等，而这些资源和能力正是开发金融需求和管控金融风险的基础且核心的要素。

以海尔和京东等为代表的企业是“非金融企业”主导金融服务的最佳诠释：海尔在过去 32 年中，从最初生产制造冰箱到为消费者提供包括洗衣机、空调、电视等一系列的家电产品，并在全球拥有 5

大研发中心、21个工业园、14万个销售网点，业务覆盖100多个国家；京东在过去10年间成为中国最大的自营式B2C购物网站，拥有上亿的注册用户、超过2000家供应商、200多个货仓、6000个送货据点。这两家非金融企业分别在2001年和2012年开始更深度地参与及主导提供金融服务，虽然在进入金融领域前缺乏金融经验，但数年后，两家企业的金融业务均成为教科书式的成功案例。

3. 业务目的：服务自身主业和关联产业

作为现代金融企业，金融机构主要的业务目的是股东利益最大化，当股东利益与实体经济利益发生冲突时，金融机构通常难以兼顾金融服务实体经济的根本目标。而实际上，在传统金融机构开展业务时，由于其对成本收益的要求、业务规模的考核、风险偏好的约束、运营模式的约束，从而在服务企业时，主要服务对象为国企和大型企业。而因为成本收益低、业务碎片化、风险较大、地域分布零散，从而在实体经济中对金融服务需要更强烈的中小企业实际上难以享受金融服务。经济下行、风险暴露时，针对中小企业的“抽贷”“断贷”情况更是屡见不鲜。这样一种为人诟病的“锦上添花”而非“雪中送炭”的服务模式主要受制于金融机构股东利益最大化的业务目的。

对于企业自金融而言，虽然其业务主体同样是以股东利益最大化为基本原则的企业，但其主导参与金融服务不是为了通过金融服务获取收益，而是通过金融服务支持主营业务和关联产业持续健康发展，使供应链上下游的中小企业或其他业务相关方确切受益，是真正通过金融服务实体经济的行为。这与国家长期对金融业的定位是高度一致的。

过去3年来，李克强总理在人大会议记者会、金融企业座谈会等不同场合多达10次提出并强调“金融的首要任务是要支持实体经济发展”“需要把金融服务和实体经济有效结合在一起”，这正说明李克强总理对金融服务实体经济的要求和期望，同时现阶段金融对实体经济的服务力度仍有较多不足。企业自金融服务自身主营业务和关联产业的业务目的，与李克强总理的要求和期望是一致的，也能更好地弥补现有金融的不足，与现有金融业务协同服务实体经济。

4. 服务对象：自身或有业务关联的企业或个人

现有金融业务是一种普适性服务，面向全社会提供金融服务。但实际上，传统金融机构的重点服务对象是国有大型企业、高净值人群，而中小微企业和普罗大众或者被动接受标准化的基础服务，或者在服务边界之外。这种金融服务现状是可以理解的，有限的金融服务资源和14亿人口、5000多万企业法人的潜在服务对象进行对比，金融机构只能选择有所侧重、有所舍弃。

相比服务对象普适性的现有金融业务，企业自金融的服务对象聚焦且具有明确的边界，即企业自身或有业务关联的企业或个人。这样的服务对象定位是基于其服务自身主业和关联产业的业务目的，以及对行业、数据、场景等的比较优势。具体来说，企业自金融的服务对象包括供应链上下游企业、自身零售消费者、企业自身或关联企业及企业员工等。

在不同的产业形态、不同的经营场景下，上述不同对象的金融需求不同，为此，不同企业的主要服务对象和服务形式都有所差异。其中，针对供应链的服务是绝大部分产业的关注重点，现有的供应链金融业务是一种比较典型的针对供应链上下游企业的服务形态。

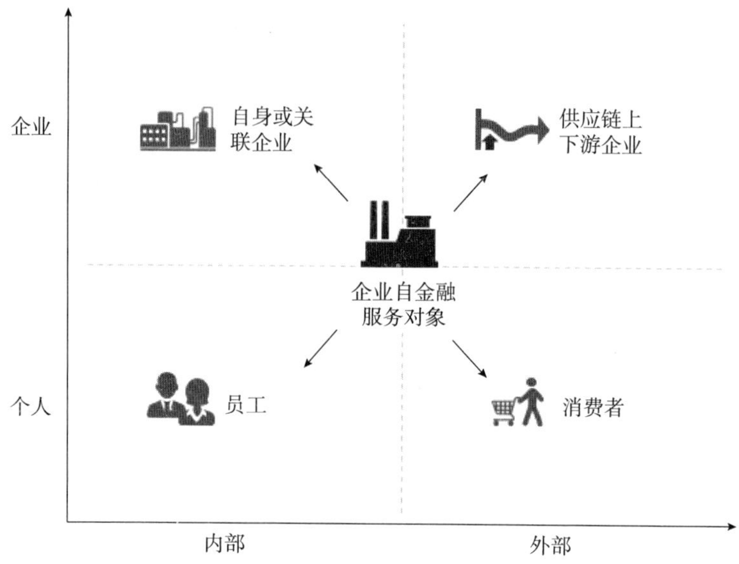

图 4–3 企业自金融服务对象体系

以海尔为例，其海融易供应链金融平台针对海尔上下游供销体系提供金融服务，解决了包括经销商在内的上下游资金问题。

面向消费者的金融服务亦有较多的业务形态，其中消费金融是近年的“风口”，诸多实体企业突破过往传统的“消费金融公司”模式，主动为自己的消费者提供金融服务。以京东为例，向通过其平台进行购物的消费者提供“京东白条”进行贷款或购物赊账服务，帮助消费者更便捷地获得某种商品或服务。

企业自身或其关联企业主要是指企业及其具有控制关系的子公司、具有特许权利才能正常经营的连锁机构或加盟商等。财务公司是一种比较传统的针对企业自身或关联企业提供服务的业务形态，大型企业集团通过设立企业集团财务公司，服务于企业集团成员单位的财务管理，以加强资金集中管理和提高集团内部资金的使用效率。

企业员工是企业最为亲密的成长伙伴，员工服务企业、企业服务员工成为一种更为良性且更受企业重视的成长模式。而金融服务是企业服务员工的一种方式，通过金融服务，帮助员工安居乐业、提升生活质量，创造企业价值而无后顾之忧。如腾讯安居计划为员工提供首套房免息首付贷款，使年轻员工也能够在房价高昂的一线城市安居。

5. 业务范畴：存贷汇与增值服务

中国金融业经过几十年的发展，以存贷汇为基础的业务体系已经较为成熟，同时依托于多年积累的金融能力，不断推进金融创新的进程。在现有较为成熟的金融业务体系框架下，企业可以借鉴传统金融经验逐步积累金融能力。其在主导金融业务时，可以以现有金融业务体系为框架，在原有存贷汇业务体系的基础上，主要通过业务场景化和个性化创新的方式，更好地服务业务对象，并且根据业务场景和逐渐积累的金融资源，提供更多增值服务。从而形成以存贷汇和增值服务为主的企业自金融业务体系。

这种将现有金融业务应用于特定场景和特定需求的方式，正是企业自金融区别于金融机构之处。金融机构虽然有较为成熟且多元化的业务体系，但在企业经营管理日益复杂、差异化程度更高的环境下，这种标准化的服务难以很好地与企业的需求进行匹配。而企业自金融的服务对象范围相对狭窄，能够更好地将现有金融服务按照服务对象的需求个性化地供给，从而最大限度地发挥传统存贷汇的金融优势和服务能力。

6. 服务手段：依托互联网

在互联网广泛应用前，金融存在较高的进入壁垒，传统金融机构主要通过线下渠道网点提供金融服务，通过人工审核等线下流程进行业务运营，而搭建渠道、组建团队、建立能力均需要较高的成本、长时间的资源和经验沉淀。正如前文所述，企业自金融的目的是服务主业，当进入壁垒过高时，企业并没有投入大量资源去开拓线下渠道、搭建金融服务团队，甚至是建设金融基础设施的动机和能力。

互联网的应用极大地降低了企业进入金融信息服务领域的壁垒，为企业自金融提供了最佳的业务载体，可作为企业开展自金融的理想业务渠道。基于互联网开放与共享的特征，一方面，企业可利用互联网的开放性，在其经营生态中与关联方建立更为紧密的连接，构筑低成本的互联网渠道，从而实现信息互通、利益共享，巩固客户关系；另一方面，企业可通过互联网共享金融能力、金融资源及金融基础设施，从而使企业以最小化的资源投入，开展企业自金融，服务自身主业，真正形成企业自金融与主营业务或关联产业的协同。

7. 业务性质：金融信息服务

实际上，在开展自金融业务时，企业不是提供金融服务，而是提供金融信息服务，这是一种基于企业比较优势的选择。金融机构开展金融服务，需要具备创设产品并管控风险的专业金融能力、拥有资金与资产等金融资源、持有金融牌照并接受监管约束，这些能力和资源禀赋是金融机构开展金融服务的内在逻辑与比较优势。

非金融企业并不拥有上述能力、资源或经营许可，其开展金融业务的内在逻辑与比较优势在于其拥有业务场景、掌握交易信息，它与所服务对象之间的信息对称程度更高。简单地说，企业更理解其业务关联方的需求和风险，而这正是以银行为代表的金融机构一直以来希望输入的数据和信息，也是后续金融服务输出的基础。所以，企业基于其比较优势，以提供金融信息服务的性质开展企业自金融服务，输出信息、对称信息，并整合外部的金融能力和金融资源，使其经营生态圈内的其他主体能够更好地获得金融服务。

比较优势

非金融企业开展金融信息服务具有一定的跨界性质，那么非金融企业具备哪些能力或资源的比较优势使其能够开展企业自金融?从金融的本质分析，传统金融中介在开展金融服务时，依然存在核心的业务痛点，主要体现在信息不对称上。而企业恰好占有“信息对称”的高地，具体体现为：对所在行业的理解，掌握商流、物流、资金流、信息流的数据，对场景与流量的占有，在业务合作方之间已拥有较强的信任度。

在现代化社会中，已经形成了成熟的社会劳动分工体系，劳动者或企业根据其生产资料、生产方式和劳动熟练程度，进行专业化分工，从而实现最高效的社会生产，最大化的社会总产出。企业自金融是由非金融企业提供金融信息服务，所以为了以最高的效率和最低的成本提供金融信息服务，非金融企业必须具备开展金融信息服务的某种生产资料，实现某种相对专业化生产的金融机构的比较优势，从而使企业自金融成立。

在讨论企业自金融的比较优势之前，我们需要先从需求的角度来讨论金融的本质，以及开展金融服务对生产资料和生产方式的要求。

1. 金融的本质

金融的本质即资金的融通，具体来说是在不确定的环境下对资源（资金）进行跨时间、跨空间的配置（融通），实现价值交换。举例来说，借贷即典型的跨时间价值交换，将未来的钱转移到当期进行消费交易，获得产品或服务价值，再在未来连本带息还给借贷人；

而支付是典型的跨地域价值交换，使未来货币的价值实现发生地理位置的转移。

实际上，因为这种价值交换是在不确定的环境下进行的，而且跨时间、跨地域，从而产生了风险，而风险带来了差价以对风险进行补偿。只要存在不确定性就存在风险，不确定性越大，风险越大，对风险的补偿要求就越高；反之亦然。因此，金融的核心职能即风险管理，并且对风险进行定价。

但金融并非孤立的，脱离了实体经济来谈金融是没有意义的，金融的目标并非要实现自身的数量或规模的增长，而是通过其所承载的金融功能来服务实体经济，并加速实体经济的增长。

因此，以银行为代表的金融机构随之出现，它一方面承载着利用金融服务实体经济的使命；另一方面为了实现价值交换，需要进行风险管理和风险定价。从而，金融机构以中介的角色实现资源的融通，俗称金融中介。

2. 金融中介的痛点

经济学家 Mishkin（米什金）指出，金融中介的存在有两个原因：一是金融中介有规模经济和专门技术，能降低资金融通的交易成本；二是金融中介拥有专业信息处理能力，能缓解储蓄者和融资者之间的信息不对称，从而防止逆向选择和道德问题。

具体来讲，金融中介具有四大职能。

一是解决信息不对称问题。金融这种价值交换活动存在不确定性，即风险，因此需要对这种不确定性进行评估，以对不确定性进行补偿，即定价。但交换双方对这种不确定性存在严重的信息不对称，因此如果由双方直接进行这种不确定性的评估需要非常高的成本，或出现逆向选择和道德风险，即信息劣势方无法做出交易决策，从而导致价格扭曲，市场效率降低。金融中介通过自身专业能力，降低信息劣势，在收集尽可能多信息的基础上，进行风险定价，降低交易双方的交易成本（包括搜寻成本、核实成本、审计成本、风险管理成本、参与成本等），最终促成交易。

二是转移和分散金融风险。如上所述，金融中介只能降低信息不对称程度，而且解决信息不对称问题只是降低了对不确定性进行评估的成本，但无法消除这种不确定性，因为不确定性是客观存在的。例如，解决信息不对称问题可以使资金方更了解借贷方的真实现状、经营状况、资金用途等，但并不能消除借贷方因为不可控因素导致损失或倒闭从而无法偿还债务的风险。所以金融中介通过规模效应、风险管理等手段，帮助转移和分散金融风险，降低个体所承担的风险，从而使个体所承担的风险符合大数法则，使具有不同风险偏好的交易对方能够参与金融活动。

三是承担信用中介的角色。信用中介即交易的中间担保人。金融业务是跨时间、跨空间开展的，金融机构为了实现价值交换——调节资本盈余与资本短缺，改变货币资本的使用权，但并不改变其所有权，需要对交易活动进行担保。为了充分发挥信用中介的职能，金融中介需要广泛增加交易机会，建立规模经济的优势，并且显著降低资金融通的交易成本。实际上，在信用中介出现之前，资金融通已经长期存在。汉景帝为了平定诸侯叛乱，向商人借贷。但由于缺失信用中介，汉朝政府信用评级不足，供求关系与不确定性导致借贷利息高达 10 倍。因此，信用中介降低了交易的融通成本，并且通过规模经济降低了交易机会的寻找时间和匹配成本，从而进一步降低了交易成本。

四是充当支付中介的角色。金融机构的支付中介职能与信用中介职能是相互联系的。帮助客户实现货币计算、货币收付、货币兑换和存款转移等支付活动是金融中介的传统职能，从而减少使用现金、节约社会流动费用。随着货币经营者在货币保管和办理支付中积聚了大量货币，为贷款发放提供了货币供给，从而成为信用中介职能的基础。而贷款将产生货币乘数，使货币保管规模增大，从而带来更大规模的支付需求，实现规模经济，降低交易成本。

总的来说，金融机构一方面通过承担信用中介和支付中介的角色，并且以专门技术来转移和分散金融风险，从而降低交易成本；另一方面尽可能地解决信息不对称问题。对于前者，现代金融机构已经建立了较为成熟的体系且掌握了专业的技术能力；而对于后者，信息不对称已经成为金融机构的核心痛点。正如在“獐子岛事件”中某银行对公负责人感叹，金融机构与企业间的信息不对称程度过高，也成为金融机构更好服务实体经济的核心“瓶颈”。

在“獐子岛事件”中，因为扇贝遭受冷水团灾害而绝收，从而导致存货减值，造成公司巨亏8.12亿元，对经营情况造成了巨大的负面影响。同时由于“獐子岛事件”中银行借款高达34亿元，涉及10余家银行，银行债权存在较大不良风险，为了保障债权方利益，大连市银监局还组织了獐子岛的银企对接会，大连市银行业协会组建獐子岛债权联盟小组会议，以消除可能存在的对银行贷款的负面影响。

因为扇贝存活于海底，存货损失难以核实，而从后续跟踪发现，扇贝绝收事件的原因可能是“提前采捕和播苗造假”。实际上，外部金融机构根本难以判断播苗的真实性、播苗数量的真实性，以及绝收原因的真实性，甚至存在通过虚假播苗套取资金的情况。在信息不对称环境下，该案例就可能存在较大的道德风险。

所以，在解决信息不对称这一关键问题上，金融机构并不了解行业及行业规律，并不掌握真实数据信息甚至存在较高的获取需求和判别真实需求的成本，同时因为“家大业大”，业务复杂、客户众多，也无法专注于解决特定领域的信息不对称问题，从而深陷信息不对称的泥潭。而这正是非金融企业的优势，也是非金融企业开展企业自金融的逻辑。

企业自金融 	传统金融机构 
对所在行业的深刻理解 > 企业在所在行业中深耕多年，非常熟悉行业	对实体行业缺乏理解 > 作为金融机构，本身并不处于实体行业中，难以理解实体行业
掌握“四流”的数据 > 在市场开展业务过程中，所有物流、商流、信息流、资金流的数据均要流经企业，已有长时间积累	并不掌握真实的商业交易数据 > 作为企业商业活动的“局外人”，获取数据需要经过企业
占据场景和流量的资源 > 企业自金融的客户均是价值链上相关企业或个人 > 场景均是价值链上的业务场景	并不具有交易场景、获取客户成本高 > 因为不参与实体商业活动，所以并不具有场景 > 需要花费较高成本去逐个开拓客户
掌握信任的纽带 > 与关联企业或个人之间合作时间较长，已经建立了较强的信任关系	与客户的合作关系较脆弱 > 与客户之间的合作仅仅处于金融层面，可替代性较强

图 4–4　企业自金融相对于传统金融的比较优势

非金融企业在开展企业自金融时具备四方面的优势，从而使其在开展企业自金融时，相较于金融机构能够通过对称信息更好地把握真实的金融需求、管控金融风险，从而降低交易成本。

3. 比较优势之一是对所在行业的深刻理解

非金融企业在各自行业内向市场提供商品或服务，在行业中积累了丰富的经验与知识，从而能够理解行业的商业模式和运营机制。另外，对所在行业的动向和未来发展趋势有深刻的理解并能进行准确判断。

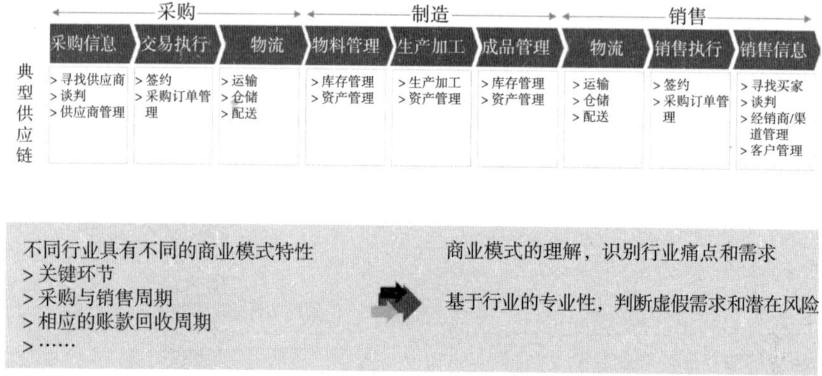

图 4–5 非金融企业对所在行业的深刻理解

实际上，理解行业的商业模式和运营机制对开展金融服务至关重要，具体体现在如下两个方面。一是根据对商业模式的理解，能够梳理并识别行业的痛点和金融服务需求。比如在通信行业中，移动、联通等强势运营商在进行手机销售时，通常会针对上游手机品牌商有 3~6 个月的账期，并且按季度或半年度定期结算，从而导致上游手机品牌商出现周期性的现金流短缺或盈余，进而基于这种业务模式准确识别客户痛点和金融需求。

二是基于专业性，能够准确判断虚假需求或骗贷行为。比如在上述獐子岛的案例中，在“运输底播记录表”中记载播苗船一次装载 5600 多万枚，甚至 9000 多万枚虾夷扇贝进行底播；而按照行业经验，正常装载容量为 2000 万 ~3000 万枚虾夷扇贝，所以披露的数据与行业经验明显不符，这种行业经验与专业性防范了道德风险。

而掌握行业动向和把握行业趋势则更有利于企业自金融进行风险防范，并调整企业自金融业务策略。基于对行业发展趋势的认知，非金融企业能够准确识别行业中细分行业或者业务关联方的发展潜力。比如索尼可以根据业务情况和客户需求，判断 CD 播放器将被 MP3 播放器所取代，CD 播放器零部件厂商将面临订单骤减的情况，于是提前预判行业风险，并加大对 MP3 播放器零部件供应商的金融扶持力度。

除此之外，企业自金融还能够根据消费者行为趋势特征、员工行为特征等，提供相匹配的金融服务，从而将自己对行业深刻理解的优势充分应用于金融服务。

对行业的理解正是非金融企业区别于金融机构的独特优势之一。实际上，金融机构已经意识到行业理解对开展金融业务的重要性，纷纷加强自己的行业研究能力。如招商银行在总行公司部和投行部组建行业研究团队；而兴业银行则采用公司化方式运作，成立兴业经济研究咨询股份有限公司，将宏观研究与行业研究相结合，加强行业的信息对称程度。

4. 比较优势之二是掌握“四流”的数据

非金融企业处于实体经济活动中，对围绕自身的经营活动掌握着第一手的信息优势，特别是掌控商流、物流、信息流、资金流的

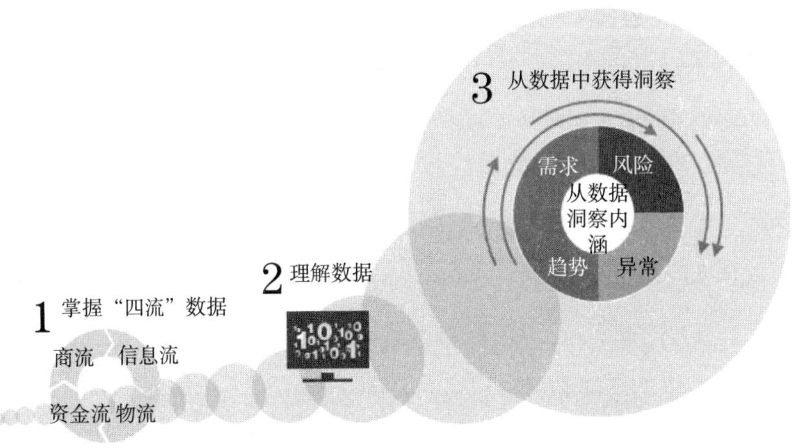

图 4–6　数据优势的 3 个层次

信息优势，从而能够有效识别围绕自身的经济、商业活动的真实性和有效性。而在掌握数据的基础上，企业能够更好地理解数据，并洞察其内涵。实际上，缺失对“四流”的把控，也是金融机构供应链金融业务一直徘徊不前的原因。

具体来说，商流即商品在购销之间进行交易和商品所有权转移的运动过程。简单来说，商流即商业活动、商品交易的全流程。作为商业活动的参与者，企业能够以极低成本掌握签订合同、出库发货、签收入库、货款支付、发票开具的全流程信息；同时，金融机构获取同样的信息需要花费高昂成本，而商流信息对于金融服务的需求识别和风险管控都起着关键作用。

物流指商品或服务的流动过程，具体指运输、储存、装卸、保管、配送等全流程。在这个维度，生产或销售企业能够掌握部分的物流信息，并随着物流管理信息系统的成熟，能够掌握全部物流信息。而物流企业主导全流程活动，掌握完整的物流信息。物流的把控有助于对抵质押物进行管理、对交易活动的真实性进行辨别，所以无论国外的UPS还是国内的顺丰、德邦都基于掌握物流信息这一优势，积极开展供应链金融服务。

信息流指经营交易活动中能够形成信息的所有活动，包括经营活动中的商品信息、市场活动、技术支持、售后服务等，交易流程中的询价单、报价单、付款通知单、转账通知单等商业单证，参与者属性的支付能力、支付信誉等。基于信息流能够全方位地从交易对象、交易活动、业务流程等角度对业务对象进行评估，从而对业务对象有更为全面的风险评估。

理论上，银行应该掌握较为丰富的资金流信息，但由于银行与银行间存在信息孤岛，所以它只能掌握通过其自身的资金流信息。因此，银行掌握的资金流信息仍不如企业丰富。通过掌握资金流信息，可以对服务对象的还款能力有更为全面的评估。

除了掌握“四流”数据外，更进一步，一方面企业对所掌握的数据拥有深刻的理解。这种理解主要体现在两个层次，一是在大数据时代，数据多如牛毛，从数据稀缺到数据过剩，使数据使用者面临如何识别与筛选有用、关键数据。企业能够根据其对所在行业和商业模式的理解，选取关键数据加以利用。二是企业能够对数据加以解析。数据本身只是一个数字，其背后所代表的含义才是关键，如 60 天的应收账款周期对于一些行业是正常的，而对于另一些行业则是不正常的。只有具备丰富的所在行业经验与商业理解的企业才能对这些数据的内涵加以判断。

另一方面企业还能够对数据进行整合分析，将“四流”数据转化成对业务有意义的需求识别和风险判断。首先，企业能够基于其专业性做出数据分析方向的判断。不同行业具有不同的特性，细分行业内亦有模式差异。如在钟表行业中，国内品牌经销商通常中频少量进货、毛利率较高，因此并不存在太大的流动性压力；而面对国外品牌经销商时相对议价能力较弱，进货量大、存货积压，因此存在较大资金需求。所以，在不同行业中、数据分析的关注点是不同的。其次，企业能够基于自身对分析结果的解读，提炼核心结果。如异常账期只是表象，需要进行更深入的数据分析并结合行业经验洞察异常账期的原因，做出内在原因的解读。

实际上，掌握数据是基础，能够对数据进行理解并分析洞察才是核心，才能够实现信息对称，而这些都建立在对行业的专业认知、对商业的深刻理解、多年经验和数据积累的基础上。

因此，在自身的产业生态圈内，企业的信息对称能力远高于银行。所以现在银行的供应链金融模式都是基于核心企业，所有业务都需要核心企业做确认，脱离核心企业，银行的供应链金融根本无法开展。

正如兴业银行首席经济学家鲁政委说："如何找到真实可信的数据库是控制风险的关键。核心企业就是这样的数据库。"

所以，非金融企业掌握着金融的关键钥匙。

5. 比较优势之三是占据场景和流量的资源

金融服务于实体经济，同时金融还应服务于经济活动场景，在场景中，衍生出金融服务的需求。而场景，正是源于企业的日常商业活动。

传统的信用贷款或固定资产贷款并不基于场景，所以只能基于信用和抵质押物进行风险管控，因为场景的缺失，所以金融机构无法对资金的用途、资金的流向甚至还款来源进行控制，也无法判断真实的需求。所以，脱离场景的传统金融服务既难以管控风险，也不能有效服务实体经济（借款方可能拿着资金去炒房或炒股票）。因此，

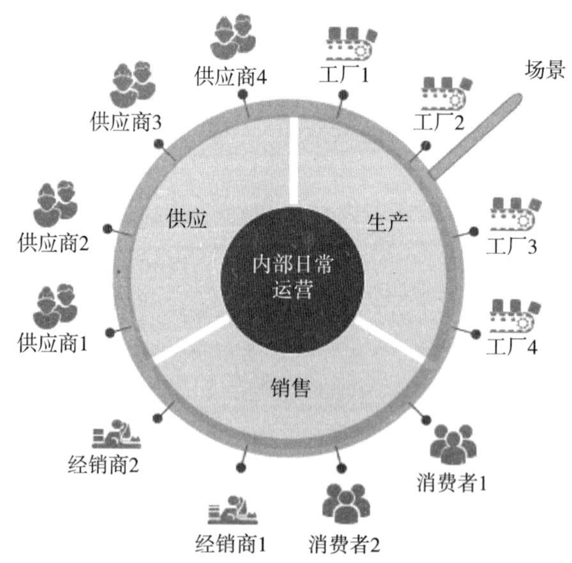

图 4-7 场景与流量的优势

更多的金融机构越发重视基于场景的金融服务，如招商银行首先完成交易银行转型，中信银行推动“交易 +”模式的变革。

可以说，掌握流量和场景为企业带来两大优势，一是从掌握流量的角度，可以降低获取客户、获取项目的成本，能够及时识别需求。比如“大姨吗”根据用户在其姨吗商城的消费场景，向用户提供姨吗金的理财与投资服务，这种基于主业场景的金融服务衍生只有企业自身能够实现；再比如京东为其消费者在购物场景中提供白条贷款服务，这种服务的场景嵌入成本极低，且在日常商业活动中有非常多的金融服务场景涌现。

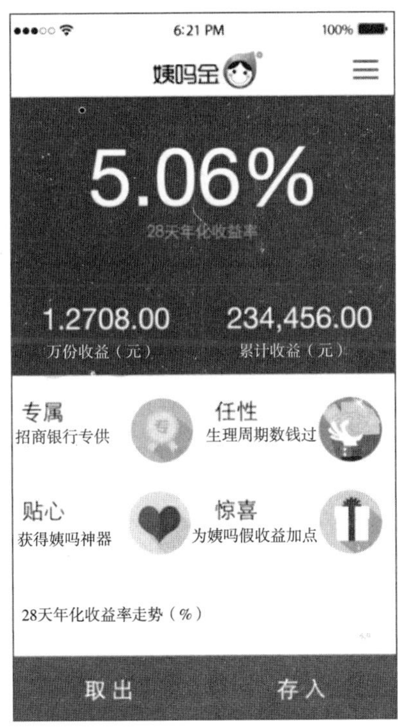

图 4–8 姨吗金图示

二是从掌握场景的角度，基于场景更有效地进行风险控制、识别客户需求。因为在场景中，所有的商业行为都是真实的，结合对“四流”的把控，能够使企业掌控风险管控的所有核心“素材”，而银行空有一身风险管控的好厨艺，却深陷“巧妇难为无米之炊”的困境。如蚂蚁花呗的不良率只有 0.82%，远低于商业银行。

实际上，越来越多的金融业务模式基于场景进行演变，如旅游信贷、首付贷、装修贷等创新场景金融模式层出不穷，企业已经意识到，掌控场景的优势等同于占据需求的入口，把握风控的命门。

6. 比较优势之四是掌握信任的纽带

相较于金融机构，非金融企业与其业务关联方之间具备更紧密的关系，而这种关系建立在相互之间长期的商业合作的信任基础上。这种商业信任是双向的，从而为业务的开展及信用的取得巩固了基础且提供了便利。

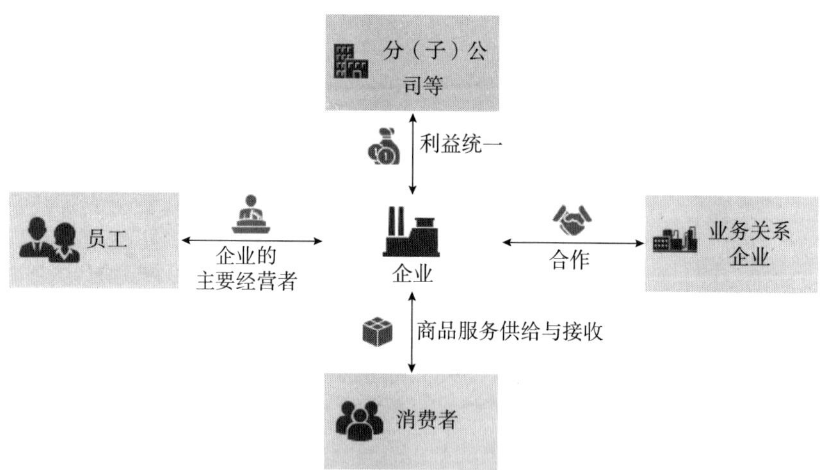

图 4–9　企业与其业务相关者的关系

实际上，这种信任来源于两个方面：一方面是企业与其业务关联方之间是一种长期合作的关系，双方之间并非对立；另一方面是通过这种合作，企业在其业务关联方处建立起较强的品牌声誉，使品牌认可程度更高。

具体来说，这种合作信任具有三方面的特点。首先，双方的合作信任由来已久，并且具有普遍性。无论是大、中、小型企业，只要有商业活动就有商业信用。例如，购物时消费者会对商家的产品质量给予信任。在一个关系紧密、频繁购买的商家购物时，消费者给予的信任度更高。又如，航空公司的常旅客计划，常旅客可获得增值服务甚至提前预留座位等。

其次，这种合作早已体现为一种金融行为。比如应付账款、应收账款、预收账款、预付账款实质上是一种给予合作信任的借贷行为，并且这种类金融行为规模增长快速。2015 年，中国上市公司的应收账款总额已达到 5900 亿美元，在过去两年中增长超过 23%，而应收账款回款周期也达到 83 天。一方面，因为中国经济下行，企业现金流紧张，从而在供应链条中不断传导；另一方面，也证明供应链条间企业存在较强的信任纽带，可以同甘苦，共进退。实际上，在企业和员工间，这种信任关系亦以另一种形式体现，比如员工愿意为商务活动垫付费用，在小型企业现金流紧张且回款周期较长时，员工也给予企业足够信任。

最后，这种信任纽带在中小型企业和区域经济中更为明显，因为在同一区域中，信任纽带更为强烈。以株洲市为例，商业信用融资（应收账款等）占 30% 以上；而在区（县）领域中，中小型民营企业获得银行贷款不足 10%，“抱团取暖”成为共同发展的方式。

实际上，在经营活动生态圈中，失去信誉将会对未来经营活动产生极大的负面影响，长期商业合作形成了企业间的互信共赢，而生态圈中的核心企业，更是占领着互信共赢的高地。

除此之外，从企业自金融的定义看，相于对金融机构，企业自金融的服务对象更为聚焦、服务范围更为专注。所以企业可以将更多的资源聚焦于重点业务，聚焦于服务客群，使企业自金融的客户能够得到更高质量的服务。

总的来看，非金融企业虽然不具备成熟和专业的金融技术能力，但在解决信息不对称、获取需求和业务上具有较多优势，从而与金融机构形成能力和优势的互补。

特征

围绕企业自金融的比较优势，企业自金融具有不同于传统金融的特征，具体来说，企业自金融将通过互联网并且依托于企业的交易活动场景，实现资产资金的内部闭环，同时在整个企业自金融体系内实现高度的信息对称。

基于上述的四大比较优势，企业自金融能够更大程度地消除信息不对称、更低成本地进行需求搜寻及获得业务。因此，企业在开展自金融业务时，亦必须围绕这四大比较优势展开，从而建立并充分发挥自身的核心竞争力。

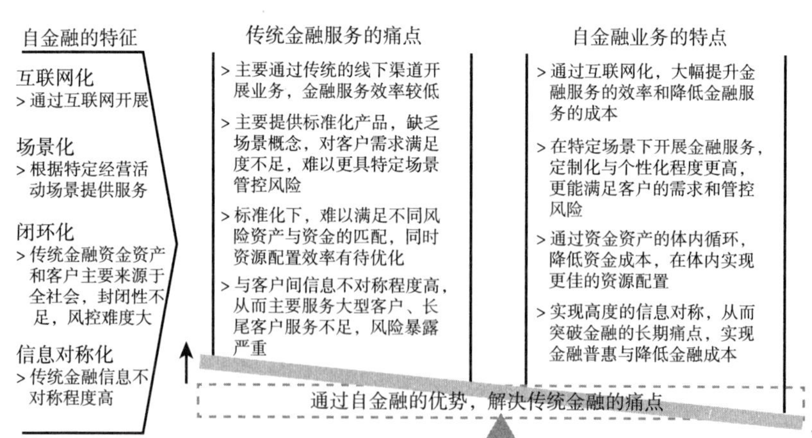

图 4-10　企业自金融业务特征

为此，企业自金融的业务模式或运营模式将体现出与金融机构具有明显差异化的四大特征，即互联网化、场景化、闭环化和信息对称化。

1. 互联网化

在第三章已经详细叙述过，互联网对人们生活、企业经营所带来的变化，使互联网深刻地融入人们生活，使企业经营对互联网更为依赖。而互联网也对金融服务带来了翻天覆地的影响，使金融服务通过互联网的方式和技术手段，更深入地服务于实体经济。对于企业自金融来说，互联网更是其成长的根基，脱离了互联网，企业自金融将步履维艰。因此，互联网化是企业自金融最基本的特征。从金融价值链的角度来讲，企业自金融的互联网化主要体现在如下三个方面。

一是渠道互联网化。传统金融机构主要通过线下模式进行客户开拓，需要进行网点布局提供客户门户、建立线下客户经理队伍进行客户营销，资本投入极高，在互联网环境下却效率较低。而企业自金融服务主业的目的决定了企业在开展自金融时，需要以较低的投入实现较高的产出，在生态圈内进行最广泛的客群覆盖、最高

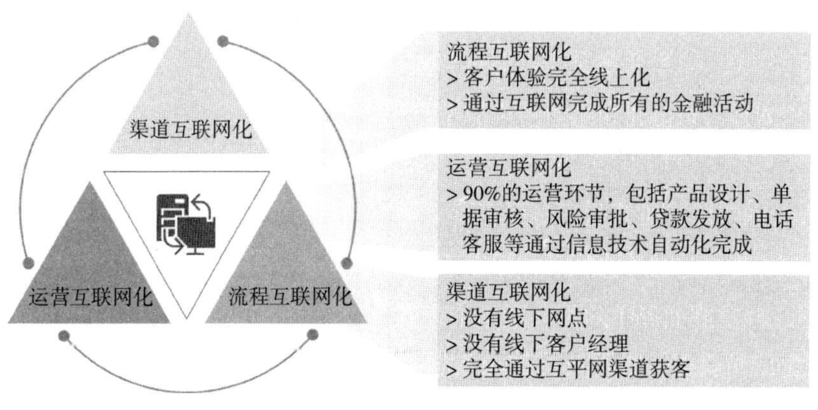

图 4–11　互联网化的三大特征

效的客群开拓。同时由于企业占据需求的资源、与业务关联方之间关系紧密，所以通过互联网渠道获取客户的成本将极低，从而使互联网以零边际成本、广泛连接为企业提供最优的渠道载体。

二是流程互联网化。传统金融机构线下流程、人工操作的业务模式效率低下，在传统金融机构纷纷尝试缓慢的流程互联网化转型的同时，企业自金融更需要充分利用互联网来开展低边际成本的业务流程，并且以此提供优质的客户体验。所以，流程的互联网化实质是一个必要条件，线下流程产生的高成本、低效率与企业开展自金融的目的相悖。

三是运营互联网化。从成本效率角度看，企业自金融不单是通过互联网进行运营，而是更进一步地进行互联网化共享运营。金融机构的运营包括产品设计、单据审核、风险审批、贷款发放、电话客服等，所以当拥有较大规模的客户和业务量时，独立运营体系能够提供更为优质的运营质量。但这也意味着，运营具有规模效应，当业务规模较少时，运营边际成本将非常高。更进一步，企业自金融定位金融信息服务，相对金融服务不承担风险、不创设复杂结构产品，所以非核心运营环节共享并不会对总体服务质量造成影响。

因此，进行互联网化的共享运营，将能够在保证质量的同时节约成本、提升效率。实际上，针对中小企业的共享服务已经较为成熟，包括财务管理共享、人力资源共享、电话客服共享等，而企业自金融在上述共享模块基础上，可以重点应用风险管理互联网化共享。

风险管理是金融的关键职能，而风险管理具备较强的专业性与技术性，企业自金融独立风控的成本将极高，而风控能力还有待提高。所以通过风险管理互联网化共享，由具备成熟风控模型、风控手段的云平台提供风控基础设施，再根据企业自金融特征进行个性化升级应用，从而以极低成本打造风控体系。

实际上，传统金融机构的风险管理主要以线下模式为主，因为风险管理面向的对象标准化程度较低，线上化对数据和技术要求较高，而传统金融机构存在较严重的信息不对称，风控模型以传统财报为对象搭建，难以满足线上风控的要求。以线上程度较高的陆金所为例，其基本实现金融产品募集资金的互联网化，但在资金运用环节，仍然需要对借款人进行复杂的线下审核，或者投向平安集团旗下的其他资产（信息对称程度较高），因此资产端互联网化的瓶颈大大降低了资金与资产对接的效率和有效配置的程度。

对于风险管理，人工风控永远依赖于人的信息收集能力、经验判断能力，存在较大不确定性。只有互联网化、利用内部关联方的“四流合一”的信息获取能力，甚至是应用人工智能等基于互联网信息技术的前沿科技，才能更好地提升风控效果。

总的来说，互联网降低了业务成本，它是企业特别是非大型企业开展自金融的基础，从而成为企业自金融的基础特征。

2. 场景化

场景化是企业自金融区别于传统金融的根本特征。那么，如何理解场景化？具体来说，场景化主要体现在两方面：一是以场景为中心；二是服务定制。传统金融机构也希望做场景化，所以也提出了如交易银行等业务概念，但一直收效甚微。实际上，场景化是金融机构难以逾越的鸿沟。第一，金融机构并不拥有场景资源，这意味着其获得场景并嵌入场景的成本较高；第二，金融机构是追求成本收益的，只嵌入场景成本高，定制化金融服务的单位成本更高。对于业务规模大的客户，金融机构可以通过定制化实现高毛利和高收益，但对于一般客户，定制化产品的收益根本无法覆盖成本，因此标准化产品才是唯一选择。

图 4–12　以场景为中心的定制化金融服务

以场景为中心实际上是金融服务模式的又一次跃进。传统金融是一个卖方市场，金融服务供不应求，金融机构的主要服务模式体现为以产品为中心，即无论我提供何种产品，消费者都得买单。但随着经济的发展，这种金融服务中的两者关系逐渐发生了变化，客户需求更复杂、要求更高，逐渐不买金融机构的账，从而出现了从以产品为中心向以客户为中心转型的变革。招商银行于 2009 年、2010 年就多次实施了向以客户为中心转型的渐进式变革，这种基于客户需求提供服务的优化，为其零售业务的突飞猛进奠定了根基。但在大多数金融机构中，原有官僚机构、架构形式、利益格局会导致变革进程非常缓慢，所以绝大多数金融机构仍然以产品为中心提供服务。

实际上，以客户为中心并非无中生有，它必定基于客户的某个行为或某个事件而促发，形成一个具有金融需求的场景。在这个场景中，能够获得信息流、商流、资金流和物流的“四流合一”信息，从而让金融提供方能够识别真实需求，让风险定价更加精确，让现金流处于可视可控。对于客户来说，金融确切融入其日常生活、衣食住行或生产经营活动，从而在客户需要时金融能够支持客户的各种生活场景。

在以场景化为中心的模式下，不同对象在不同场景下的需求必然是有差异的，比如两个人购买同样的一件物品，由于两个人的购买能力和偿还能力有所差异，可能一个人需要的是大额长期低息贷款，另一个人需要的是小额短期高息借款。这里的利息成本是根据两个人的风险补偿进行定价的。如果不能够准确识别两笔服务的风险，不能够定制化地提供产品，而是标准化地按照长期高息、短期低息的以产品为中心的理念提供服务，可能就会丧失服务机会。所以，从客户需求的角度出发，必须提供定制化的服务。

正如上文所述，金融机构难以提供定制化服务的原因是成本收益难以匹配，毕竟定制化服务的边际成本太高，小额或长尾服务根本无法达到定制化服务的要求。所以定制化服务的核心是降低边际成本。企业在其生态圈中所处的位置及信息技术的发展为其提供充分的定制化条件：一方面，企业处于生态圈中的核心位置，能够对不同的关联方进行定位并分析，轻易获取并管控其关联方的每一次销售或采购的场景化数据，从而根据场景化数据获取需求，用数据为信用背书，并用信用进化场景；另一方面，信息技术为获取场景数据提供了技术支持。传统的线下场景缺乏技术手段对活动进行记录，或者追踪记录成本较高。但在互联网环境下，所有场景活动都以数据形式被记录、被存储，通过对这些数据信息进行分析，能够进行场景预测和模拟，从而提前识别需求和风险。

更进一步，互联网信息技术及人工智能等技术针对特定场景，进行定制化的产品创设和供给。所以，核心企业和技术手段使获取场景、识别需求、风险计量、定制化产品创设、产品供给等端对端业务流程的每个环节的成本最小化，基本实现零边际成本，为场景化的定制服务提供了便利。

因此，正是场景化这一根本特征，使企业自金融实现定制化，从而在更好地服务客户、管控风险的同时，能够实现金融服务实体经济、服务人们生活的目标。

3. 闭环化

互联网化和场景化较为形象和清晰，而闭环化相对来说更为复杂也更为抽象。因此，需要先明确其定义。闭环化是指企业自金融的业务是处于一个较为封闭的环境、在明确边界的范围下开展的，指定服务对象、指定资金与资产来源，从而使企业自金融能够充分发挥其优势降低业务或交易成本。

传统金融的业务开展是没有边界的，从业务形态的角度分析，其业务开展限于金融业务且业务范围受到监管机构的严格规范。但服务对象、获取资产与资金等金融资源以及收集信息是没有明确边界的，实际上，金融机构希望客群越大越好、资金和资产种类和渠道越广阔越好，并且不断地开拓信息的来源和维度。举例来说，客户规模、资产规模等是金融机构的核心 KPI（企业关键绩效指标），是评定银行经营情况和竞争力的关键指标。而从信息的角度分析，金融机构虽然已经积累了海量数据，但还未完全掌握如何充分利用与处理这些数据，却不断尝试开拓新的数据源，比如海关数据、纳税数据、用水用电数据等。当然，并非说这是错误的经营思路，更多客户、更多资产资金、更多数据固然是好的，特别是在内部资源充足的情况下。

与之相对，企业自金融的资源是非常有限的，如何在资源有限的情况下将效用最大化，主要体现在服务最亲密的客户、对接成本最低的资源和处理最核心的信息。简单来说，即客户的闭环、资源的闭环和信息的闭环。

首先，客户的闭环与企业自金融的服务对象相一致，企业自金融主要服务于自身或有业务关联的企业和个人，包括供应链上下游企业、自身零售消费者、企业自身或关联企业及企业员工等。这种服务范围是有明确边界的，也就意味着一个与企业主业无任何关联的对象，并非企业自金融的目标客户。

这种封闭的服务对象范围充分基于企业自金融的优势，一个无任何业务关联的对象，企业不掌握它的任何信息，不知道它是谁，需求是什么，需求的真实性，甚至偿还能力等。所以需要花费巨大的成本去获取信息，从而与金融机构相比将不具备任何比较优势。

封闭的服务对象范围使得企业自金融能够确保以最低的成本获取信息，并且专注于服务业务关联方，从而协同主业，实现以有限的资源获得最大的效用。所以，如企业消费金融、供应链金融等典型企业自金融模式，永远只基于场景，服务于场景中的参与者。

其次，资源的闭环化主要指资产与资金等金融资源来源于自金融体系内部，从而实现成本最小化。下文会讨论在信息不对称的情况下，来自自金融内部的金融资源成本相对来源于外部（如金融机构、其他企业或个人）的要更低。因为内部业务关联方掌握更多的信息，包括行业信息、链条信息、场景信息等，并且信任核心企业，从而信息对称度较高，所以风险补偿成本较低。

在技术环境成熟、征信体系完善后，内外部信息对称程度高，进而从内部或外部获得金融资源的风险补偿成本相等（当然，技术成熟时将降低外部的需求搜寻等其他成本），从而进入第二阶段的广义资源的闭环化。这时的闭环边界从狭义的自金融体系内部拓展到所有信息对称者，可能包括外部的金融机构甚至其他企业及个人，从而形成一个广义的资源闭环。

最后，从成本和效用的角度，收集和处理的核心数据信息围绕自金融体系内部，包括两方面数据信息：一是服务对象的基础属性信息，个人包括年龄、性别、收入等，企业包括主营业务、规模、财务情况等；二是服务对象的关联场景活动信息，即上述提及场景化中的“四流”信息。而脱离关联场景之外的信息，获取成本太高，也不是处理核心。

下文会对信息对称进行更深入的讨论。综上所述，闭环化实质是基于企业比较优势实现成本和效用最优的自然选择。

4. 信息对称化

互联网化、场景化、闭环化都是企业自金融业务模式的特征，整个业务模式通过互联网开展、基于场景服务、在闭环内运行。而信息对称实质是企业自金融基于这种业务模式能够实现的结果。传统金融业希望实现信息对称，但其业务模式和资源禀赋限制了它达到信息对称。信息对称是企业自金融相对于传统金融的本质特征。

正如在金融中介的功能中所述，金融中介存在的原因是降低交易成本和解决信息不对称，企业在解决局部信息不对称问题上存在资源禀赋，企业自金融在进行信息对称时存在模式上的比较优势；所以虽然金融机构更具有交易成本上的优势，但企业自金融能够更好地降低局部成本。

进一步分析企业自金融的信息对称问题，发现其具备三个特点。

一是从信息对称的范围看，单个企业自金融是一个信息对称的孤岛，多个企业自金融能形成信息对称的规模效应。在大的宏观经济活动环境中，每个企业的经营生态都占极少的比例，就像沙漠中的一粒沙，并且沙砾与沙砾间松散分离，所以互相形成孤岛。而核心企业在其经营生态中就像水，占据宽广的面积，且渗透进每个人、

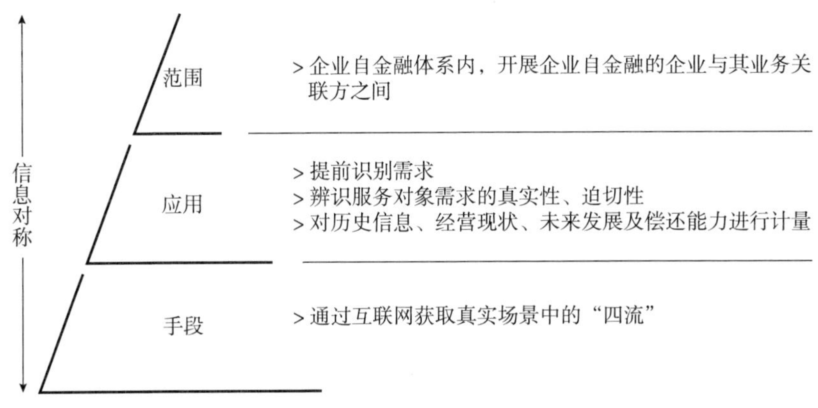

图 4–13　实现信息对称的三个特点

每个单位的日常活动，从而能够实现生态内最广泛的信息对称。所以在单个企业自金融这个信息对称的孤岛中，自金融逻辑成立，且自金融与自金融互相分离。

如果形成多个企业自金融，且互相连接——核心企业与核心企业连接，能够形成信息对称的巨型网络，信息对称的成本更低、信息对称的效率更高，每个企业自金融的业务范围都能够延伸。实际上，多个企业自金融体系的连接将使单个企业自金融掌握更丰富的数据和信息，这些数据信息包括行业数据、“四流”数据、场景和流量数据等，而企业自金融的逻辑原则是建立在这些数据基础之上的，更丰富的数据等同于数据触角更长，形成信息对称的规模效应，将使得原有业务效率更高、成本更低，同时具有了向新业务范围延伸的能力。

二是从信息对称的应用看，信息对称不但体现在需求上的信息对称，更体现在风险上的信息对称。在企业自金融中，因为场景化的嵌入，能够掌握场景中衍生的金融需求。这种对需求的掌握一方面能够最快速甚至提前识别需求的产生，另一方面能够辨识服务对象需求的真实性、迫切性，从而更好地提供服务。更进一步，由于所有服务对象都是经营生态的参与者，所以其历史信用、经营现状、未来发展及偿还能力都能够更精确地计量并对称信息。

例如，阿里巴巴为在淘宝购物的消费者提供蚂蚁花呗服务，蚂蚁花呗嵌入真实的购物场景，是基于真实场景的金融服务，以便实现对需求的把控。而同时根据消费者的历史消费记录、信用记录等，构造消费者的“芝麻信用”，从而最大限度地计量消费者金融服务风险。通过这种需求和风险上的信息对称，截至 2016 年 7 月，蚂蚁花呗贷款余额超过 100 亿元，不良率不足 0.83%。

三是从信息对称的手段看，信息对称虽然是企业内生的，但也要用到互联网化、场景化、闭环化的模式手段。信息对称内生是指，所有信息都来源于企业长期经营活动的数据和经验积累，来源于真实场景中的“四流”获取，所以并不需要企业花费额外成本进行（大量）外部信息获取，核心数据信息都经由日常经营活动沉淀。但是，传统手工信息收集存在较大的操作风险和效率问题，线下时代某些企业甚至连自己到底收入多少、利润多少都无法精确记录，更不要说对其他企业及经营活动信息的记录。同时只有在活动场景中，其他关联方的信息才能够流进核心企业，使企业自金融能够对称信息。更进一步，在闭环化的场景中，资金需求来源于企业经营生态的一个场景，资产需求来源于企业经营生态的另一个场景，供需信息对称，从而实现交易信息对称和交易的达成。

再次以蚂蚁花呗为例，服务场景就是消费者在淘宝平台上的购物行为，而消费者在京东上的购物行为除非京东与阿里对称信息，否则阿里是无法获得数据的，也无法提供后续服务，所以信息对称必须是内生化的。同时，蚂蚁花呗的服务完全通过互联网提供，未来阿里可以根据消费者的投资需求，以资产证券化等方式将蚂蚁花呗资产输出给具有投资需求的消费者，从而基于数据提供服务，基于服务积累更丰富的数据。

信息对称的重要性对金融服务不言而喻，而这也是企业自金融最本质的特征，同时结合互联网化、场景化、闭环化的企业自金融业务模式特征，使企业自金融形成了有别于传统金融的差异化形态，而且更具优势，并能结合传统金融发挥更大的能量。

价值贡献

企业自金融的定位为主业协同，在 UPS 和 GE 这些较早的国外企业自金融模式中，主业协同定位尤为明显。但除此之外，企业自金融还能带来更多的价值，特别是在国内经济低谷期，投资收紧、需求不足，企业主业面临较多的经营困难，而企业自金融正好可以在这段时间，成为一个新的收入来源，帮补主业，从而在短期帮助企业度过困难。从长远来看可以帮助主业巩固根基，建立长期竞争优势。

具体来看，企业自金融对企业的价值贡献体现在，从协同主业的角度，实现优化供应链生态、促进终端销售，并且提升内部经营管理能力；从新业务的角度，将成为企业重要的新的收入来源，从而打造企业长期竞争优势、打造品牌、提升市值，可谓立足当下、着眼长远。

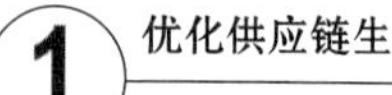

图 4–14 企业自金融的五大优势

1. 优化供应链生态

在新的环境下，企业竞争已升级为供应链与供应链之间的竞争，通过供应链条，产品需要在标准质量下，及时生产、及时交付、及时配送、及时交达，而这几个供应链条环节需要经过不同的供应商、制造商、经销商、零售商等主体从而最终将产品送达客户。为此，企业需要建立一条经济利益相连、业务关系紧密的供应链条，实现资本循环、价值链增值和客户价值。

经济利益相连要求供应链条上参与者的共赢；业务关系紧密意味着供应链条的共生。实际上，供应链条上的参与者既是交易对手，相互买卖、存在利益博弈，也是合作伙伴，互利共生、一荣俱荣、一损俱损。而后者的关系更为重要，具体来说，上游的原材料供应不及时将导致下游的生产停滞，终端零售商的供给不足，使消费者转而购买替代品或竞争品牌产品。与此相比，下游向上游压价，为此多赚的几毛钱就显得很微不足道。

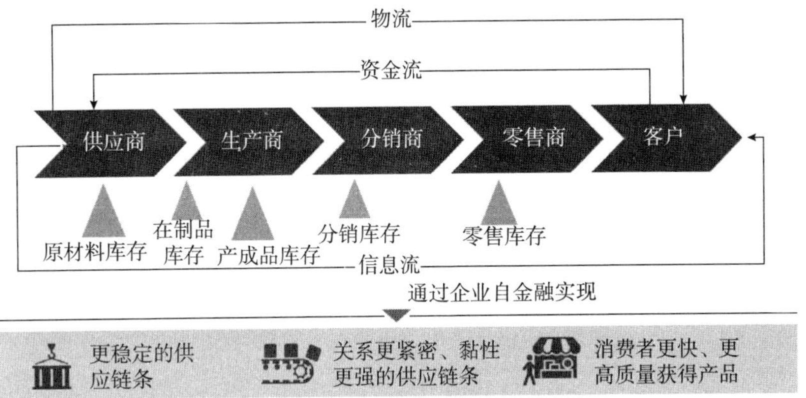

图 4-15 优化供应链条的价值分析

类似的例子不胜枚举，其中福昌电子的倒闭就是一个具有代表性的案例。2015 年，福昌电子作为华为、中兴的一级供应商，因应收账款积压超过 1.5 亿元，资金链断裂导致破产，其破产直接导致上游更小的供应商货款转为坏账并丢失核心客户，更对下游华为、中兴等核心手机生产商造成较大的供应影响。而波音也因供应商财务问题导致波音 787 交货延迟，为此，波音随后并购飞机框架制造商 Vought 以避免同样情况再次发生。类似的例子还有香港的 Wing Fund Optical，因国内供应商破产而不得不延迟向西方客户交货，并赔付延迟交货违约金。类似事件会对企业的商业信誉及财务造成直接不良影响。

因此，供应链条上的参与者之间并非利益博弈，而是合作共赢。上述例子中提及的资金流问题正是供应链条共赢的最大的不稳定因素。供应链条中的上下游中小型企业，一方面资金受到行业挤占，应收账款规模超过 20 万亿元，其中规模以下企业占比超过 50%；而平均应收账款账期越来越长，已从 2 个月上升 50% 达到 3 个月左右，企业现金流吃紧。另一方面中小企业融资难、融资贵已成为共识性问题。资金持续流出，资金流入不足，资金链断裂使得一个又一个福昌电子成为常态，使供应链条摇摇欲坠。

企业自金融为其供应链条参与者，特别是中小型企业提供以资金供给为主的金融服务，解决供应链条的资金流问题。利用上文中所提及企业自金融的优势，企业作为信息中介为供应链条提供资金融通，从而实现上下游中小企业及整条供应链正常的资金流动。

同时，这种资金供给能够以中小企业可以接受的较低成本实现。传统来说，低于 8% 利率的融资主要面向大型企业，中小企业只能通过 20% 以上利率进行民间融资，月息甚至达到 30%，俗称高利贷。这种高息借贷比中小企业的资产收益率更高，严重吞噬企业利润，对中小企业健康发展甚至生存构成较大威胁。而企业自金融可以基于其比较优势弥补 8%~20% 利率的市场空白，使得中小企业可以通过合理成本进行融资。

其中的收益是显性的，具体体现在如下三个方面。

一是供应链条更为稳定。供应链条企业现金流健康，企业因资金链条断裂而导致倒闭或供货滞后、生产停顿的情况减少，产品供应不稳定性风险降低。

二是供应链条内关系更为紧密。供应链条内依存性更强，利益相关方黏性提升，核心企业的地位更加巩固，对于上下游企业的重要性和优先级提升，上下游企业能够并且有强烈意愿快速且高质量地响应核心企业要求。

三是供应链条竞争优势传递到终端消费者。在上述两点的基础上，消费者能够及时、高质量地获取产品或服务，从而提升品牌价值和产品忠诚度，产品销售规模增加，使整条供应链的业务规模随之提升，供应链条健康发展，形成正向循环回馈。

最终，供应链条的优化将以数据的方式显著地反映在财务报表上，包括收入的增加、利润的提升和客群的扩大。

以 Costco（好市多）为例，其自 2011 年针对供应商开展供应链金融业务后的 5 年间，收入年均增长 7%、会员数年均增长 8%，而利润年均增速更是高达 13%，使 Costco 一跃成为仅次于沃尔玛的全球第二大零售企业。Costco 的成功离不开其独特的商业模式，但能够在金融危机后，全球经济特别是美国经济缓慢修复阶段取得强劲的业绩增长，针对供应商提供金融服务、优化供应链条的战略举措功不可没。

2. 促进产品销售

通过企业自金融促进产品销售在全球范围并非新鲜事物，而分期付款是企业向消费者提供金融服务的一种具有代表性的类金融服务。1860 年之前，美国缝纫机价格较为昂贵，为了促进缝纫机的家庭销售，以 I.M.Singer 为代表的缝纫机公司推出分期付款的类金融促销方案，受到女性消费者的热烈欢迎，缝纫机畅销美国家庭。

进入 19 世纪 30 年代，分期付款方式已较为普及，基本所有的耐用商品均以分期付款方式进行销售。约 70% 的汽车、75% 的洗碗机、75% 的录音机、80% 的留声机以分期付款方式销售，同时可以看到，分期付款销售的物品主要以高价格物品为主。这种付款方式可以使中低收入消费者能够承担并且消费高价格物品，从而极大地促进了高价格物品的销售量。在中国，房屋就是最为人熟知的一种使用分期付款进行消费的商品，如果没有分期付款，绝大部分的中国人都无法承担高昂的房价，当然房价也不会像现在这样居高不下。

今天，针对终端消费者的金融服务已经非常普及且丰富，如在美国，信用卡普及率已经接近 100%，而融资租赁、消费者理财 / 投资（如余额宝）等模式更是层出不穷，极大地推动了产品销售规模的扩大。而在中国，消费性贷款已经达到近 19 万亿元，且过去几年零售商品销售额随着消费性贷款增加而不断快速上涨。

企业自金融促进产品销售有其处于这个特定时代的内在驱动力。一方面，中国进入消费升级阶段，人均收入提升，国民消费需求已从生存型消费转向发展型、享受型消费，健身、汽车、留学、出境旅游等高端消费市场规模不断扩大。以出境旅游为例，2015 年市场规模已经达到 6841 亿元（全球旅游购物报告），而这种大额消费正需要相应的金融服务进一步提升消费者的消费能力和促进销售。

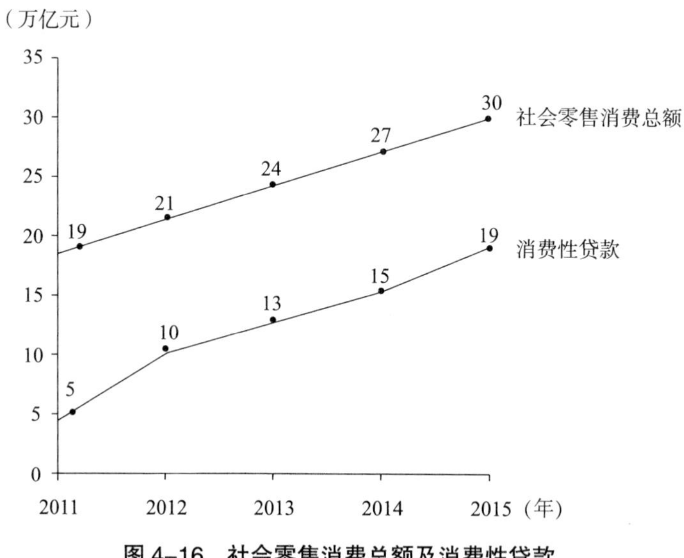

图 4–16　社会零售消费总额及消费性贷款

资料来源：国家统计局、银监会

另一方面，中国消费者的消费理念逐渐向信用消费、超前消费升级。“50 后”“60 后”受其成长经历影响，经历过计划经济、物质贫乏的时代，消费观念更加保守，量入为出，对信用消费抱有谨慎态度。但随着中国经济发展，新一代的“80 后”“90 后”在物质更为丰厚的环境中成长，并且逐步或已经步入工作岗位，有独立的经济能力，正成为中国劳动和消费市场的中流砥柱。

“80后”“90后”群体具有几个显著特点，一是受教育程度更高，受过大学教育人数超过1.1亿人，远高于“70后”的800万人，占同龄人比例高达35%；而且受教育程度越高，消费意愿越强。二是对未来收入和福利的预期更为乐观，无法认同父辈那种工资存银行的消费态度，而是坚信“钱是赚出来的，而不是省出来的”。三是城市化聚集，实际上，只有23%的“80后”“90后”出生于城市，但生活在城市的已超过60%，他们深受城市潮流文化熏陶，接受城市物质文化影响。实际上，他们被冠以“ATM世代”，即缺乏积累（Accumulation shorten）、乐于消费（Tingled on consumption）、计划缺失（Making no plan）。他们消费更主动、欲望更强、意识更超前、缺乏计划性。他们热衷超前消费，近九成人拥有信用卡，往往需要用一半的工资为上月的消费买单。这使得超前消费、信用消费的观念成为潮流并进一步深化。

为此，企业自金融可以在一些特定的消费场景中，为消费者提供相应的金融服务。第一，可通过消费分期缓解消费者的支付压力，为消费者提供更多的消费支付方案选择，如不同期限的分期方案等；第二，可为消费者提供消费增值服务，使消费者可以在消费的同时，获得更多额外附加值，如预存金额理财/投资、余额宝直接消费支付等；第三，可以根据消费者消费行为习惯提供其他增值服务，如产品、服务的主动推送等。

上述第一种方案已经成熟地应用了超过100年，它对于企业经营销售的价值是显然易见的，这种消费支付解决方案使得原来无法承担商品价格的消费者能够通过分期支付的方式，基于个人购买力更为轻松地进行消费，从本质上扩大了商品的消费者规模。

同时，对于原有消费者，通过分期付款等方式，其购买能力也得到提升，原来每月只有 1000 元消费预算的消费者因为分期付款，使其在同样消费预算的情况下，能够购买 2000 元甚至更多的商品，从而提升单个消费者的客单价。

更进一步，通过向消费者提供增值服务的方式，可以极大地绑定消费者、提升消费者黏性。这种通过金融增值服务绑定消费者的方式已被广泛证明有效，如“大姨吗”为其平台上客户提供理财 / 投资服务，并可利用理财 / 投资份额方便地在姨吗商城上进行消费购物。而餐饮企业九毛九撤去收银台，采用移动支付结账模式并绑定手机点单，从而能够针对客户行为进行数据分析，针对不同客群进行深度营销和精确管理来绑定客户。实际上，在实施支付即会员模式后效果显著，一个月增加会员数十万人，每月新增关注 5 万人以上，而翻台率也提高了 20%。

无论是扩大消费者规模、提升消费者客单价还是提升消费者黏性，企业最终都能够实现产品销售的提升。

实际上，更多的企业已经主动利用金融渗透消费者，并证明其举措行之有效。以蚂蚁花呗为例，根据其披露的数据，月均网购花费低于 1000 元的用户在使用蚂蚁花呗后，月均交易额提升 50%，接入蚂蚁花呗的商户成交转化提升 40%。而京东白条在推出后亦为京东带来了用户数和客单价的快速双升，其中用户数月均增速高达 25%。

3. 提升内部运营效率

从企业内部运营角度来看，企业内部运营需要适应企业的商业环境、支撑企业的商业活动。而其中，资金对企业发展影响深远，资金管理运营的需求也随着企业商业活动的变化而日益变化。更进一步，在企业精益化运营的要求下，企业需要通过流动性管理，实现资金在风险控制下的盈利最大化。特别是对于集团企业，统筹安排资金、提升资金使用效率、节约资金融通成本是至关重要的课题。

企业自金融可以帮助企业搭建“内部银行”进行财资管理，通过整合“企业基础管理”“金融信贷管理”和“财务管理”，进行资金的统一调剂和融通运用，从而减少资金占用、活化资金周转、提升资金效率，最终实现内部运营效率的提升。

具体来说，这种内部运营效率的提升可以通过如下三个方面实现，第一，实现资金集约管理，建立司库型的资金管理模式。在这种资金管理模式下，可以通过构建现金池，特别是具有海外机构的集团类企业构建全球本外币现金池对全集团资金进行统一管理，在每天的特定时间进行资金的自动归集，同时集中进行代扣代缴税等。资金集约管理一方面能够加强公司对整体现金状况的可见度和把控能力，从而更高效地配置资金；另一方面有利于加强内部控制，减少货币与资金风险，并节约风险管理成本。

第二，加强“自主筹资”的使用，即选择内部资金，而非从外部市场筹集资本。这就要求企业搭建内部统一配置和管理资金流的体系。在这种体系下,对各运营子体的资金需求进行集中收集，从而可以实施集中筹资并根据内部需求进行分配。实施“自主筹资”除了技术性要求外，还会带来监管、税务和风险管理等影响，在这里并不会展开讨论其实施路径，但是“自主筹资”能够使企业获得更有竞争力的资金成本或负债融资成本，从而应对成本上升的挑战。

第三，基于数据，提升计划能力，持续优化运营。企业可以搭建内部现金流预测模型等，并不断提升其准确性和运行效率，对未来的现金支出和流动情况进行提前评估，对资金配置及筹集进行提前规划，减少出现流动性风险的概率，提升资金使用的效率，并及时对风险和需求做出反应。

可以说，简化运营、改善效率、控制风险是优化内部运营的核心内涵，而企业自金融正是通过实现并加强财资管理的方式，诠释优化内部运营的核心内涵。

以海尔为例，其通过集团财务公司，以资金集约管理为核心，对集团资金进行集中管理，有偿调剂内部企业资金余缺，优化配置资源，激活闲置和沉淀资金，使集团外部融资规模大幅下降，实现了极高的资金集中度。截至2014年，通过优化运营模式并结合其产业链金融等业务，已为集团创造资金收益和节约资金成本合计超过20亿元，成效显著。

海尔通过集团财务公司开展自金融业务，其他企业可以设立如企业内部资金结算中心以开展企业自金融业务，实现内部运营效率优化，其在核心功能上与集团财务公司相似，且具有低成本、低门槛的优势，也具有普遍适用性。

4. 营收增长点

正如第一章所述，大部分企业，特别是制造业企业面临着更严重的收入减少、增速放缓、盈利能力下降等问题。由此可以看出，很多企业出于经营压力或战略考虑，进行跨界业务拓展，而跨界的方向主要有两个：一是互联网，二是金融。其中金融更是跨界重点。

从市场中观察到，无论是IT、房地产、家居还是旅游等不同行业的企业，都纷纷跨界拓展金融业务，如富士康作为典型的制造型企业，跨界设立“富中富”互联网金融平台，主要以供应链金融作为突破口；家居卖场红星美凯龙跨界金融搭建家金所，主要面向红星美凯龙卖场内商户，撮合家居机构和个人的短期资金需求；房地产企业碧桂园则构建“碧有信”互联网网贷平台，平台开放性较高，与碧桂园地产主业契合程度一般。

企业跨界金融，其中一个主要原因是，瞄准金融业务可以作为企业新的营收增长点。实际上，简单对比就可以发现，金融危机之后，我国金融业产值年均增速高达 18%，而 2015 年同比增长 23%，在 GDP“破 7”，实体经济深陷泥潭的大环境下，更显一枝独秀。而从盈利能力的角度来看，金融行业净资产收益率远高于其他行业，特别是传统制造业。以银行为例，美国商业银行净资产收益率普遍高达 15%~20%，而部分中国商业银行更是高达 20% 以上；与此相比，制造业净资产收益率达到 10% 已经算是优良，2014 年，中国 500 强中的制造业企业平均净资产收益率为 8.8%，已经处于行业标杆水平。

企业自金融提供金融信息服务，风险低、资产轻，能够获得对标行业的收益率，同时在初期实现高速增长，成为企业新的营收增长点，从而在巩固主业、加强主业竞争力的同时，获取超额收益。

具体来说，企业自金融主要有三种获取收益的方式。一是交易手续费。企业自金融虽然自身不提供资金、不创设资产，但它以对称信息输出的方式，将投融资的需求进行对接，因而可以在每一笔投资或融资交易中收取手续费而获取收益。而手续费收益是极其可观的，因为其将随着交易规模的增加而快速提升，但边际成本极低，从而进一步实现高收益率。

二是信息服务费。企业自金融将在积累的大量场景数据中，基于更先进的大数据、人工智能等技术，为其供应链、业务关联方等提供更丰富的增值服务。这种增值服务根据场景定制，种类繁多，但又对服务对象至关重要。针对供应链参与者为提供增值服务，比如对终端消费者进行金融产品推广、推送，为更广泛的客户提供产业或金融咨询输出等。通过这些类型的增值服务，既提升与其他关联方的深度黏性，又可以从中获得信息服务费，而这种信息服务，是基于掌握的大量数据信息的整合加工提炼的，边际成本低、收益高。

三是金融机构合作费。企业自金融与传统金融机构之间将是合作互补的关系，企业自金融向传统金融机构搭建渠道、输出信息，使得金融机构的资金能够对接具有不同风险属性的稳定资产，金融机构的资产能够获得更丰富的供给渠道。实际上，在这种金融机构合作中，实现的是双赢甚至多赢，通过补全信息的拼图，打通资产、资金、信息的完整业务通道，形成优势互补，使业务能够最终促成。因为企业自金融为传统金融的资产资金寻找到出路，将从中获取合作收益分成，也是另一种收益方式。

实际上，以余额宝为例，2015 年上半年即实现营收 26 亿元、利润 6.17 亿元，虽然余额宝并非极佳的对标对象，但这种通过延伸金融服务创收的成效可见一斑，金融强大的创收能力也使得众多企业着重这种增收价值。

- 对投融资需求进行对接，在每一笔交易中收取交易手续费
- 基于大量数据信息进行加工提炼，提供信息增值服务，收取信息服务费
- 与金融机构合作，为金融机构搭建资金资产渠道、输出信息，收取合作费用
- 通过更多的增值服务、支付服务等获得收益

图 4–17　主要的营收方式

5. 市值管理，品牌建设

总的来看，企业自金融在销售端能够促进企业产品、服务的销售；在供应链条上可以优化供应链生态、提升供应链效率、降低供应链成本；针对内部经营可以提升资金管控能力、盘活资金、提升资金融通成本。简单来说，企业自金融可以成为企业新的营收渠道和收入增长点。上述四点企业自金融的价值将帮助企业打下坚固的业务基础、构筑核心竞争力，从而为企业未来持续健康发展打下根基，可谓千里之行，始于足下。

这种全方位的价值提升，一方面将综合提升企业的品牌形象。这种品牌形象的提升主要是通过金融服务实现的附加值而提升的社会公信力，以及产品服务质量优化而提升的客户满意度实现的。对于终端消费者而言，这种品牌形象尤为关键，供应链优化使得产品质量和产品交付时效提升从而增加客户对企业的满意度，如京东通过白条服务使消费者更轻松地进行购物消费，通过自建物流缩短消费者获得产品时效，甚至实现早上下单下午送达，从而树立自营电商第一品牌的形象，使多快好省的形象深入消费者心中。而这正是企业自金融优化供应链条、提升客户黏性所延伸的效果与价值。除终端消费者外，所树立的优质核心企业形象使供应商等关联企业更愿意与其开展业务，业务反应亦更加迅速，从而对核心企业的依赖性更强。

另一方面除了消费者的认可、关联企业的认可外，企业自金融还有助于企业获得资本市场更强的认同。这种认同出于企业自金融对增强企业综合实力和提升盈利能力的预期，所以特别是在 A 股市场上，较多延伸金融业务的传统企业市值都在短期内因为投资者的青睐而大幅提升，而中期由于金融业务成效体现而实现业绩与股价的双升。以西藏珠峰为例，其主营业务是矿产资源开采，在 2015 年 12 月，其通过参股今日捷财，推动开采设备租赁资产证券化的金融业务。在接下来的 3 个季度，股价从 13 元上涨到 30 元，涨幅高达 130%，而同期上证指数下跌约 18%。分析师认为，西藏珠峰股价的上涨主要是因为投资者对其金融服务延伸的认同，从而受到市场的热烈追捧，并最终在股价上得到反映。无独有偶，三泰电子在 2015 年 3 月宣布收购烟台伟岸 100% 股权从而进军互联网保险领域，消息公布后接连拉出 4 个一字涨停，并且在其后短短 3 个月时间股价从 9 元上涨到最高 45 元。分析师认为，进军互联网金融是三泰电子大幅上涨的主要原因。实际上，金融业较高的净资产收益率和充满想象力的市场空间是投资者偏爱的关键要素，正如前文所述，金融业平均 ROE 高达 20%，而传统行业普遍在 8% 以下；而余额宝在最初 3 年的规模年均增速高达 500%，大规模、高增速证实，金融可成为推动公司快速增长的利器。

无论是终端消费者、业务关联企业还是资本市场，企业自金融都会对其产生积极的影响，这种影响有助于树立企业品牌、提升企业市场价值，反过来促进企业业务更顺利地开展，从而形成正向反馈。

与现有金融体系的关系

企业自金融与传统金融存在定位上的明显差异，将会成为现有金融体系的重要补充，与传统金融形成以合作互补为主、竞争促进为辅的竞合关系。特别是在合作互补层面，主要体现在服务对象的互补、资源优势的合作、场景服务的合作上。在竞争层面，企业自金融的出现能够进一步促进传统金融的升级变革，使金融进一步回归服务实体经济的本质，实现以客户为中心的经营模式。

前文已对企业开展自金融的优势及业务逻辑进行了讨论，并且阐述了企业自金融将对企业带来全方位的价值贡献。那么在企业自金融发展的过程中，是否会存在一些障碍或瓶颈，对企业自金融的发展带来负面冲击呢？特别是企业自金融本身是一个新生事物，所有新事物的诞生都可能对原有的陈旧体制或传统模式造成冲击或颠覆，如淘宝、京东等电子商务平台的发展就对传统的线下百货卖场、零售专柜带来颠覆，零售商或卖场都在探寻线上模式转型以应对新事物的挑战。

相对于零售业，金融业在数百年的发展进程中，已经形成了以银行、保险、证券为核心，多元化新兴金融发展的业态格局，这种业态格局以中心化、中介化为特征，金融参与者通过金融中介进行金融活动，在过去数百年已趋于稳定。但在近几年，随着互联网金融的发展，对传统格局形成了较大的冲击，金融脱媒加剧，特别是对于传统银行体系，资金绕开商业银行，直接输送给资金需求方或融资者，完成资金的体外循环。余额宝就是金融脱媒中一个典型的"肇事者"，导致个人活期存款搬家，从银行账户转移到余额宝账户中，也逼迫银行需要应对这种来自互联网金融的冲击，从而形成了新兴互联网金融与传统金融的竞争。这种竞争无疑一方面能够形成促进新兴行业发展的推力，另一方面产生对新兴事物发展的阻力。但由于新兴事物触犯了原有体系的利益格局，必然会使原有体系产生激烈的反抗，使这种新兴事物发展的阻力非常强大，那么，当企业自金融形成一定的规模后，将会对原有的金融体系造成多大的冲击？企业在金融体系中角色的改变是否会触犯传统金融机构的利益？传统金融又会对企业自金融做出哪些反应？这些问题对企业自金融的发展至关重要，而弄清楚这些问题，首先要明确企业自金融与传统金融特别是商业银行的关系。

1. 差异与定位

企业自金融与传统金融在客户、产品、渠道上存在显著的差异。

客户差异：企业自金融服务于自身或有业务关联的企业或个人；而传统金融机构则服务于社会企业或个人。虽然并没有限定特定服务对象，但以银行为例，中国商业银行仍是“大企业的银行”“富人的银行”，银行受限于其资源结构、运营模式、考核机制，只有服务于大型企业、高净值人群时，才能实现更高的收益，而小企业、普通个人的业务碎片化程度更高，银行相对服务成本较高、收益较低，并不符合最大化股东权益的原则，所以“大企业的银行”显得自然而然。

产品差异：企业自金融的产品更具有场景特性，品类较少、更为细分、更为专注；而传统金融机构因为服务对象更为广泛，所以需要建立更大而全面的产品体系以满足不同客户的需求，如国开行作为开发性金融机构，只有公司业务，服务客群较狭窄，但也有超过 500 类产品；而工商银行、建设银行等国有银行服务客群范围最广，产品列表上有多达 4000 种产品。这种产品结构确保传统金融能够满足不同客户的需求，但业务分散意味着资源分散，所以在单一业务上无法投入足够资源，从而使大部分产品更为标准化，定制化程度不足，在业务模式上主要体现为“产品导向”，客户被动接受产品，个性化需求难以被满足。

渠道差异：企业自金融依托互联网，主要通过互联网渠道提供服务；而传统金融以线下经营方式为主，并且已经搭建了全国性或区域性的营业网点网络，如工商银行在全国的网点数量高达 2 万个，一些中小型的区域性银行可能网点数量较少，如广州银行有近 100 个网点。这种网点的投资成本高昂，并且提供了大量的就业岗位，同时商业银行原有的经营模式就是基于网点的线下模式构建的，即使在全社会互联网化的大环境下，商业银行也将延续其线下经营模式，难以实现完全地从线下往线上转型；即使进行互联网化升级，也只能应用于较小的局部范围内。

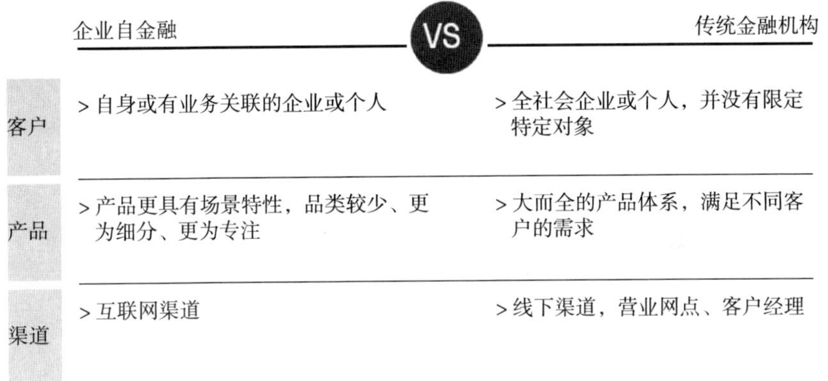

图 4-18　企业自金融的差异化

综上所述，企业自金融服务的客户更为细分、产品服务更为专注和个性化、渠道为完全的互联网化，从而与传统金融服务于全社会客户（特别是大型企业和高净值人群）、产品服务更多样化、标准化，渠道主要为线下形成完全的差异。

如果更进一步分析企业自金融和传统金融的资源能力优势，会发现企业自金融的优势主要体现在信息上，而传统金融的优势主要体现在资金来源和成本、资产创设上。从金融价值链的角度，形成能力与资源优势的互补。

所以，企业自金融作为新生事物，必然会对传统金融产生冲击，但企业自金融与传统金融并非单纯的竞争关系，更是一种竞合关系，并且体现为 80% 的合作互补、20% 的竞争。从而使得企业自金融与传统金融互相促进，实现更为健康的发展路径。

2. 与传统金融的合作互补

企业自金融与传统金融的合作互补主要体现在如下三个方面。

（1）服务对象的合作互补

服务对象的合作互补主要是指企业自金融填补了传统金融的市场空白。如前所述，传统金融虽然理论上能够服务于全社会的企业和个人，但是其“大企业的银行”“富人的银行”的经营特点意味着其主要服务对象是大型企业、高净值人群，而在中小型企业和长尾人群上存在巨大的市场空白。这种市场空白是由中小型企业和长尾人群的特点决定的，主要包括地域分布分散、业务需求小额碎片、风险系数较高、信息获取成本高昂；这种特点使得传统金融难以满足其需求、无法覆盖其服务、服务成本收益难以平衡。

与此相反，企业自金融互联网化、场景化、闭环化、信息对称化的特征可以低成本、定制化、风险可控地为中小型企业和长尾人群提供金融服务。而大型企业已经得到银行充分优质的金融服务，所以即使具有业务关联的大型企业实际上也不会过多地参与到企业自金融体系中。

这种差异化的客群定位，使企业自金融并不会与传统金融产生正面的客群竞争，恰好填补了长期存在的市场空白、满足了长期不被满足或服务不到位的市场需求。

以海尔的“海融易”为例，海融易主要针对海尔供应链条上的3万家经销商和5000家供应商提供贸易性的、销售端的供应链金融服务，这些企业中，一些较大的企业还可能从银行贷款，但供应链条上的小企业就很难获得传统金融的服务覆盖，所以海融易的客群与传统金融的客群是有差异化定位的，从而产生客群定位上的互补，这也是中国金融普惠进程推进的一个体现。海融易的案例在后文还会深入分析，这里不再展开论述。

（2）资源优势的合作互补

资源优势的合作互补主要是指企业自金融的优势和传统金融的优势不同，双方合作能够极大地提升金融服务的效率和收益。具体来看，传统金融的优势在于资金、资产和金融技术，而企业自金融的优势则体现在数据和信息上，因此双方能力和资源恰好能够形成互补关系，企业自金融可以成为传统金融体系的最后一块拼图。

实际上，传统金融已经被信息不对称的问题困扰多时，明明看到了客户需求，却苦于风控的瓶颈难以提供服务。而这种风控的瓶颈并非指风控技术。传统金融具有较为完善并且不断升级的风控技术手段，但缺乏风控模型需要的数据信息，可谓“巧妇难为无米之炊”。而企业掌握数据、掌控信息，却缺乏金融技术和经验，双方合作恰好取长补短，其成效亦立竿见影。

以阿里巴巴的“诚易宝”为例，招商银行与阿里巴巴共同合作，将金融服务嵌入阿里巴巴的开放平台，其中招商银行输出资金和风控技术、阿里巴巴输出信息和客户，从而最大限度地融合了双方的优势资源，其中招商银行具有充裕的低成本资金优势，而阿里巴巴掌握其平台上商户的真实交易数据及真实融资需求。

实际上，在传统金融模式下，商业银行对于中小型平台商户是无法也不敢给予信贷支持的，因为一是难以获取商户的信息，不了解商户的真实经营情况和信用情况；二是无法掌握商户交易的真实性，无法判断商户是否具有真实的融资需求；三是难以掌控商户贷款的还款来源，而商户也难以提供银行要求的传统固定资产抵质押物。

阿里巴巴与招商银行的合作平台上线一个月就为1000家商户提供服务，累计发放授信10万笔，成效显著。而阿里巴巴平台会员企业超过70万家，业务潜力巨大。这种资源优势合作互补的业务模式为招商银行拓展了庞大的客群，使得招商银行能够突破传统业务模式的樊篱，为过往难以服务的对象提供服务；同时帮助阿里巴巴获取一定的金融服务收益，优化其平台生态，使得其平台上会员企业能够更健康发展、解决资金流动性问题、对平台的黏性更强并吸引更多企业成为平台会员。

（3）场景服务的合作互补

场景服务的合作主要是指企业自金融将金融需求融入日常的生活场景，围绕场景向用户提供金融服务，这一方面弥补了传统金融脱离场景的不足，另一方面为传统金融嵌入场景提供了落脚点。实际上，传统金融在开展的过程中，受到金融管制使得多元化定价体系不符合成本收益比，而金融机构作为外部服务提供者又不拥有场景，从而固定资产贷款、流动资金贷款等成为这一背景下的产品。在这种模式下，风险管控只需以抵质押物为基础，金融机构运营成本和风险成本相对较低。但金融服务与场景的脱节，既不利于金融服务实体经济，也不利于金融机构获取差异化的高收益。

实际上，随着外部环境的变化、市场竞争的加剧，金融机构不断尝试向“以客户为中心”转型，场景金融就是其中的重要课题，将独立的金融服务流程转变为嵌入式服务，将单一金融产品转变为综合金融解决方案，将金融服务与客户交易行为和日常活动融合。但因为缺失场景，这种转型收效甚微。

企业自金融围绕场景开展金融服务的模式使传统金融能够与企

业自金融形成有机合作，传统金融作为资金或资产等资源的输出方，将资源输入企业自金融的场景中，使金融能够与用户需求无缝衔接，高度便利地获取业务，并基于多元化场景建立多元化定价体系。

以土巴兔的“好期贷”为例，招联金融与土巴兔合作，向通过土巴兔平台进行装修的业主提供信用贷款。土巴兔是一个装修平台，将具有装修需求的业主与装修公司进行连接，从而产生了大量房屋装修场景。装修场景具有低频大额的特点，但与房屋消费、汽车消费不同，装修公司主要是区域性小企业，碎片化程度高，同时也缺乏类似房屋的抵质押物。所以，虽然少则十几万元多则数十万元的装修费用是凸显的刚性融资需求，但传统金融机构在过往难以满足这种场景需求，无法为装修活动提供贷款。

土巴兔掌控装修场景，能够集中管理装修公司和消费业主，并且能够管控场景从设计到完工的全流程，积累场景数据，从而为管控这种场景中的金融服务风险提供了基础素材。所以在“好期贷”的合作中，土巴兔作为场景和数据输出方，为招联金融切入装修场景提供消费信贷与场景支持，从而成为场景服务合作的一种创新性案例。

3. 关系展望

实际上，除了合作互补，企业自金融还会对现有的传统金融造成冲击，比如，以支付宝为代表的第三方支付分流了银行的支付结算客户；以余额宝为代表的创新理财 / 投资模式，使银行的存款脱媒严重。但这种来自企业自金融的冲击，对于传统金融将是良性的促进。过去，传统金融因为行业壁垒一直处于“躺着赚钱”的时代，存在运营机制陈旧、服务意识不足的问题。而来自外部的冲击让传统金融意识到变革的重要性，并且采取行动强化信息技术、优化运营流程、变革服务模式等，寻求与企业自金融甚至新兴互联网金融等的外部合作，虽然可能在短期经历阵痛，但在长期能够提升传统金融的核心竞争力，更好地发挥金融服务实体经济的能力。

为此，未来传统金融将会在多个层面与企业自金融在资产、资金、技术、场景等方面开展更为深度的合作。

例如，在资产合作上，企业自金融可以为客户提供灵活期限、灵活金额的个性化投资服务，投资标的为金融机构输出的理财产品；在资金合作上，企业自金融可以为客户提供保理、存货融资等供应链融资服务，由金融机构提供低成本资金；在技术合作上，金融机构可以输出风控技术，企业收集并输入信息数据；在场景合作上，企业自金融完全基于场景开展金融服务，并外接金融机构资源，实现金融服务的场景嵌入。

实际上企业自金融与传统金融的以合作为主、竞争为辅的竞合关系将有助于为企业自金融营造良好的发展环境，吸纳传统金融的低成本资金，借鉴并应用成熟的金融技术和金融经验，丰富资产类型，从而在成长中积累，在积累中发展，在发展中壮大。

法律关系与监管概述

主要阐述两个观点，一是企业自金融合法合规，企业在开展自金融时可以持更为谨慎开放的态度，并且正确地开展企业自金融业务以防逾越监管与法律界限；二是展望监管的趋势，鼓励多元金融、创新金融，企业自金融的发展将具有夯实的政策支持基础。

1. 合规与法律关系

总结来看，企业自金融并不涉及金融持牌业务，与金融持牌业务有较大差异。如下三点形成了企业自金融的合规性基础：第一，企业自金融以服务主业为目的，其服务的客群并不是社会大众，而是限定的业务关联方，因此其并不具备金融风险传染性、广泛性的特征。第二，企业自金融并不直接从事金融业务，或者说，企业自金融并不是金融服务，而是金融信息服务。企业自金融主要与持牌金融机构合作，或进行信息整合或撮合，企业自身并不直接创设或供给资金、资产等金融要素。第三，企业自金融完全符合《网络借贷信息中介机构业务活动管理办法》的要求，并不涉及禁止行为。

首先，传统金融机构以提供金融服务、开展金融业务作为主业，并以金融服务作为主要的收入来源，通过金融服务获得利润和收益，其服务对象是全社会的客群；反观企业自金融，其开展的所有金融信息服务都围绕着自身主业开展，并不以金融服务作为主要的收入来源，服务对象也是限定于与自身业务相关的个人或企业，所以，可以说企业自金融并不是金融机构，没有牌照限制与要求。

其次，更应该在业务形式上划清传统金融与企业自金融的界限。具体来说，企业自金融不创设或供给资金、资产等金融要素，不直接从事金融业务，而是与金融机构或外部机构合作，企业自金融的业务形式定位为收集、管理、处理信息，并使双方信息对称，将信息应用于特定场景，进行交易撮合。所以，这种单纯的信息服务与传统金融提供资金融通，供给资产、资金有本质上的差异。

最后，由于企业自金融主要通过互联网开展，所以其要符合互联网开展金融相关服务的要求和规定，包括《关于促进互联网金融健康发展的指导意见》和《网络借贷信息中介机构业务活动管理办法》等法律法规的要求。按照上述法律法规要求的基本原则，企业自金融能够完全做到不增信、不设立资金池、不自融、不非法集资、不拆标等。实际上，按照企业自金融的业务模式，企业自金融也不会涉及上述的所有禁止行为，与文件要求相符。

从法律关系角度来看，企业自金融主要有两点法律关系基础：一是权益转让的法律关系，二是网络借贷基础交易的法律关系。

首先，在资金归集及结算业务中，涉及集团公司与子公司权益转让问题。集团公司与子公司之间进行资金归集及再调配时，可能需要通过收益权转让的形式进行，即子公司将闲置资金转换成带有收益的资产，再将资产及其收益权转让给集团公司，由集团公司对资产进行处置，完成闲置资金的归集。接下来，将探讨有关收益权转让的合法性。

根据我国《信托法》的定义，收益权是具备财产性及确定性的。因此，尽管收益权是一种特殊的不存在较高层级的法律规定或法律定性的拟制的转付权利，但其本身所具备的财产性和确定性使其基本具备作为信托财产的条件。因此，收益权的转让是符合我国相关法律规定的。

另外，根据我国法律规定，是允许信贷资产收益权转让的。《中国银监会办公厅关于规范银行业金融机构信贷资产收益权转让业务的通知》（银监办发〔2016〕82 号）中提出了“信贷资产收益权”的概念，在一定程度上认可了“信贷资产收益权”这类收益权利的合法性。同时，该《通知》还明确了信贷资产收益权转让时的要求及限制，相当于认可了信贷资产收益权转让的合法性。

其次，网络借贷基础交易的法律关系以民间借贷合同有效为基础，根据《最高人民法院关于审理民间借贷案件适用法律若干问题的规定》（法释〔2015〕18 号）规定，“法人之间、其他组织之间以及它们相互之间为生产、经营需要订立的民间借贷合同，除存在合同法第五十二条、本规定第十四条规定的情形外，当事人主张民间借贷合同有效的，人民法院应予支持”。

同时，业务以小额高频为主，根据《网络借贷信息中介机构业务活动管理办法》，同一自然人在同一网络借贷信息中介平台的借款余额上限不超过人民币20万元，同一法人或其他组织在同一网络借贷信息中介机构平台的借款余额上限不超过人民币100万元，与小额高频特性匹配。网络信息机构可引入第三方机构进行担保或与保险公司开展业务合作，为企业自金融形成合作的生态环境提供了法律依据。

2. 监管趋势展望

在政策监管层面，对企业自金融的态度是鼓励支持的，主要体现在如下三个方面。

第一，支持利用互联网手段、创新多元化金融业态，服务实体经济、服务中小微企业和个人。央行等十部委共同发布的《关于促进互联网金融健康发展的指导意见》（银发〔2015〕221号）规定：“支持互联网企业依法合规设立互联网支付机构、网络借贷平台、股权众筹融资平台、网络金融产品销售平台，建立服务实体经济的多层次金融服务体系，更好地满足中小微企业和个人投融资需求，进一步拓展普惠金融的广度和深度。鼓励电子商务企业在符合金融法律法规规定的条件下自建和完善线上金融服务体系，有效拓展电商供应链业务。鼓励从业机构积极开展产品、服务、技术和管理创新，提升从业机构核心竞争力。”

第二，鼓励技术创新在金融服务、信息服务上的应用。《关于推动移动金融技术创新健康发展的指导意见》（银发〔2015〕11号）

中指出，要充分认识移动金融技术创新健康发展的重要意义，秉持推动移动金融技术创新健康发展的四大原则，即遵循安全可控原则；秉承便民利民理念；坚持继承式创新发展；注重服务融合发展。其中，该《指导意见》特别提出，移动金融是金融服务在信息化、移动化环境下的渠道拓展和功能延伸。移动金融技术创新应加快银行卡与手机银行服务的系统发展，促进移动金融与电子商务、公共服务等领域的融合发展。可见，我国政府对技术创新在金融服务、信息服务上的应用是持大力鼓励态度的。而这种技术创新及其应用将非常有利于企业自金融的发展。

第三，支持企业利用互联网开展经营活动，特别是有针对性地强化信息服务。《工业和信息化部关于印发贯彻落实〈国务院关于积极推进“互联网+”行动的指导意见〉行动计划（2015—2018年）的通知》（工信部信软〔2015〕440号）规定：“支持制造企业、互联网企业、信息技术服务企业跨界联合，建设和应用推广工业云平台。组织开展工业云服务创新试点，推进研发设计、生产制造、营销服务、测试验证等资源的开放共享，打造工业云生态系统。开展工业电子商务区域试点，推动工业电子商务平台、第三方物流、互联网金融等业务协同创新和互动发展，培育一批工业电子商务示范区、平台和企业。”

综上所述，从短期发展来看，金融开放已经初见苗头，企业自金融符合法律与监管要求，但仍需监管的持续扶持与引导。从长期发展来看，金融开放、金融创新将得到国家大力支持，特别是可以解决中小微企业融资难、融资贵问题的解决方案将得到国家的重点关注。在良好的政策环境下，企业自金融服务将在未来迎来快速发展阶段。

第五章　企业自金融的发展路径

企业自金融的未来发展将经历成本不断降低、效率不断提升、信息更加对称的几个阶段，最终实现零边际成本金融服务。其中，初级阶段可被称为模块化自金融，在这个阶段，虽然金融资源需要从外部金融机构输入，成本较高、效率较低、信息对称程度较低，但形成了企业自金融的四大基本业务模块——资金模块、资产模块、支付模块和增值模块，这四大模块是企业自金融不断演变的基础，从而形成了企业自金融的雏形。

企业自金融的发展阶段可被称为产业闭环化自金融，在这个阶段中，每个企业自金融的四大基本模块互相连接，形成了资金与资产的闭环、债权支付的闭环，企业自金融内的资金与资产形成匹配、形成的债权资产可用于交易支付，使金融资源内部化，外部金融机构资源只作为内部的补充，从而成本逐步降低、效率逐步提高、信息对称程度逐步升高。

企业自金融最终将形成社会生态化自金融，在这个阶段中，企业自金融间互相连接，形成一个社会生态化的企业自金融网络。企业自金融的规模不断扩张，资金资产在生态网络中进行智能化匹配，债权资产在生态网络中作为标准化支付媒介，从而在整个企业自金融生态网络中，信息高度对称、金融服务实现零边际成本。

总体发展蓝图

1. 三大发展阶段的演变

在上一章中，通过讨论企业自金融的优势、特征、价值等议题，明确了以下几个问题：第一，企业具备开展企业自金融业务的比较优势；第二，企业开展自金融业务能够给自身经营带来重要价值；第三，企业在这个时间节点已经具备了开展企业自金融的内部和外部的成熟条件。因此，已经观察到有更多企业主动延伸企业自金融业务，而且这将成为一个重要的趋势。

实际上，市场上大部分现有的企业自金融业务形态还是一种较为简单且初级的形态，如通过对接银行或小贷公司的资金开展消费金融业务，虽然这种模式已经完全符合企业自金融的特征，但仍然存在接入资金成本较高、外部合作效率较低等问题。因此希望企业在自金融的持续发展中，能够演变出更多的业务形态，以不断降低交易成本、提升交易效率，最终实现零边际成本的自金融服务。

从宏观角度来看，未来将经历一段金融服务从高成本低效率到低成本高效率的演变路径。

从微观角度来看，在不同的阶段中，不同的企业自金融将呈现不同的业务形态，这与开展自金融的企业所处的行业环境、所具备的业务特点、所处的链条地位等密不可分。

所以，在分析不同阶段的业务形态和差异时，仍然是从存贷汇三大业务形态的角度进行讨论，增值服务是基于存贷汇的业务形态之上，基于资源优势、能力优势和更深入的客户需求衍生出来的业务形态，所以存贷汇是基础，增值服务是衍生。

具体来说，企业自金融将经历模块化自金融、产业闭环化自金融和社会生态化自金融三个阶段。在每个阶段中，主要体现为资产组织、资金组织和信息流动的不断升级，并在最终实现企业自金融体系和社会的互相连接，以实现零边际成本的金融服务为目标。

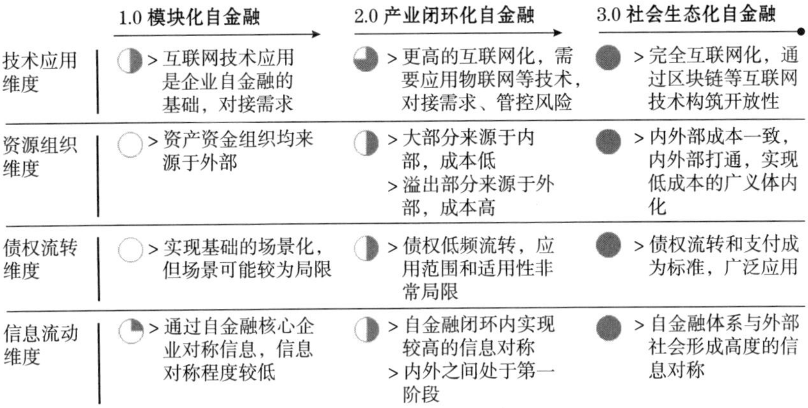

	1.0 模块化自金融	2.0 产业闭环化自金融	3.0 社会生态化自金融
技术应用维度	> 互联网技术应用是企业自金融的基础，对接需求	> 更高的互联网化，需要应用物联网等技术，对接需求、管控风险	> 完全互联网化，通过区块链等互联网技术构筑开放性
资源组织维度	> 资产资金组织均来源于外部	> 大部分来源于内部，成本低 > 溢出部分来源于外部，成本高	> 内外部成本一致，内外部打通，实现低成本的广义体内化
债权流转维度	> 实现基础的场景化，但场景可能较为局限	> 债权低频流转，应用范围和适用性非常局限	> 债权流转和支付成为标准，广泛应用
信息流动维度	> 通过自金融核心企业对称信息，信息对称程度较低	> 自金融闭环内实现较高的信息对称 > 内外之间处于第一阶段	> 自金融体系与外部社会形成高度的信息对称

图 5–1　企业自金融不同发展阶段的特征

从以下几个维度，能够对企业自金融发展不同阶段的差异有更深入的认识。

技术应用维度，将从部分互联网化向完全互联网化升级。其中在模块化自金融阶段，互联网技术应用得并不完全，还存在线下作业部分；而在社会生态化自金融阶段，自金融将实现完全的互联网化，包括渠道的互联网化、运营的互联网化、风控的互联网化等。

资源组织维度，将从资金资产的体系内分割到最终形成完全的资金资产生态化闭环。其中在模块化自金融阶段，自金融的资产与资金只能在信息不对称的环境下与外部金融机构的资金和资产进行对接，其成本较高、效率较低。而在社会生态化自金融中，单个自金融体系内资金资产能够对接形成闭环，也能够与其他自金融体系和外部社会资金资产在信息对称的环境下进行对接，实现资金资产的生态化。

债权流转维度，将实现从无到低频局部再到高频广泛的债权流转和债权支付的转变。其中在模块化自金融阶段，债权流转和支付还是处于孕育阶段的概念，其发展过程中将出现一些如余额宝等特定场景的应用，但应用范围和适用性非常局限。最终在社会生态化自金融中，债权流转和支付将成为普遍性标准，并得到广泛应用。

信息流动维度，将经历从信息孤岛到全社会信息对称的过程。在模块化自金融阶段，信息孤岛现象还较为明显，如产业链内信息得不到有效流动，内外部信息壁垒较高，信息不对称严重。而在社会生态化自金融阶段，如区块链等技术为信息有效流动提供重要支持，信息对称手段丰富、信用体系完善，从而可以有效实现内外部信息对称。

因此，在最终形态下，一个完全互联网化、资金资产生态化、债权流转和支付普及化、信息内外部对称的自金融体系，将能够实现零边际成本的金融信息服务。

2. 三大发展阶段的价值

企业自金融三大阶段的演变将经历一个金融服务成本不断降低、金融服务效率不断提升，并最终实现零边际成本的金融信息服务的历程。

具体来说，在模块化自金融阶段，已经构建了企业自金融的基本框架，较为完整的企业自金融功能模块，打造了集存贷汇模块和增值模块于一体的基础功能，已经能够实现通过为供应链条融资优化供应链条，通过消费信贷、理财 / 投资等促进销售、提升客户黏性，通过财资管理等优化运营效率，从而树立品牌形象等企业自金融的核心价值。

而在产业闭环化自金融阶段，通过打通内部资金资产形成资金资

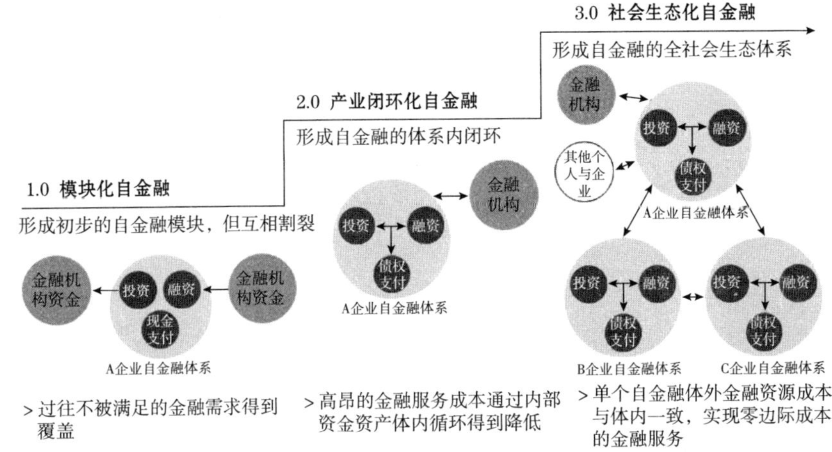

图 5-2　企业自金融发展的三大阶段

产闭环，通过债权支付手段等，实现资金成本更低、资产匹配效率更高、支付结算更高效实时便捷，从而实现金融服务的低成本和高效率。

在社会生态化自金融的理想形态下，通过实现广泛的信息对称、连接个体企业自金融体系和其他社会渠道，形成金融服务的极度高效，消除金融服务过程中的摩擦，从而降低摩擦成本，并最终实现零边际成本的金融服务。

企业自金融的三大阶段是一个逐步升级完善的过程，而在最终的零边际成本环境下，金融能够最大化地实现其服务实体经济的核心价值。

企业自金融初级阶段：模块化自金融

1. 模块化自金融介绍

(1) 概述

模块化自金融即企业自金融体系形成存贷汇和增值服务四大具

备基本功能的服务模块，但各服务模块之间仍缺乏关联。企业通过为服务对象提供金融信息服务，为资产需求方从外部对接资产、为资金需求方从外部引入资金、通过资金支付手段协同主业，并针对关联方的需求提供以技术和数据信息为基础的增值服务。

（2）模块化自金融的支撑要素

模块化自金融阶段的出现是以移动互联网、大数据和云计算的普及应用为基础的。正如前文所述，企业自金融的比较优势主要体现在数据、信息、场景、流量等方面，这也是企业开展自金融业务的基本逻辑，所以，为了更好地开展企业自金融，企业必须具备技术手段去获取数据信息、对接场景流量。而云计算的普及使数据驱动的金融服务成为可能。

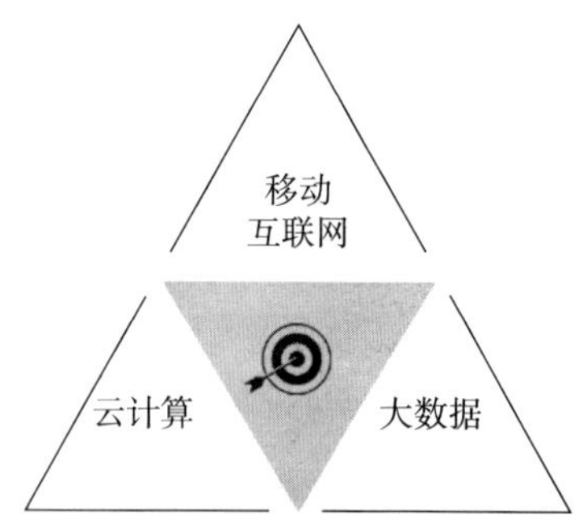

移动互联网

> 获取数据信息
> 对接场景流量

大数据

> 信息价值提炼
> 丰富场景流量

云计算

> 降低了数据存储的成本
> 使数据驱动的金融服务成为可能

图 5–3　企业自金融初级阶段的支撑要素

实际上，移动互联网是获取数据信息、对接场景流量的基础。通过互联网，数据能够在互联网上流动，降低了数据获取的成本、扩大了数据触及的范围。比如，企业通过移动互联网传递商业文件、追踪物流记录、进行电子交易，而所有数据记录都能够在移动互联网上自动记录，相较于传统纸质文件、手工记录的模式，移动互联网使数据收集的过程变得更为简便。同时互联网也进一步丰富了业务场景，使企业可以低成本地获取长尾流量。

大数据是进行数据信息价值提炼、丰富场景流量的原料。大数据的核心价值就是预测分析。在基于静态数据的时代，所有风控都依赖于财务报表的静态数据，企业并不具有基于数据的风控优势。但在大数据技术支持下，企业能够有效积累交易数据、物流数据、商业数据、消费数据等动态、碎片化的数据，从而强化自身的需求识别和风控能力。而这些数据正是传统金融难以（低成本）获取的。

云计算大幅降低了数据存储的成本。数据是企业开展自金融的基础元素之一，如果脱离数据，企业开展自金融的逻辑就是不成立的，所以企业需要一个低成本的数据环境，贯穿数据获取、数据存储、数据分析、数据应用的全过程。基于大数据的环境，对存储能力的要求非常高。云计算的出现使得企业大幅降低数据存储的成本，企业可以将数据存储于云，无须架构大量的服务器，这使企业开展自金融成为可能。

因此，互联网、大数据、云计算使企业能够获取大量数据、构建大数据体系，并使获取和存储数据的成本降低，为企业自金融提供了构筑其数据环境的基础条件。

（3）模块化自金融发展的必然性与重要意义

模块化自金融是最简单和最基本的企业自金融形式，是企业自金融发展过程中最重要的阶段，它拉开了企业自金融发展的序幕。实际上，在模块化自金融之前，金融服务存在的众多痛点在前文中已经提及，在此不再赘述。但正是传统金融服务存在的痛点，使得模块化自金融的出现有其必然性，主要基于三点：一是信息不对称的金融服务环境需要得到改善；二是金融与实体经济需要更为紧密地结合；三是客户对服务的要求更高，个性化服务将不断扩大半径。

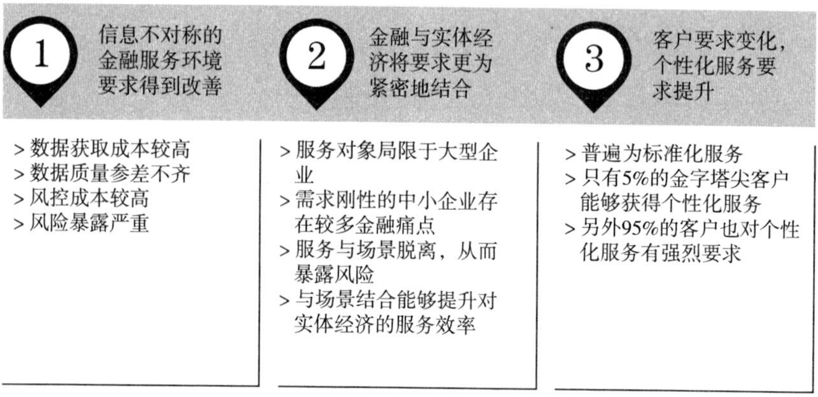

信息不对称的金融服务环境要求得到改善

- > 数据获取成本较高
- > 数据质量参差不齐
- > 风控成本较高
- > 风险暴露严重

金融与实体经济将要求更为紧密地结合

- > 服务对象局限于大型企业
- > 需求刚性的中小企业存在较多金融痛点
- > 服务与场景脱离，从而暴露风险
- > 与场景结合能够提升对实体经济的服务效率

客户要求变化，个性化服务要求提升

- > 普遍为标准化服务
- > 只有5%的金字塔尖客户能够获得个性化服务
- > 另外95%的客户也对个性化服务有强烈要求

图 5–4　企业自金融发展的要求和必然性

相应地，模块化自金融针对这三个方面体现出重要的意义。

一是企业以金融信息服务提供者的角色参与金融服务，金融服务信息对称程度更高。在传统金融服务体系中，金融机构主动地通过各种途径或手段获取数据，包括向企业索取财务报表、向外部征信机构购买数据等，而非金融企业按照金融机构要求被动提供数据，这种被动数据供给显然会因为数据用途的不同，存在积极性不足、时效性滞后、真实性存疑、颗粒度粗糙等问题。但在企业自金融中，企业是金融信息服务的主导者，可以获取提供金融信息服务的收益，为了提供更好的服务质量和最大限度地降低金融服务中可能存在的风险，企业在获取、整理、处理、输出数据的全流程中，将具有巨大的积极性确保数据的时效性、可用性、真实性和颗粒度。并且基于这些数据信息，将使过往高度信息不对称的金融环境得到改善。

二是金融服务完全针对场景，服务对象更加广泛，金融与实体经济、与社会活动的关系更加紧密。在传统金融服务中，金融服务主要是针对对象展开，而并非针对活动场景展开。这就使服务对象非常局限，只有大型、优质的客户才能够得到金融服务，因为为这类对象提供服务收益更高、风险更低。而在针对场景的金融服务中，金融服务并不限定服务对象，只要是场景参与者就能够根据场景中产生的金融需求获得金融服务，所以更多的中小企业、消费者能够在场景中得到服务。随着移动互联网的发展，这种针对场景的金融服务成为可能，因为场景活动本身随时随地发生，实时地使场景活动数据化并匹配金融需求，意义非凡。

三是服务对象能够获得个性化、更符合自身痛点需求的金融服务。在传统金融服务中，只有 5% 的大型、高净值客户能够获得个性化服务，而 95% 的企业或个人客户主要获得标准化服务。标准化服务意味着服务与需求存在错位，比如需要 12 天的理财，但标准化服务只有 15 天的理财，因此这种服务需求错位必然导致金融服务效用的降低。这在资源有限的环境下，自然是金融机构在成本收益比最高基础上的最优选择。如果银行为每一笔 200 元的理财提供定制的期限和利率，银行运营体系将无法运转。但在企业自金融服务体系下，从传统的点辐射状服务结构变为岛状服务结构，服务主体下沉。具体来说，过去一个银行服务 50 万个客户，而现在 1000 个企业自金融体系分别服务 500 个客户的场景，服务对象更少，并且对需求掌握能力更强、对数据信息掌握更多，从而实现普惠的金融个性化服务。

围绕着信息对称、针对场景、个性服务的三大元素，自金融形成了具有模块化特点的基础功能服务体系。

（4）模块化自金融的出现

模块化自金融将形成包括资金模块（存）、资产模块（贷）、支付模块（汇）和增值模块四大主要功能模块。

资金模块为关联方的资金增值需求提供个性化的理财 / 投资匹

配服务。

资产模块为关联方基于场景活动的资金需求提供个性化的融资匹配服务。

支付模块利用互联网信息技术形成基于资金交易支付的解决方案。

增值模块基于技术和数据信息，为关联方提供存、贷、汇外的其他增值解决方案。

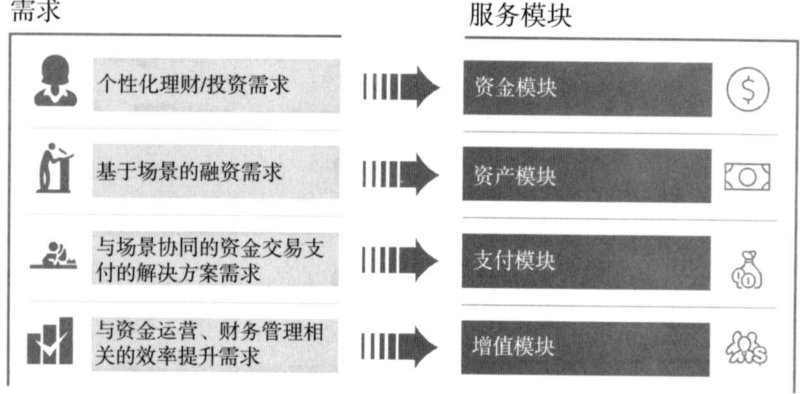

图 5–5　企业自金融的四大服务功能模块

2. 资金模块

资金模块主要是基于场景、个性服务，为供应链条企业、消费者、分（子）公司、员工等提供资金增值信息服务。模块化自金融并不直接创设或提供理财 / 投资产品，但通过其掌握的客户确切需求，基于需求信息、场景，与金融机构合作提供个性化理财 / 投资服务。实际上，不同的服务对象需求和痛点有所差异，针对不同的服务对象，资金模块的模式也各不相同。

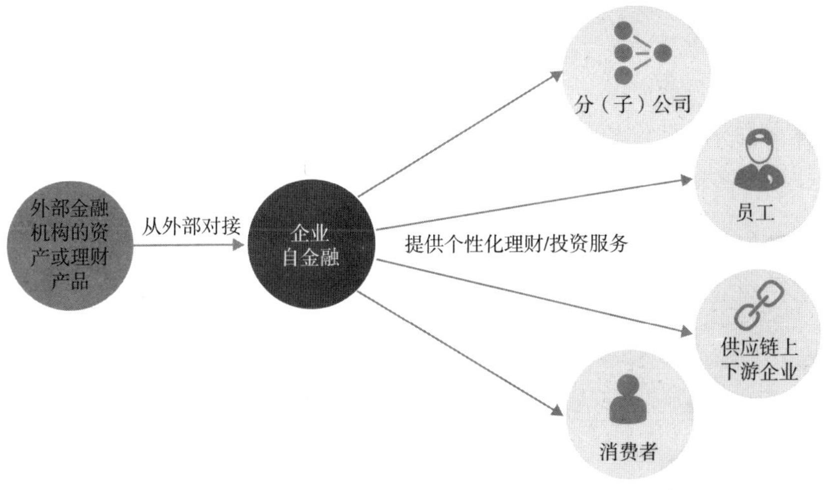

图 5–6　资金模块模式

（1）针对供应链的资金增值服务

供应链条企业的资金流动性具有明显的行业差异，而资金增值服务应该与流动性特点相匹配。这其中包括两个层面的含义，第一，资金流动性行业差异大。具体来说，如通信运营商针对上游供应商的账款通常在年中与年末结，因此其上游供应商的现金流具有明显的季节性特点；而珠宝行业的下游经销商因为存在进货限额限制（如金叶珠宝每次进货限额为 30 万元），所以进货现金流呈现高频周期性波动特点。因此，不同行业的商业模式导致现金流产生差异化的流动性增值需求。第二，现有资金增值服务难以匹配差异化的流动性特点。实际上，现有金融机构的标准化理财产品难以适配不同行业的特点需求，具有高流动性要求的营运资金没有理想的投资通道，所以导致企业的营运资金只能躺在活期账户上。现阶段，我国企业活期存款长期占存款和理财 / 投资总额的 30%~40%，收益极低，只能享受 0.35% 的利率。

实际上，这部分高达 17.5 万亿元的企业营运资金具有强烈的增值需求。简单来说，在满足营运资金对流动性需求的前提下，如果有 3% 的资金收益，没有人会选择 0.35% 收益的产品。但这种流动性需求具有明显的行业差异甚至是企业差异，所以这部分资金的需求是与其经营周期相匹配的高收益理财 / 投资产品。具体来说，即灵活起始时间、个性化期限、匹配收益，实现普惠的定制化对公理财 / 投资。

企业的资金增值需求主要体现为三点：安全、流动、高收益。而企业自金融在为其供应链条企业提供资金增值服务时，基于自身的几点优势恰好可以进行需求匹配。一是核心企业与供应链条企业合作时间较长、信誉较高、信任程度较好，同时对接的理财产品为金融机构供给，安全性较高；二是核心企业对行业有较高的了解，并且基于相互之间的业务关联，非常清楚供应链条企业的资金周转情况，甚至能够通过积累的大数据预测企业的流动性需求，从而可以提供适配时间、周期的个性化的理财 / 投资产品，以满足企业流动性需求；三是无论对接货币市场或非标资产，还是其他基础资产的理财 / 投资产品，收益必然远高于 0.35% 的活期利率，更满足企业高收益需求。

具体的业务模式较为灵活，既可提供半个性化理财 / 投资信息服务，也可提供完全个性化理财 / 投资信息服务。半个性化业务模式可为企业自金融搭建理财 / 投资平台，在理财 / 投资平台上基于行业特点和所掌握的数据，提供几种符合其供应链条企业期限等需求的理财 / 投资产品，产品额度可基于行业经验和大数据分析，与行业营运资金相匹配，额度投放可具有季节性需求。比如，在回款周期开放较大的额度供认购，产品期限是符合行业流动性需求的 8 天、12 天、18 天等。

完全个性化业务模式为企业自金融在理财 / 投资平台上提供开放性的产品需求选项，包括期限、起始时间、购买金额等，自动匹配收益价格，与后端金融机构所提供的理财 / 投资产品相对接，供企业自助选择产品参数，从而实现完全个性化理财投资。

模块化自金融针对供应链条企业提供的资金增值服务能够使中小企业亦获得个性化理财 / 投资服务，使闲散营运资金获得较高收益，从而实现资金效率最大化；使供应链条企业获得额外收入、营运能力更强，从而实现供应链条优化的效果。

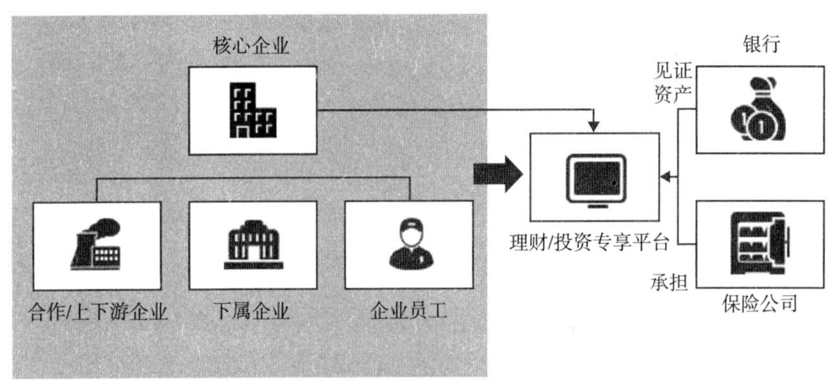

图 5–7　供应链条企业是主要服务对象

（2）针对子公司的资金增值服务

针对子公司的资金增值服务与上述供应链企业的资金增值服务是类似的，资金增值服务需要与流动性特点相匹配。更进一步，企业对其子公司的流动性特点更了解、掌握的信息更丰富，所以对需求的掌握程度更高。

为此，在供应链条企业资金增值服务模式的基础上，针对子公司的资金增值会有更高的个性化。实际上，内部企业资金增值可以作为财资管理体系的一部分，企业可在其财资管理系统中嵌入资金增值模块为子公司提供服务。这种服务模式主要有三种类型：一是个性化自选；二是预设产品特定条件触发；三是智能服务匹配。

在个性化自选模式下，企业可以进行期限、额度的个性化定制，并可进行自选产品预约，预约起始时间。

预设产品特定条件触发模式下，企业自金融根据对子公司需求的理解，预设几种不同属性（期限、额度、价格）的产品，在不同条件下（如大笔回款）自动触发理财 / 投资产品购买。

在智能服务匹配模式下，财资管理平台可以根据对数据的掌握自动化地向服务对象输出理财 / 投资产品，甚至现金直接转理财 / 投资，根据流动性预测进行系统动态自动匹配产品期限、额度等属性。

短期来看，前两种模式将逐步出现，如万科物业已经搭建了个性化自选投资产品平台，根据旗下物业公司的收、回款情况进行个性化理财 / 投资，极大地提升了资金的运用效率。

（3）针对消费者的资金增值服务

针对消费者的资金增值服务主要聚焦于消费者的闲散资金，为即将应用于消费场景的闲散资金提供资金增值服务。实际上，理财 / 投资市场具有明确细分，如大额长期资金可投资于信托、私人财富管理等产品；小额长期资金可进行定存或长期理财 / 投资产品；小额短期资金可用于短期理财 / 投资；等等。而对于即将用于消费的闲散资金，通常只能以现金或活期存款的形式出现，收益率极低。实际上，2015 年，我国个人活期存款约 20 万亿元，其他理财 / 投资产品约 13 万亿元，共 33 万亿元，与社会消费品零售总额 30 万亿元大体相当。若能为这部分有特定消费用途的资金提供更高收益，对消费者来说是极大的增值，从而能够激发更大的消费活力，并提升消费者黏性。

因此，企业可以通过消费理财 / 投资等方式向消费者提供特定场景消费用途的闲散资金增值服务。具体来说，余额宝就是一种特定场景消费用途的闲散资金增值服务模式。消费者在淘宝通常有小额高频的消费活动，淘宝针对这部分资金，提供余额宝服务，闲散资金消费前可在余额宝获得较高收益（余额宝收益曾高达 6%，是活期利率的近 20 倍），进行消费时可直接利用余额宝余额进行消费支付。余额宝的成效有目共睹：一方面，用了不到 3 年时间即达到 8000 亿元规模，天弘基金更一跃成为规模最大的基金之一；另一方面，大幅促进了淘宝、天猫上的消费，交易规模已达到 3 万亿元以上。

余额宝这种针对小额高频特定场景消费的理财 / 投资服务广泛适用于更多场景。实际上，具有流量（客户）、消费交易、小额高频特征的场景均有条件为消费者提供资金增值。包括商超、水电费代缴、美容美发、餐饮等场景都具有拓展这种模式的潜力。

除了余额宝等针对小额高频的服务模式外，以消费信托为代表的创新模式是针对大额低频场景的资金增值解决方案。如中信信托的旅游消费信托产品，消费者认购每份 9999 元的产品在到期后能够兑换价值 21000 元的旅游产品，商家通过金融服务提前绑定客户服务，消费者针对旅游场景的特定消费获得高达年化 20% 的高收益。

所以无论是小额高频、低收益、灵活性高的场景增值还是大额低频、高收益、灵活性低的场景增值都有适用性场景，都实现了企业与消费者的双赢，并且针对特定场景还会有更丰富的模式创新。

（4）针对员工的资金增值服务

员工金融已经有较多成熟的实践，特别是针对员工的资金增值服务，以高收益、低风险为特点，提升员工福利和满意度。其中，企业年金和员工理财 / 投资是较为普遍的两种模式。

企业年金是指企业定期在员工薪酬中提取固定比例（如 5%）进

行留存，直接进行投资，承诺 3 年后返还高收益。这种定额理财 / 投资方式一方面自动帮助员工进行理财 / 投资活动，另一方面激励员工至少工作 3 年，就能够获得额外理财 / 投资激励，增加团队稳定性。这种模式在大型集团企业如 IBM（国际商业机器公司）、联想等较为普遍，特别是其雇员众多，5% 的留存能够形成庞大的现金池，也能够与外部资管合作，理财 / 投资灵活且议价能力高，从而能够实现更高的收益。

员工理财 / 投资相对具有一定强制性的企业年金灵活性更高，企业与金融机构合作，选择高收益、低风险的理财 / 投资产品直接向员工发售，帮助员工主动理财 / 投资。如 FESCO（北京外企人力资源服务有限公司）等就与交通银行合作，为其员工精选交通银行理财产品，省却员工理财 / 投资烦恼。

企业自金融的员工资金增值服务基本以上述模式为主，在此基础上，基于企业对员工背景、收入、家庭情况等信息的掌握，可以提供更具针对性和智能化的产品服务。具体来说，一是针对不同层级的员工，可以输出不同类型的产品，初级员工提供小额理财 / 投资，高级管理层可以对接私募股权或多元投资等产品类型，从而使产品与客户属性和需求更为匹配。二是可以智能化推送产品或直接购买产品，比如在员工平台嵌入理财 / 投资模块、发薪日直接向员工分类推送等。

员工对企业信任程度较高，企业与金融机构合作可形成更精准的理财 / 投资销售渠道。企业解决员工理财 / 投资问题，可以提高员工满意度，提升团队稳定性，为业务发展奠定根基。

3. 资产模块

资产模块主要是围绕交易场景、消费场景，利用所掌握的数据和信息，为业务关联方提供融资服务。在模块化自金融模式下，资产在场景和交易中产生，资金主要来源于外部金融机构，与内部资产进行对接。企业利用掌握的数据、信息进行整理、加工，应用于需求识别和风险管控，作为金融信息中介提升信息对称程度，降低融资过程中的摩擦成本。

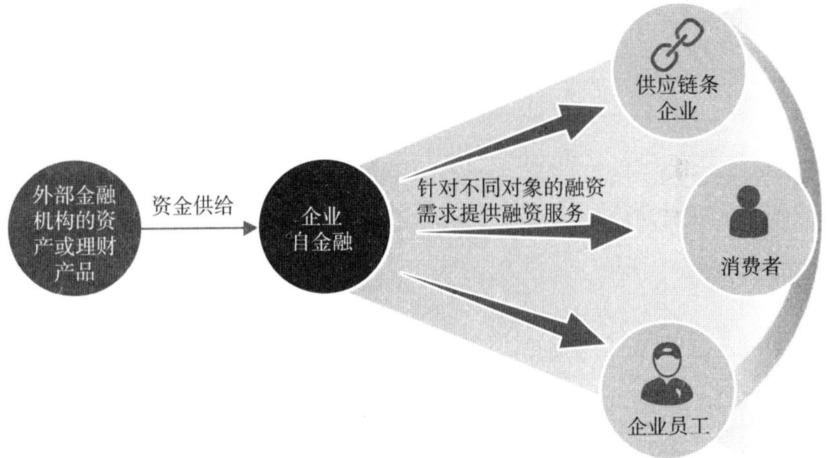

图 5-8　资产模块模式

具体来说，可分别针对供应链条企业、消费者和员工提供多种形式的融资服务。

（1）针对供应链条企业的融资服务

针对供应链条企业的融资服务主要是指基于商业活动和交易场景，企业自金融利用所掌握的数据和信息，将风险控制在最小范围内，向外对接金融机构资金，与金融机构合作为供应链条企业提供融资服务。在这种模式下，金融机构为资金提供方，企业自金融作为金融信息中介进行数据信息处理，并为参与各方提供对称风险等信息服务。

实际上，供应链上的融资需求刚性，中小企业因为处于弱势地位，在商业活动中面对核心企业日益苛刻的要求，包括更低的折扣、更长的赊购期限、更短的交货期等，企业经营环境较差。实际上，中小企业普遍存在贷款频率高、单笔额度小、信息采集成本高、缺乏抵质押物的特点，所以中小企业难以通过正常渠道获得融资。较高的资金需求和现存的融资困境使融资痛点凸显，而这种痛点也正成为企业自金融的业务机会。

服务于供应链条企业的融资业务模式多样，其中供应链金融是较为成熟的一种。它是依托于交易场景，特别是应收账款、预付账款和存货提供服务。因而，对于企业自金融来说，由于中小企业的交易信息容易获取，而且针对流动资产，所以并不存在信息采集成本高、缺乏抵质押物的问题。

从实施手段的角度，因为企业自身并不能提供借款，企业自金融融资服务的核心是解决资金来源的问题，而与外部金融机构特别是风险偏好较高的机构形成合作、作为资金输入是最佳途径。企业自金融可搭建供应链金融平台，供应链上企业在平台上申请贷款，企业自金融凭借对供应链条企业的数据积累，自动进行数据输出和数据分析，一方面输出信息数据给资金方作风险评估；另一方面自行进行风险计量给予资金方作为风险参考，从而提升风险控制能力。

实际上，已经有大型企业利用自有资金设立小贷公司等，作为资金输入来源，现阶段小贷牌照门槛相对较低，具有条件的企业可参考自行设立小贷公司为其企业自金融平台提供资金。

前文已经提及，相对于传统银行贷款，企业自金融的供应链条企业融资服务就是针对利率区间为 8%~20% 的中小企业提供贷款，所以外接金融机构资金可以获得中间收入，运用自身资金可获得资金利差收入。与此同时，供应链上中小企业获得资金支持，合作金融机构获得优质资产，实现业务“三赢”。

（2）针对消费者的融资服务

针对消费者的融资服务主要指基于消费场景，为消费者的消费交易提供融资服务。这种针对消费的融资与上述的供应链条企业融资既有相似之处，又存在差异。相似之处在于都是围绕场景、企业利用自身掌握的数据、外接金融机构资金，实现对需求和风险的强把控。同时，差异之处有三：一是服务对象不同，前者针对个人，后者针对企业。二是业务场景不同，前者针对消费行为，后者主要针对流动资产。三是风险形式不同，前者主要是基于信用的融资行为，核心是控制消费者的信用风险；后者是依托资产的融资行为，控制风险手段更加多元化，包括控制抵质押物等。

针对上述三点差异，消费者的融资服务在业务模式上需要注意三点。一是需要突出融资平台的消费者体验。个人相对于企业来说，对体验的要求更高，因此一个具有便捷性、易用性的信息平台是成功的基础。二是需要精选消费场景。实际上，大额或高频的交易更具有融资需求。其中，大额消费融资主要解决资金压力问题，扩大客群、促进销售；高频消费融资主要解决便捷性问题，提升客户体验和黏性。三是对数据驱动的要求更高。提升信用风险的控制能力可利用更多元的数据、更精准的模型进行贷前风险评估，并针对消费者行为进行动态调整，跟踪消费者从贷前、贷中、贷后到还款的全生命周期。

在模块化自金融中，企业给消费者融资的方案主要通过基于消费场景、搭建或嵌入融资平台，利用数据进行消费者风险计量，掌握消费者全面数据通过平台与外部金融机构对称信息和风险数据，从而利用外部金融机构为消费者融资提供资金。

相对于传统消费金融标准化的产品，模块化自金融针对消费者的融资服务必然是个性化的。这种个性化主要体现在三个方面：一是产品模式的个性化，产品对于不同消费者具有更加灵活的借贷比例、还款模式等；二是产品价格的个性化，不同消费者基于大数据风控，根据风险评级具有差异化的价格；三是场景适用性的个性化，不同场景的产品差异化更大。比如，购买旅游服务或大家电，高速过路费，餐馆消费的产品将完全不同，都是基于消费者行为的个性化设计。

这种针对消费者的融资服务将扩大客群、促进销售、提高黏性、优化体验，未来在不同场景下将更为普及。

（3）针对员工的融资服务

针对员工的融资服务主要分为两种模式，分别是大额消费融资和流动性融资。无论在哪种模式中，模块化自金融都具有得天独厚的优势，一是掌握大量员工数据、风控能力强；二是可以利用员工未来的工资作为还款来源，从而形成资金闭环；三是员工在企业内的活动更是一个熟人圈子，违约将造成严重的负面信誉影响，在类似金融机构中违约会进入金融机构黑名单，中国社会文化更难以承受在熟人圈子中的坏名声。由此可以看出，模块化自金融的员工融资服务具有极佳的业务开展条件。

实际上，一个融资信息平台是业务开展的基础。员工直接在平台上发起融资申请，通过平台信息对称和风控，直接与外部资金方进行对接。

而从模式的角度，大额消费融资主要针对员工的大额消费需求，包括购房、购车、旅游等，模块化自金融掌握了充分的数据信息，并且能够对员工未来的偿债能力和现金流进行评估把控，风控能力足够强。当然，对于大额消费融资，可能更适用于知名企业，员工待遇高、偿债能力强、违约成本高，业务开展更具可操作性。银行的行员贷、腾讯的购房贷都是典型的模式代表。

流动性融资适用于员工出差频繁、需要较多差旅费垫付的企业和员工工资较低且生活压力较大的企业。模块化自金融可以针对不同员工个性化设定限额、差异化利率等，比如以两个月工资为限额、高收入员工利息低等。对于一些出差频繁的企业如会计师事务所、咨询公司等，公司都为员工提供公司预支款，与流动性融资类似。

模块化自金融提供员工融资能够提升员工忠诚度、满意度和团队稳定性，且企业具备开展业务的齐备条件，可谓万事俱备。

4. 支付模块

支付是重要的基础设施，是支付场景的入口、资金的入口、数据的入口，模块化自金融中的支付模块意义深远。但实际上，模块化自金融的支付格局已经发展了较长时间，并已经形成包括第三方支付和移动支付的成熟且成形的体系。

模块化自金融支付的发展具有三个特点。一是支付模式与传统银行支付模式相似。一方面，支付是具有技术门槛与监管门槛的，与资金模块及资产模块相比，支付更加难以实现，而原有的银行支付架构已经具有较强的可操作性和安全性，新兴的第三方支付模式仍要经过银行支付通道；另一方面，支付作为基础设施，企业自金融的优势并没有为支付带来多少便利或更多价值，支付并不依赖于行业经验或数据信息，因此模块化自金融的支付模式只是一种传统支付模式的改良。

二是支付模块切入空间较小，存在赢家通吃的情况，并且这种局面已经出现。如上所述，因为支付业务一方面存在较高门槛，另一方面不存在行业差异，所以支付并不需要一个个性化产品，而标准化的支付模式更有利于实现规模效应。支付的竞争力正是基于规模效应，支付工具通常会建立业务壁垒，如过往跨银行支付是需要收取手续费的，支付宝亦无法向微信进行支付，较小规模用户的支付工具因为应用场景少，客户将逐渐向流行支付工具转移，从而最终形成赢家通吃的局面。所以支付宝通过其 **75%** 的市场份额实际上已经形成了普遍意义上的赢家通吃，从最初的单纯服务于阿里巴巴的自金融体系内支付工具转变为全民普及型支付工具，支付宝实际上已经从一个模块化自金融支付工具演变成社会化支付工具，所以也证明成功的自金融支付模式不会单纯局限于自金融体系内，而会不断延伸扩展。

三是支付模块的痛点在于支付成本，未来企业自金融必然出现去中介化的支付模式，在支付工具的基础上，更重要的是利用创新的支付媒介，降低支付成本。比特币利用区块链的技术优势，实现了去中心化、去中介化的支付模式，使跨境支付成本趋于零、效率最大化。未来，将会出现更为多元化的支付媒介，比如标准化债权等。模块化自金融的主要目标是支付工具的自金融，而未来将以支付媒介的自金融为重点。

（1）普适性的第三方支付服务

实际上，第三方支付也存在两种模式。一种是从网上支付入口先链接第三方网上支付平台，由第三方网上支付平台连接到合作银行的支付网关，再通过银行账户进行支付，比如支付宝的快捷支付。在这种模式下，第三方支付网管集成不同银行的接口，为网上商户提供统一的支付接口和结算对账业务，实现一点接入。

另一种是虚拟账户模式。在该模式中，第三方支付平台不只是个银行支付网关集成，而是提供虚拟账户与银行账户绑定，从而使资金流转在两个虚拟账户，极大地加快了资金清算速度，降低了银行支付成本。

实际上，第三方支付平台不仅是一个支付工具或手段，更是一个第三方的信用中介，这意味着客户对平台本身的高度信赖与高度黏性。最初阿里巴巴推广支付宝只是为了能够解决网上购物支付交易的信任问题，但发展到今天，掌握支付入口具有重要战略意义。

一是掌握了支付入口就等于掌握了流量和数据，所有客户在进行交易时都必须通过支付入口，而所有支付数据都会通过支付工具获得收集，从而掌握流量和数据能够衍生出更多的服务模式。

二是通过支付场景构建交易的闭环。今天，所有的企业家都认识到闭环生态的重要性，形成从入口到消费、支付、货物送达的端到端场景闭环，从而锁定客户、积累“四流”、掌握商业活动的话语权。

三是形成业务扩张和竞争对手威慑。以支付宝为例，其逼迫所有竞争对手如苏宁、京东都使用支付宝进行支付，使得数据、客户流量被阿里所入侵，等同于领土上的外国驻军，短暂支付故障均可能导致客户体验下降、客户流失。

所以，虽然支付宝已经形成一家独大，占有超过75%的市场份额，但所有电商和具备支付场景的企业都在竞争支付牌照，推广支付业务。如苏宁砸20亿元打造易付宝、美团并购钱袋宝、微信有微信支付、京东有京东支付等。据观察，即使支付市场格局已经初步形成，但市场上支付牌照的价格仍然高达15亿元，企业认识到自身发展第三方支付的重要性，能起到关键的主业协同作用。

（2）第三方支付的移动支付升级

在第三方支付的基础上，随着智能手机的普及，移动支付得到大范围的应用。移动支付已经被企业广泛地应用于提升产品和服务的吸引力上。

实际上，移动支付也有两种普及型模式，一是以支付宝、微信支付为代表的二维码支付；二是以 Apple Pay 为代表的近场支付。

两种支付模式在技术和体验上各有差异，但难分优劣，且殊途同归，都是通过切入支付场景，为客户提供更佳的产品、服务体验，从而绑定客户。

支付宝和微信支付首先利用自身线上场景优势，嵌入线上移动支付，微信红包更一度成为城内营销佳话。实际上，随着线上场景的成熟和格局清晰，线下场景成为重要的争夺要地。通过二维码支付方式，支付宝和微信打通消费者的线上下支付。实际上，不仅在国内，随着海外游火热、国人走出国门，支付宝和微信的二维码支付也一同走出国门，包括在我国港澳台等地区也可以看到商家使用支付宝支付，由于其便捷性在当地得到推广，从而解决先有鸡还是先有蛋的问题，实现海外扩张。

而苹果则通过在手机中嵌入 Apple Pay 服务大幅提升手机用户体验。一时间，利用手机贴近 POS 机进行指纹支付，3 秒完成全流程，成为最热门的动作。短期来看，Apple Pay 实际上通过卡组织清算通道，只是纯粹的支付工具，苹果在其中并没有显著收益，只是手机替代实体信用卡而已，但苹果最看重的仍是其通过提升客户支付场景体验从而协同提升手机产品竞争力。

戴姆勒成功并购了电子货币转账服务商——Pay Cash，Pay Cash 主要提供比特币和加密货币解决方案。戴姆勒计划将 Pay Cash 整合进梅赛德斯支付中，为戴姆勒产品提供移动支付服务。未来的汽车产品和汽车服务将是完全的数字化移动支付模式，并与其他金融服务形成闭环。

可以说，模块化自金融的支付体系已经初步成形，移动、便捷、低廉是其主要优势，未来将进一步解决效率、成本的问题。

5. 增值模块

在模块化自金融阶段，因为各功能模块并没有形成闭环，数据信息能力还有待加强，搭建增值模块主要有两个基础考虑点：一是能够利用现有的存贷汇服务和资源能力；二是能够与存贷汇业务产生协同，为存贷汇提供更多的资源和能力输入。

从这两点出发，在模块化自金融阶段，增值服务主要应用于财务管理方面，利用技术能力为企业财务提供增值服务，同时基于这种增值服务的植入，能够获得更多元化、更丰富的企业财务和经营数据。

在财务管理领域，企业的确存在较多的痛点，比如大部分的ERP（企业资源计划）软件、财资管理服务都是为大企业定制的，而因为成本高、服务与需求错配，缺乏信息化管理意识，中小企业进行信息化管理的少之又少。而在信息时代，利用信息化进行精细化管理将成为企业的重要竞争力，缺乏信息化管理对企业来说是致命的弱点。特别是在财务管理上，企业自金融可提供更多智能化的管理工具。

企业自金融提供财务管理工具具有天然优势。因为企业财务管理具有较多的行业特性，企业自金融正好发挥了解行业的优势，为企业提供行业定制化的财务管理工具。

企业自金融在财务管理上可提供两种类型的服务：一类是应用于财务数据记录的云 ERP 服务；另一类是应用于财务活动管理和分析的财资管理服务。

利用云 ERP 服务，为供应链条企业提供 ERP 系统，并且装载于

图 5–9　增值服务模块

云端，使得供应链条企业可以低成本地直接获得 ERP 服务。通过云 ERP 服务，一方面，使得供应链条企业对企业自金融更具有黏性；另一方面，企业自金融可以通过嵌入供应链条使企业的云 ERP 服务便捷获得企业的真实财务和业务数据，帮助企业自金融提供更优质的存贷汇服务。

财资管理服务具有更丰富的内涵，通过财资管理工具的嵌入，能够为企业提供多样化的资金预算管理、收付管理、票据管理、资金监控等服务。以收付管理为例，传统的手工台账难以对收付款进行跟踪和记录，特别是当你有上千个下游企业时，到期票据难以与收到款项进行匹配，收付管理工具恰好能够自动地进行票据与收付的对应，从而帮助企业优化内部财务管理运营流程和效率。同时，财资管理工具的嵌入使得企业自金融又多了一个获取企业丰富数据的渠道，这将有助于企业自金融的发展。

在这个阶段，还可以有更多元化的增值服务工具，比如针对个人的移动钱包等。不同阶段的企业自金融将衍生出不同特点的增值服务模式，模块化自金融作为企业自金融的初级阶段，可利用的资源并不充足，强化信息技术的应用，与行业经验相匹配，提供行业个性化的信息管理工具是实现增值和积累数据的理想途径。

另外，模块化自金融也存在一些不足。在模块化自金融阶段，已经形成了企业自金融从 0 到 1 的升级，基本能够体现上述所提及的优化供应链生态、促进产品销售、提升内部运营效率、增加营收和市值管理的核心价值。但是，从金融信息服务运行的角度，模块化自金融仍存在三大主要问题。

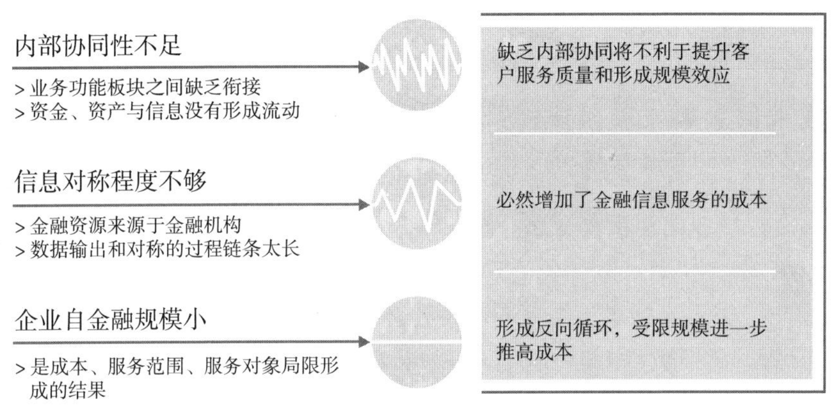

图 5–10　模块化自金融存在的三大主要问题

一是模块化自金融内部协同性不足。可以看到，虽然已基本搭建起基础的自金融功能模块，但由于各业务功能模块之间缺乏衔接，并没有形成资金、资产和信息的流动，所以模块化自金融业务体系并不能形成自金融体系内部的业务协同，使金融效率相对较低、服务成本较高。

二是模块化自金融信息对称程度还不够，成本较高。模块化自金融中，资金模块的资产来自外部金融机构，资产模块的资金也来自外部金融机构，虽然与外部金融机构之间的数据获取在内部完成、成本较低，但是数据输出和对称的过程链条太长，导致从内部向外部金融机构进行数据传输的过程中容易出现数据丢失，使信息对称程度较差，进而提高了资金与资产的成本。

三是模块化自金融的规模还很小，再度推高了成本。而高成本限制了服务范围和服务对象，较少的服务对象使得规模更小，再度推高服务成本，结果形成反向循环。企业自金融的成立逻辑正是基于数据信息优势形成的信息对称，不断降低成本，所以模块化自金融仍有较多需要改进升级的地方。

模块化自金融将会在功能模块基础上，不断升级进化，特别是伴随着技术能力的支持，演变成效率更高、成本更低的业务运营模式。

企业自金融发展阶段：产业闭环化自金融

1. 产业闭环化自金融介绍

产业闭环化自金融即自金融内部的各个功能模块互相连通，其主要特征即形成企业自金融闭环，这种闭环主要体现在三个层面：一是资金资产的闭环；二是支付交易的闭环；三是数据信息的闭环，从而实现前文阐述的企业自金融闭环化特征。

（1）产业闭环化自金融的支撑要素

产业闭环化自金融的特点就是形成了内部闭环，实现了债权流转和支付。内部闭环意味着最大限度地脱离了外部金融机构的依赖，但这种脱离意味着内部资金对资产的认同，这就需要企业自金融形成更强的信息对称和建立更巩固的风控能力。因为只有当信息对称且风控支持足够时，资金无须信用中介就能在一定风险定价水平上放心借贷。而债权流转则需要获得自金融体系内的价值共识，从而形成参与者之间的交换权契约，而这将建立在规范的数字货币监管约束之上。

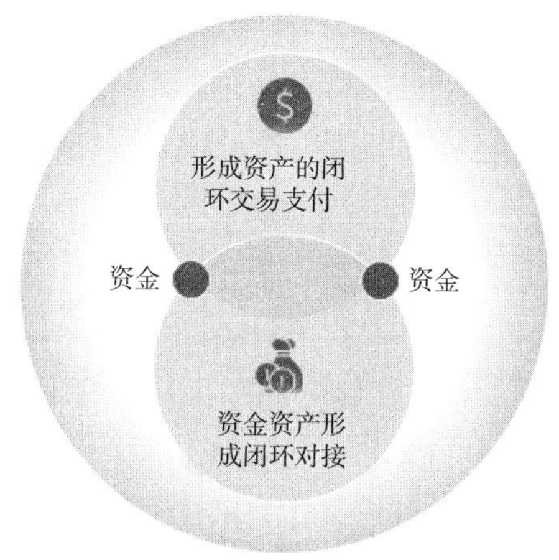

图 5-11　产业闭环化自金融模式

因此，产业闭环化自金融的升级将以物联网、人工智能和数字货币为基础。

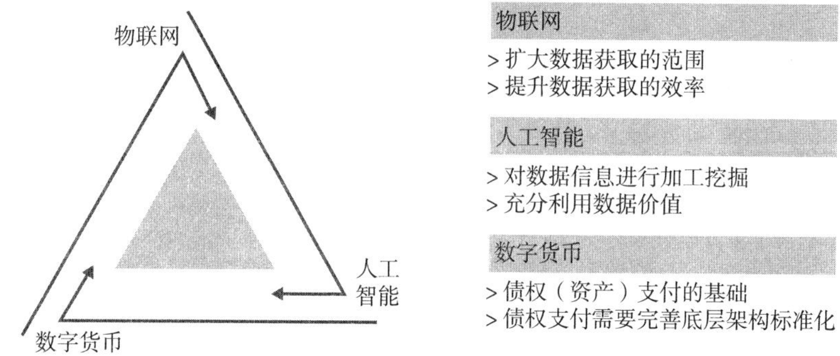

图 5-12　模块化自金融的三大支撑要素

物联网使数据收集的半径在大数据基础上进一步延伸，使企业在财务数据、交易数据、商业数据、行为数据的基础上，能够进一步通过信息交换和通信掌握物体、商品的状态数据。这种类型的状态数据不但可应用于货物识别、定位、跟踪、监控，更可应用于预测分析，从而使企业自金融一方面可向各参与方提供更丰富的信息，另一方面可应用更丰富的数据强化风控能力，使内部资金在信息对称环境下与内部资产进行对接。

数据只是原料，实际落地时还需要对数据进行加工、分析才能够将数据转化为生产力。而人工智能正是数据加工的引擎，通过架构数据分析与挖掘模型，并且不断迭代优化，人工智能帮助企业充分挖掘数据的价值。实际上，在企业自金融体系中，人工智能的应用场景将非常广泛，以风险管控为核心，包括智能需求识别、资产资金匹配、风险预警、业务结构设计等。例如，通过物联网，资金方能够实时监测买方信贷的货物信息，而在存货出现长期滞销时人工智能将降低风险评级并进行及时预警。只有在这种更开放的数据信息环境和更强的风控手段下，才能够使企业自金融实现资产资金闭环。

而债权交易支付闭环将离不开数字货币协议的完善和标准化，要成为一种支付媒介和支付手段，债权支付的逻辑需要建立在价格稳定、价值共识、安全和消除负外部性的基础上。因此，一个包括可信保障、基础安全、数据安全、交易安全和交易技术架构的数字货币协议将使得债权交易支付能够在安全、具有价格基础的体系下开展。离开数字货币协议，将产生安全性担忧、公信力缺失等问题，成为制约产业闭环化自金融支付模块的“瓶颈”。

可以预期，物联网、人工智能和数字货币协议将在未来逐渐成熟且得到广泛应用，将极大地为产业闭环化自金融提供助力。

（2）产业闭环化自金融发展的必然性与重要意义

闭环化对企业自金融来说是非常重要的一个提升。具体来说，企业自金融的优势本来就在于信息、数据、场景流量和信任的优势，闭环化使得这种优势能够加倍放大，数据信息更加对称，通过场景流量拓展客户规模，而信任在闭环中更凸显信任的意义。因此，闭环化的实质是使企业自金融能够进一步撬动自身的比较优势，部分地解决上述模块化自金融中出现的问题，从而降低服务成本，提升金融效率。

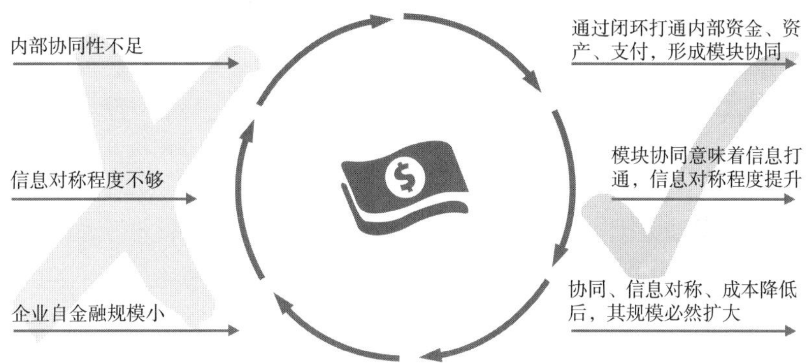

图 5-13　模块化自金融升级的必然性

首先，闭环化直接解决的是模块化自金融内部协同性不足的问题，资金、资产、支付和增值模块的割裂既约束了规模，也增加了成本，所以通过打通各模块，建立模块间的资源流动，实现内部协同，是产业闭环化自金融最重要的作用和基础。

其次，闭环化打通了企业自金融体系内各功能模块，使资金、资产和数据信息能够在企业自金融内流动传递，特别是资金、资产的流动将以数据的形式积累，从而使不断丰富的数据信息在体系内流转，大大提升了信息对称程度。同时，因为产业闭环化自金融的业务主要在体系内开展，体系外的金融机构只是作为一个补充的资产或资金渠道，所以在体系内的信息流动链条短、环节少，使信息对称程度更高。

最后，产业闭环化自金融成本的降低和效率的提升必然使企业自金融的规模得到扩张。企业自金融体系内会有更多的企业或者个人参与企业自金融服务，规模效应的形成将进一步降低成本，从而形成良性循环。

所以，规模小、效率低、成本高的模块化自金融必然需要升级演变，闭环化是企业自金融的必然选择，产业闭环化自金融为企业自金融注入新的活力，也是企业自金融发展新的里程碑。

（3）产业闭环化自金融的特点

产业闭环化自金融具有三个特点。第一，以模块化自金融为基础。产业闭环化自金融的功能模块完全继承了模块化自金融资金、资产、支付、增值的模块，并在其基础上进行演变升级。但这种演变升级主要围绕两个层次，一是产品形式上的升级，如因为人工智能发展将使金融信息服务进入智能化时代；二是业务模式上的升级，主要体现在资金资产供给方转变上，以及随之产生的业务模式的转变。

第二，闭环化主要是构造信息和资源的闭环。闭环主要体现在三个层面，资金资产的闭环、支付交易的闭环和数据信息的闭环，资金资产在闭环内对接、债权作为支付媒介在闭环内流动、数据信息提升了信息对称能力。可以说，闭环化是产业闭环化自金融的最核心特征。

第三，这个阶段还没实现完全闭环化，资金资产可能出现错配，需要外部金融机构进行承担。这就意味着这部分由外部金融机构承担的金融资源成本将比较高，成本和价格的变动将调整供求曲线，所以要实现成本最低还有待规模效应的出现。

下文将主要介绍产业闭环化自金融的两种闭环业务模式，一是资金资产闭环，二是债权支付交易闭环，以及基于闭环模式的增值服务。

2. 资金资产闭环

（1）资金资产闭环简介

在产业闭环化自金融中，实现资金资产的闭环是最重要的环节和价值。具体来说，无论是供应链条企业还是消费者抑或是员工的融资需求，都可以在产业闭环化自金融平台上发布，与同样来自供应链条企业、消费者或者员工的资金进行对接。在这个阶段，企业自金融的开展模式将围绕着自金融投融资平台展开，通过平台匹配企业自金融体系内的融资和投资需求，形成企业自金融中的资产与资金直接对接，实现资产与资金的闭环。

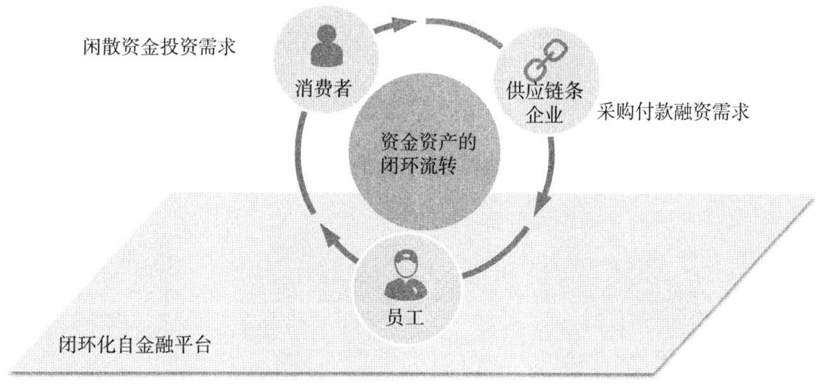

图 5–14　资金资产闭环模式

（2）业务模式特点

这种资金资产闭环的自金融模式有三大特点：一是资金资产的体内化，二是定制化与智能化的匹配，三是实现企业自金融的共赢。例如，融资企业在平台上发起融资需求后，平台智能化匹配另一个有投资需求的对象的资金（如企业员工），从而形成资金资产闭环的业务模式。

首先，资金资产的体内化主要是指资金与资产都是由企业自金融内部的参与者供给。一方面，当参与者具有融资需求时，其他的自金融参与者能够进行资金供给；另一方面，当参与者有投资需求时，主要可对为其他参与者融资需求创设的理财 / 投资产品进行投资，实现企业自金融体系内的金融资源优化调配。

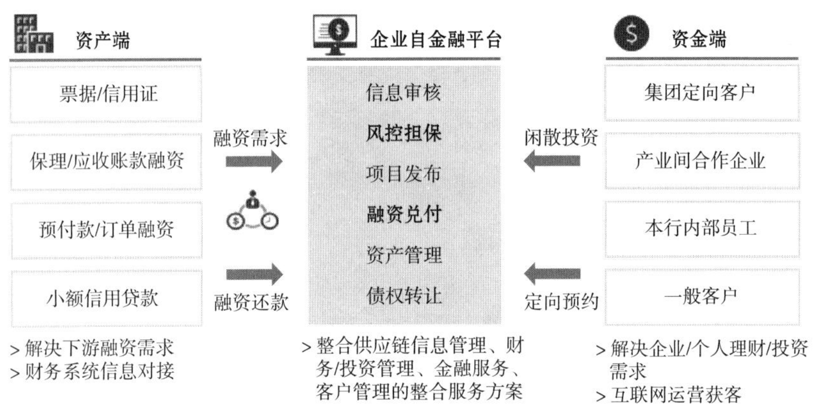

图 5-15　资金资产由内部参与者形成闭环

这种优化调配基于两个方面，一是在自金融体系内，参与者对行业了解，对商业运行模式了解，对数据的理解能力最强，所以在低成本的数据获取和数据处理环境下，信息对称程度最高，因此内部资金配置的成本和效率必然优于通过外部资源帮助内部进行优化配置。二是在每个自金融体系内，每个时刻点都会有企业或个人存在资金缺口或资金盈余，所以使内部进行资源配置成为可能。实际上，传统的集团司库模式就是在集团内部进行资金优化配置，而产业闭环化自金融将内部司库的职能扩展，在整个产业链范围内进行资金的优化配置。

其次，定制化与智能化是两个重要且相互关联的概念。定制化可以基于客户情况进行需求匹配定制化。具体来说，不同客户将基于其风险情况制定差异化的利率、期限、方案，并与具有相同风险偏好的资金进行匹配。而不同的资金也会基于其对风险、收益的要求进行定制化资产供应和匹配，而智能化可以说是定制化的基础。

实际上，非智能化的定制化成本将非常高昂。人工定制化金融服务对于非金融企业来说将是很大的挑战，非金融企业既没有金融服务团队，也难以对此进行投资，所以外部合作及人工智能等技术对企业自金融至关重要，使智能化成为可能。产业闭环化自金融通过智能平台能够与服务对象进行智能化对接、评估企业风险和需求、资产智能化创设、资金智能化匹配等，使企业自金融能够以更低成本、更高服务质量、更定制化、个性化地为客户服务，从而发挥企业自金融的优势。

最后，产业闭环化自金融将使所有服务参与者受益，其为资产方提供更低的融资成本，为资金方提供更高收益的投资标的。实际上，大部分的供应链条上的中小企业、消费者等难以从正常渠道获得融资或低成本资金，年化 30% 以上的民间融资使得中小企业等经营压力巨大。产业闭环化自金融将在模块化自金融基础上进一步降低融资成本，8%~15% 的融资成本将大大减轻企业负担，并且通过智能化与资金进行匹配。伴随着信息对称程度的提升，规模效应的提高，成本将不断降低。

资金方在市场上找到的投资产品丰富程度不足，且收益率不断降低，大部分的标准化投资产品也不能满足资金的需求。随着收益率降到 3% 甚至 2% 以下，具备投资和收益需求的资金已经难以找到合适的投资渠道和合适的资金收益率，从而也使得企业的资金运营效率不能得到最大化的发挥。如上文所述，对应 8%~15% 的融资成本，投资的资金的收益率亦能达到 8%~15%，并且是在信息高度对称、行业深度理解、风险可控的环境下，将为资金带来风险可控的高收益，从而使得资金运营效率提升。

总的来说，产业闭环化自金融通过智能化平台对接资金与资产，形成资金资产闭环，资金资产体内化供给、定制化服务、智能化运行、定位空白市场，使所有参与者都能够获得更高效用。

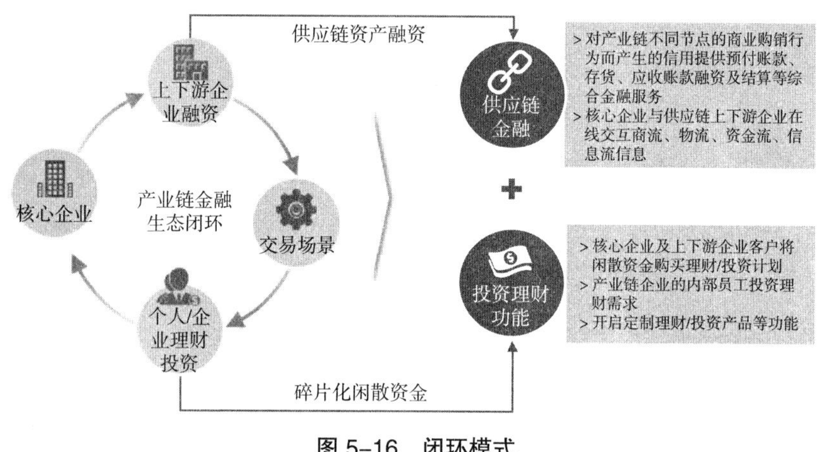

图 5–16　闭环模式

3. 债权支付交易闭环

（1）债权支付交易闭环简介

当资金资产形成闭环后，企业自金融参与者将持有债权或资产，而这些债权或资产正是源于企业自金融内的融资企业。这些债权或资产，除了可实现增值外，必然成为一种交易媒介。这种交易媒介的形成主要基于三点：一是债权或资产完全体内化生成，且受到企业自金融平台管控，从而使企业自金融平台具备对债权或资产进行标准化的能力，也具备作为交易媒介的特征；二是支付交易中存在长期的成本和效率的痛点，通过债权支付即体系内支付，交易成本极低，且能够实现实时到账；三是无论企业还是个人对体验和便捷性的要求都越来越高，直接的债权支付交易能够省却传统的理财赎回、T+1 或 T+2 等待到账再进行交易支付等烦琐环节，从而使债权支付真正满足客户需求。

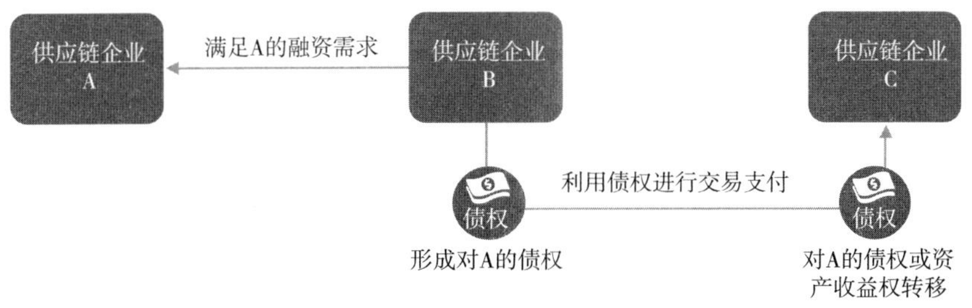

图 5–17　债权支付业务模式

（2）业务模式特点

债权支付的业务模式主要为投资者持有债权后，债权可作为标准化的支付媒介，在进行消费、采购、交易时，无须赎回，可直接使用。具体来说，余额宝就是债权或资产支付的一种典型模式。消费者持有余额宝后，可直接在淘宝上进行购物，利用余额宝进行消费，并在余额宝持有期间获取收益。

因此，在债权支付交易闭环中，债权或资产持续地在企业自金融体系内作为支付媒介流转，同时，因为支付媒介在企业自金融体系内形成标准，但在体系外并没有相应标准，所以债权或资产只能在企业自金融体系内流转，并形成闭环。

这种债权支付交易闭环的模式具有三大特点：一是由企业自金融进行标准化；二是债权价值计量体系将具备高度智能化；三是债权支付需要统一认知，仅适用于企业自金融体系内。

首先，上文在资金资产闭环中已经提及，债权或资产是高度个性化或定制化的。比如，A 债权面向一个中型企业，余额 50 万元、期限 2 年、利率 8%；而 B 债权面向一个小型企业，余额同样为 50 万元，但期限只有 1 年、利率 10%。所以，可以看到，A 债权与 B 债权虽然都是余额为 50 万元的债权，但其风险程度甚至价值都是不同的。所以当进行债权支付时，需要对债权进行标准化，就像货币的出现主要就是为了使货物交换能够有统一的价格计量，所以标准化是债权进行支付的基础。

产业闭环化自金融将在其自金融体系内作为债权标准化的制定者，制定统一的价值标准，从而对不同的债权进行价值转换，实现价值统一标准。实际上，在这个阶段，债权交易的标准只适用于个体企业自金融，而每个企业自金融之间的债权交易并不流通，标准并不通用。

其次，智能化的债权价值计量至关重要。这种智能化主要体现在两个方面。一是对不同债权的智能化价值计量。正如上文所述，所有债权都是非标准化的资产，债权与债权之间、债权与货币之间如何进行兑换需要利用智能化工具进行量度。利用标准化的规则，对每笔债权的价值进行智能化计量，不但能够减轻大量债权对人工操作的负担，同时能够使价值量度更具备公信力，避免操作风险等。

二是对同一债权在不同时间点的价值计量。实际上，因为所有债权都有到期日，并且在不断还本付息，因此，不同时间点的债权具有价值差异。比如，通过未来现金流折现等方法进行计量，今天与明天的债权价值是不同的，因为部分价值已经兑现。为此，这种持续性的价值调整使得智能化价值计量更不可或缺。

最后，债权支付的适用性将非常有限。每个产业闭环化自金融订立的价值标准只适用于其所处的自金融体系，它的价值认同也只会被其所处的自金融体系内的参与者所认同。一方面，数据只在自金融闭环内流动，闭环外的个体由于信息不对称根本无法进行价值判断；另一方面，每个自金融体系之间互相独立，债权标准可能不统一，也就是说，还没出现统一的汇兑标准时，国与国之间货币的兑换将困难重重，所以互相独立的自金融都会有自己的“货币”，这种“货币”只在其体系内被认同，从而限制了债权支付的适用范围。

可以说，债权支付在不同的企业自金融中普遍出现，但在不同的企业自金融中并不通用。每个企业自金融都有其区别于其他自金融的债权价值标准，并由每个企业自金融进行定义，通过智能化方式进行计量。

4. 服务闭环的增值服务

在产业闭环化自金融阶段，相对于前一阶段，企业自金融已经实现了闭环，掌握了更丰富的信息数据，但所掌握的丰富信息数据仅局限于个体企业自金融边界内，可以说是既丰富又有局限。这个阶段的增值服务需要充分利用这一数据上的优势，协同企业自金融的发展，是这个阶段增值服务的主题。

仔细分析产业闭环化自金融，其最大特点是资产标的变得更加丰富，而且从标准资产变成非标准资产。在模块化自金融阶段，投资是很简单的，外部金融机构提供理财产品，通过企业自金融更加个性化和定制化，这种投资选择相对简单。但在产业闭环化自金融阶段，资产标的变为非标准化的企业债券资产，这种非标准化资产标的五花八门，企业投资选择极其困难。

这一阶段的企业自金融的数据优势体现为，企业自金融利用闭环获得了企业经营的绝大部分数据，企业的经营情况与风险变化、消费者的消费偏好、投资的风险偏好、融资风险的结构调整等有关。这些数据虽然不全面，但至少能够在自身的产业链经营环境中对当前和未来情况有基础的判断，并且可以将这种判断传递给服务对象。

投贷服务的智能化增值

增值服务

> 根据风险偏好和流动性偏好，提供智能的投贷建议

> 智能推送投贷产品

> 智能产品匹配

> 消费者行为趋势

> 产品趋势建议

> 行业风险预警

> 生产经营投资决策建议

图 5–18 增值服务模式

结合这两大特点，产业闭环化自金融的增值服务主要聚焦于两大领域。一是利用数据优势帮助企业或个人更好地享受投贷服务，如智能投顾、智能融资顾问等。实际上，智能投顾可以根据企业或个人的资金风险偏好、流动性偏好等提供精准的投资建议，这种投资建议不但与企业或个人推送投资标的相匹配，而且可以自动进行标的匹配。在融资方面，可以结合企业或个人的流动性和资金成本需求，提供融资期限建议，帮助企业或个人决策每笔融资的最佳期限以符合企业需求和偏好。

二是利用数据特点为企业提供经营建议。实际上，在这个阶段，企业自金融所掌握的数据是有限的，很难提供行业性的经营指引，但可以根据消费者的行为变化提出对未来产品发展趋势的观点；也可以根据绝大部分供应商和经销商的行为和风险变化对经营风险进行预警，这种预警可作用于固定资产投资和经营决策建议，如经营环境变好可建议企业加大投资力度。当然，受限于数据情况，这个层面的很多建议相对粗糙，准确性较低，但仍可作为一个提升服务对象黏性的选项。

在产业闭环化自金融阶段，增值服务的核心就是能为企业提供真正的增值，不仅是投融资服务上的增值，还有经营活动上的增值，利用增值服务来提升服务黏性，反哺投贷汇业务，刺激企业自金融的活力，为企业自金融的发展铺设道路。

5. 产业闭环化自金融的不足

产业闭环化自金融是模块化自金融的显著进步，其进步主要体现在三个方面：一是资金资产形成闭环，金融成本降低、服务效率提升、信息更为对称；二是债权支付降低了企业自金融体系内的交易支付成本和提升交易支付便捷性，并且因为赋予债权支付的职能，使资金资产闭环的规模扩大；三是因为形成闭环和体系内支付，所以数据积累能力更强、数据种类更为丰富，企业自金融基于数据积累和模式中出现的需求能够由此衍生出相应的增值服务，可以说增值服务是由体系内和闭环所催生的。

但是，产业闭环化自金融受限于其模式和技术，仍然存在几点不足。

一是资金资产的成本仍然较高。实际上，实现资金资产闭环的金融资源成本已经较低，但是由于交易只发生在企业自金融闭环内，而每个企业自金融的体系本身规模较小，必然导致资金与资产无法完全匹配。这种无法匹配体现在两个方面，首先是资金规模与资产规模的不匹配，部分企业自金融资金较多、资产较少，或反之，都会导致出现资金或资产缺口，需要通过外部资产或资金进行补足。这部分通过外部补足的金融资源成本较高。其次是资金与资产的对接要求和收益要求的不匹配，在规模较小的情况下，这种匹配要求较高，导致即使有闲散资金也无法与资产匹配的情况，同样地，要求较高成本的外部金融资源进行补充。特别在一些规模较小的企业自金融中，这种成本较高的情况尤为突出，无法达到规模效应将成为企业自金融的发展瓶颈。

二是债权支付普及性不足。债权支付的普及将基于两大基础要素——标准与规模。具体来说，债权支付的普及需要更具公信力的债权支付标准的设立。不同企业自金融中的债权支付标准由企业自金融的开展主体确立，不同的开展主体影响力、信用评级等均有差异，因此，这种并非由统一标准制定游戏规则的模式必然受到较多的质疑和犹豫，多中心化的标准效用较低，远不如单中心化的标准，正如每个国家只有一个央行，权力集中效用最大、公信最强、共识一致。但单中心化对于企业自金融未必适用，去中心化模式能够比单中心提供更高的公信力，因为单中心尚且能够质疑中心的正确性，但去中心由于是基于共识的标准和所有人认同的准则，所以怀疑论者连质疑的对象都没有。若能够解决标准的问题，规模问题就具备了解决的基础。如果能够制定普适标准，债权支付的适用范围能够外扩，从而扩大规模。而支付能够形成集群效应，从而驱动规模不断扩张，形成普及的债权支付，实现高效和低成本的交易支付。

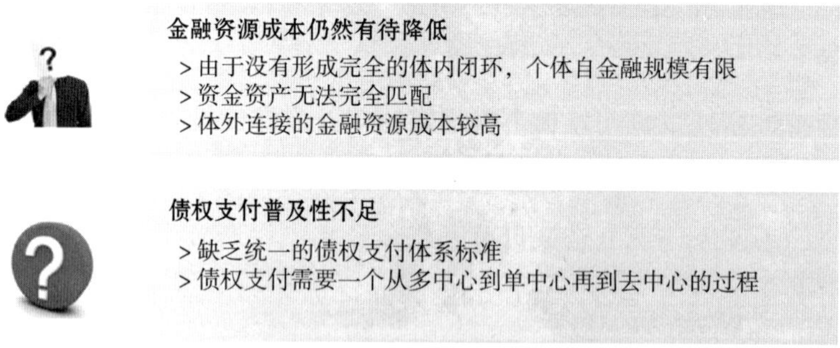

金融资源成本仍然有待降低

- 由于没有形成完全的体内闭环，个体自金融规模有限
- 资金资产无法完全匹配
- 体外连接的金融资源成本较高

债权支付普及性不足

- 缺乏统一的债权支付体系标准
- 债权支付需要一个从多中心到单中心再到去中心的过程

图 5-19　产业闭环化自金融的不足

正是产业闭环化自金融的不足、痛点驱动企业自金融不断演化和完善，人们最善于找到各种问题的解决方案，这也是世界不断完善的驱动力。

企业自金融成熟阶段：社会生态化自金融

1. 社会生态化自金融介绍

（1）概述

企业自金融的未来，将向着社会生态化自金融的方向发展，所谓的社会生态化，将呈现三大特征：一是参与主体众多、形成普遍性的企业自金融，实现规模效应；二是信息对称程度较高，在完全信息对称的环境下，所有参与者都能够最大限度地发挥其在生态中的职能和价值；三是实现零边际成本的金融服务，在规模效应和信息对称的基础上，资金资产在规模效应下成本最低、信息对称，所以金融服务成本达到最优化，所有参与者都能够以极低的成本获得金融服务，从而使金融服务实体经济效用最高，真正实现金融服务实体经济。

（2）社会生态化自金融的支撑要素

相对于产业闭环化自金融，社会生态化自金融实现了更广泛的连接与更普及的推广。正如前面提及，企业自金融为什么限定服务对象是基于信息和数据的优势，亦是受到信息和数据的局限。企业在其经营生态内是具有信息和数据优势的，一旦突破其经营生态，其对信息和数据的掌握将处于空白状态。因此，更广泛的连接要求能够形成一个全社会的信用体系，而信用体系可以以区块链为基础。

区块链通过分布式账簿、智能合约解决资金、合约和数字化资产交换、交易和转移的问题，帮助重塑社会信用体系。通过区块链技术，一方面，能够使交易数据被记录在体系内的每一个节点上，且无法修改，数据真实性得到保证，从而使数据和信息具有公信力。

这种公信力使得单个企业自金融可以低成本地与其他自金融体系或社会体系进行数据信息交换，进一步扩大信息对称的范围。另一方面，区块链技术进一步扩大了数字货币应用的场景和降低其交易成本，比特币通过去中心化实现低成本和实施支付是区块链在交易支付上应用最好的范例。

实际上，在上述所有的技术、元素的支持下，已经具备了建立一个具有社会化信用体系的条件，而完善的信用体系将使得社会信息对称和流动程度更高，更有利于自金融体系通过连接形成生态。

信用体系的构建可以有两种形式：一是由具有公信力的政府机构牵头，构建中心化的信用体系，但这将对政府信誉产生依赖，亦可能产生寻租漏洞；二是通过区块链等技术构建去中心化的信用体系，在该信用体系下，评级完全基于数据记录智能化生成、无人能够修改原始数据及最终结果，杜绝寻租可能，政府可对其底层智能

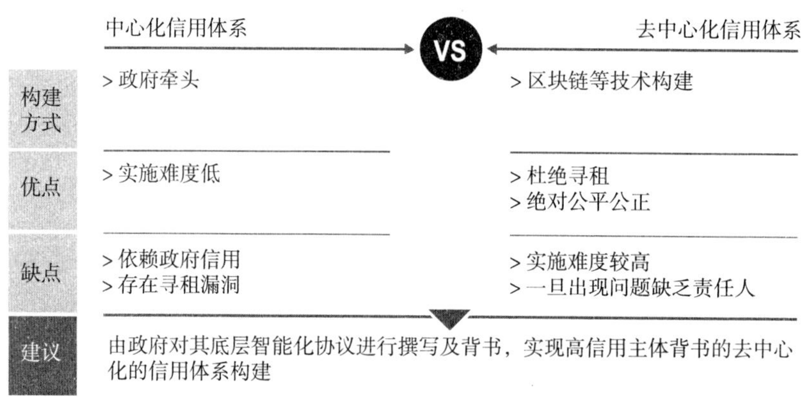

图 5-20　两种不同信用体系对比

化协议进行撰写及背书，从而实现高信用主体背书的去中心化的信用体系构建。这种信用体系将成为企业自金融生态化连接体系的最终拼图。

（3）发展的必然性与重要意义

在整个企业自金融发展的进程中，需要时刻考虑的关键要素是成本与规模，如何降低成本、扩大规模是企业自金融能否顺利发展的关键。正如上一章节所讨论的，产业闭环化自金融的不足使成本仍有降低的空间、规模相对较小。实际上，成本与规模是两个相辅相成的课题，成本高，规模自然受到限制，规模小，成本必然难以降低。这是企业自金融必须逾越的鸿沟。因此，在产业闭环化自金融中，这两个问题难以解决。

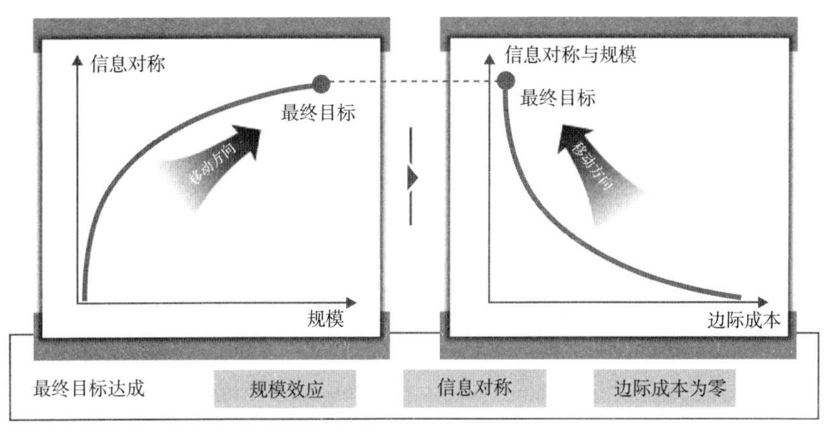

图 5–21 零边际成本的社会生态化自金融服务

规模问题将极大地受制于企业自金融个体的业务规模，如果是一个较大的行业或企业开展企业自金融，比如家电行业中，海尔每年超过千亿元的业务规模能够为企业自金融带来业务基础；而餐饮行业中，十亿元以下的业务规模可能就会使业务很快遇到规模瓶颈，进而成本居高不下。扩大规模，特别是资金资产规模将是业务的重中之重。这也是拓展债权支付业务的原因，通过债权支付，降低支付成本、丰富债权的支付职能，使更多的企业参与到企业自金融业务中。但是无论何种模式，上述的瓶颈必须突破，否则将成为企业自金融的长期之痛。

成本问题相对规模问题，其迫切性和突出性的优先级反而靠后，虽然成本问题是企业自金融希望解决的终极目标。成本问题与规模密切相关，解决成本问题有赖于实现更大的企业自金融规模。但是，成本问题也不单纯依赖于规模，企业自金融可以采取更丰富的手段来降低成本。比如，提升整个系统的信息对称程度，降低资源成本；通过提升信息对称程度，降低风险或更强的风险把控，从而使得成本降低，这是一个很好的解决成本问题的思路。比如，实现更高的智能化水平，降低运营成本，从而使得运营完全依赖信息系统作业，机器替代人工实现运营效率最高和运营成本最低，这也是一个很好的解决方案思路。因此，成本问题在规模的基础上，可以通过多管齐下的方法进行优化。只要边际成本高于零，在充分竞争的环境下，就会有不断降低成本的动力。

所以在产业闭环化自金融阶段，存在的痛点必然驱动业务模式的不断演化，整个企业自金融的发展就会朝着更大规模和更低成本的方向发展，而随着技术手段和社会体系的成熟，这种演化有了更大的支持和发展动力，并且朝着整个社会的企业自金融生态化方向发展。

（4）社会生态化自金融的出现

为此，企业自金融的发展思路主要围绕两个重点：一是扩大规模；二是降低成本。扩大规模的核心是突破个体企业自金融的边界。如上所述，每个企业自金融的天花板是比较低的，都会受到自身规模的容量限制，所以只有突破个体边界，才能够真正做大规模。降低成本的核心是在规模扩大的基础上，突出数据化、智能化，并且让企业自金融生态体系内的不同参与者各司其职，发挥每个参与者的比较优势，形成良性运作的社会生态化自金融。

具体来说，社会生态化自金融的形成将分成两大步：一是个体企业自金融的互相连接；二是形成良性循环自金融生态。

2. 企业自金融体系互相连接

（1）从同一行业到跨行业的连接

企业自金融得以成立的逻辑正是基于掌握数据、信息，这也是一直以来每个企业自金融形成独立孤岛，只能在体系内运作的原因，一旦突破个体企业自金融的界限，与非关联对象开展金融信息业务，就不再存在数据、信息的优势，从而使得企业自金融的逻辑不再成立。

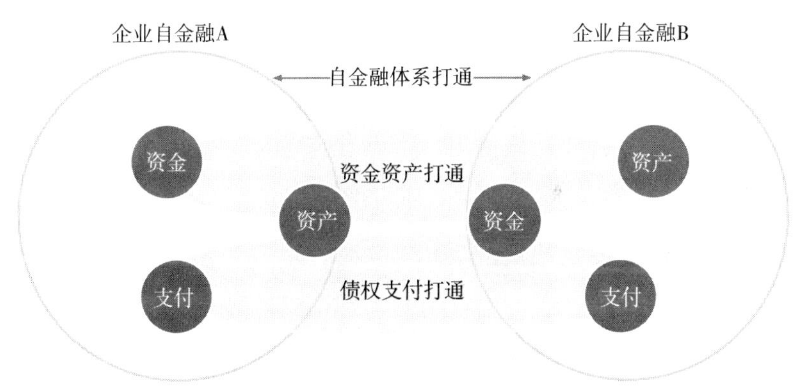

图 5–22　自金融体系打通模式

因此，只有企业自金融突破自身的个体界限，才能形成内部与外部的数据信息打通。而这种数据信息打通的条件要求有二：一是数据的真实性、有效性能够得到广泛认同；二是数据的内涵能够得到一致的认同理解。

对于前者，原企业自金融体系内部因为获得的是第一手数据信息，并且相互间信任程度更高，是能够共同认同数据的真实性的。

一旦超出个体企业自金融体系，外部的其他主体因为与内部是“陌生人”关系，一来缺乏信任，二来缺乏了解，三来缺乏手段，所以若要内外部能够对数据的真实性、有效性达成共识，必须出现具备公信力的体制来担保数据的真实性，并且所有人能够对这个体制有统一的认同。

可以说，区块链技术和社会信用体系正是提供了一个这样的体制，区块链可以通过技术手段让区块链内所有人获得同样的信息，而且这个区块链可以超脱个体自金融的范围，使外部主体能够确信与内部主体获得同样的信息、双方之间信息是对称的。在区块链的基础上，能够完善甚至建立新的社会信用体系，从而实现高度的信息对称和真实有效的共识。

对于后者，数据的内涵认知需要有一个发展路径。在信息对称的基础上，数据的内涵认知必然是一个从同行业到跨行业的过程。

在个体企业自金融体系内，所有参与者都对行业和所处的经营环境有比较深入的了解，使其对所掌握的数据信息能够处理和解读。当企业自金融需要延拓其范围和规模时，来自外部的新的参与者由于并不在其经营体系内，所以对数据和信息的处理和解读能力必然弱于来自经营体系内的企业自金融参与者。但不同的外部方对这种数据和信息的理解也有差异，首先，来自同一行业的个人或企业对数据信息的理解能力更强，因为同一行业的模式特征和经营状况是相似的，若将海尔的企业自金融体系和美的的企业自金融体系相连接，那双方都能够更好地理解对方。其次，来自跨行业的个人或企业对数据信息的理解能力较弱，需要辅助解读，行业差异越大，理解能力越低。比如，家电制造业和机械制造业之间的理解能力相对家电制造业和互联网业之间更强。俗话说“隔行如隔山”便是这个道理，由于行业差异所产生的对数据理解的偏差将会使得即使在信息对称的基础上仍然无法充分理解信息。

为此，个体企业自金融的外部连接需要以两个条件为基础，即信息对称与共同认知，数据处理与一致解读。前者通过技术手段和体制性手段实现，后者将先从对数据理解较为相近的外部方开始实现连接，首先便是同一行业的其他企业自金融形成连接。如餐饮业的多个企业自金融体系形成连接，海底捞的自金融体系与九毛九、炳胜等形成连接，同时由于同一行业可能存在共同的上下游，从而使得信息丰富性和对称性进一步提升。

其次，同一行业与相近行业的企业自金融形成连接。如餐饮业与零售百货业形成连接，虽然行业存在差异，但由于行业属性相近，互相之间仍然存在理解的基础。但即便如此，互相之间的理解仍然依赖于对数据信息的深度解释，而这种解释在初期需要依靠各企业自金融的主动披露是具有主观性的，可信度不足，需要依靠第三方甚至无主体的去中心化机制作为“可靠的利益无关方”进行数据解读，使相近行业能够对数据信息充分理解，从而做出决策判断。

最后，对于一些行业差异较大的企业自金融体系，需要在形成成熟的“可靠的利益无关方”信息解读机制的条件下，才能够进行更广泛的跨行业企业自金融连接。在这种机制下，可通过包括人工智能、信息技术对所有信息进行分析解读，甚至进行智能化的风险评级，使得外部能够理解企业自金融内部的数据信息。外部参与者只要依靠智能化的信息解读，就能够做出决策判断，从而形成企业自金融之间的广泛连接。

“可靠的利益无关方”更倾向于去中心化的智能化主体，在智能系统中自动对信息进行解读，使得所有的意见无偏颇且中立。所有人都能够对其意见保持信任，并作为参考，从而形成信息理解一致。

这样一个从同一行业到类似行业再到差异性行业的连接路径使

得最终能够形成一个规模庞大、主体众多、资产资金丰富的企业自金融生态，从而实现规模效应与零边际成本金融服务。

具体来说，这种连接主要出现在两个方面：资金与资产的连接、债权支付的连接。

（2）资金与资产的连接

资金与资产的连接是社会生态化自金融最为重要的部分，在一个信息完全对称、信息理解一致的环境下，所有企业自金融个体连接在一起，从而使得资金与资产不只在个体企业自金融内匹配和流转，而且在由所有企业自金融个体形成的庞大的企业自金融生态网体系中匹配与流转。

可以设想一个情景，所有数据信息都由区块链进行记录与收集，任何一个融资需求都会经由智能化系统进行自动评级，并与整个企业自金融生态网络中具有相同风险偏好、收益偏好的资金进行自动匹配。而资金也是如此，一个投资需求将由系统在整个企业自金融生态网络中找到能与之相匹配的资金，从而形成智能化的投资匹配交易。在这样的一个场景中，资金和资产在庞大的企业自金融网络中形成闭环，不断地寻找与自身匹配的金融资源，同时由于网络足够大、参与者足够多、需求足够多元化，匹配程度较高、匹配效率较高，并且不断形成规模的溢出，规模不断扩张。

标准化是资金与资产连接的基础。实际上，资金是标准的，但资金的需求是有差异的；资产是高度差异化的，资产的需求需要与其高度差异化的属性相匹配。所以，需求差异化是可以理解的，但为了匹配差异化的需求，必须提供标准化的供给，比如不同行业的不同资产，我们需要对其风险评级和风险定价标准化，才能与需求进行匹配。所以这也需要高度依赖于智能化的技术能力进行实现。

规模化是资金与资产连接的成果。在产业闭环化自金融阶段，所有的交易只是局限于单个企业自金融中，由于资产与资金有限，很多资产无法找到资金、很多资金难以匹配资产，从而需要从外部对接金融资源。外部对接必然成本较高，从而使得供需曲线下降，企业自金融规模缩小。但当形成企业自金融的连接时，资金资产难以在生态网络内匹配成为小概率事件，这种匹配并不以成本升高为代价，而且随着规模效应，成本降低，需求上升，企业自金融形成更大的业务规模。

零边际成本是资金与资产连接的目标，在这种环境下，将自然而然地形成零边际成本的金融服务，信息对称、规模效应、资金资产的体内循环与消化。因为消除了额外的信息不对称成本、运营成本等，从而使得金融服务成本降低，同时伴随着规模的不断扩大、数据丰富程度的提升、金融资源的多样化，金融服务的边际成本将趋于零。

（3）债权支付的连接

资产的标准化为债权支付提供了必要的前提与基础。正如在产业闭环化自金融章节中所讨论的，支付本身是赢家通吃的游戏，特别是支付媒介。为了交易的便捷性和必要性，并不需要多样化的支付媒介，单一支付媒介是最佳选择，并且其规模效应特性尤为明显。

债权支付的低支付成本、高支付效率，便捷支付的特性在这里不再赘述。而债权支付的普及需要分两步走，一是广泛连接；二是高度标准。

广泛连接是指在社会生态化自金融中将所有个体企业自金融连接打通，使得其资金资产可以在网络流转，从而成为支付媒介的基础。

实际上，这种支付网络的打通具有重要的实践意义。因为虽然每个个体企业自金融中都有独立的经营结构，但是一个供应商可以既是A企业的上游，也是B企业的上游；消费者既是餐饮企业的消费者，也是零售超市的消费者，所以这种企业自金融与企业自金融之间的关系或者说经营体系与经营体系之间的关系是千丝万缕的。当支付媒介打通后，消费者能够持有债权既在超市消费也在餐饮消费，超市利用债权向上游供应商采购，上游供应商亦是餐饮业的供应商，它们之间也采用债权支付方式结算，从而使得整个债权支付在打通的生态化企业自金融网络中成为规模化的标准。

要实现上述场景，还需要对所有的资产和债权进行标准化。相对于产业闭环化自金融阶段以个体企业自金融进行标准化的模式，当如此多的企业自金融个体连接在一起，标准化难以再以个体的形式为主导，如果延续产业闭环化自金融的债权支付模式，每个企业自金融体系内都有独立标准，当所有企业自金融互相连接，各个标准之间达成协调一致时，沟通和协调成本将非常高昂，甚至无法开展。

在社会生态化自金融债权支付标准化问题上，需要一个中心化或去中心化的标准化体制。中心化体制是指由一个权威机构——比如中央银行制定一套标准化的规则，所有债权支付体系根据这套规则进行标准化，中央银行对整个支付交易的过程进行监管。去中心化体制是指从规则的制定、流程的监管到安全的保障并没有一个执行的主体，而是由所有参与者共同执行。举例来说，比特币就是去中心化支付的典型代表，每一笔交易都由网络上的所有参与者进行记录，从而在成本、效率和安全性上均达到最优化。

未来的社会生态化自金融更可能是中心化和去中心化的结合，

中心化地制定规则，使得企业自金融之间的沟通成本最低，去中心化地进行交易支付和实施安全保护，从而实现债权支付的连接，债权成为网络中通用和标准的交易媒介，在规模化的前提下，使得企业自金融体系内的各种采购、消费等场景中都能够广泛应用债权作为支付媒介。

债权支付的价值是相对稳定的，和布雷顿森林体系中以美元和黄金为基础的金汇兑本位制类似，债权支付是以社会交易场景中的债权资产为本位，债权的产生依赖于交易的场景，有多少交易场景就有多少交易媒介产生，从而使得媒介的供给和交易场景中对媒介的需求能够相匹配。

综上所述，基于广泛连接和高度标准的债权支付体系，将在债权资产本位的模式下，实现低成本、高效率、高安全的支付形态，从而与资金资产的连接相辅相成。

3. 生态化的增值服务

在社会生态化自金融阶段，企业自金融掌握数据最多，能形成真正意义上的生态化大数据环境。在这种数据基础和优势下，存贷汇业务的协同已经不再是这个阶段增值服务的重点，而是进阶为利用这种行业性、社会性数据提供高阶增值服务。这种高阶增值服务主要以咨询服务和信息服务为代表，主要包括宏观经济分析咨询服务、行业趋势分析咨询服务、信用评级信息服务等。这种类型服务的应用场景广泛、应用意义深远。

宏观经济分析咨询服务是指企业自金融利用所掌握的全社会绝大部分企业和消费者数据，对整个宏观经济运行情况进行分析，预测宏观经济发展趋势，为企业在微观层面的经营决策提供资讯参考。企业自金融所掌握的数据具有全面、规模、实时、动态的特点，比统计局定期采集的静态数据对宏观经济的指导意义和重要性更高，除了为企业提供经营决策外，更可为监管机构和决策机构所采用。

宏观经济发展咨询 > 分析宏观变化情况，提前为企业经营决策提供指导

行业趋势分析咨询 > 分析行业景气度指数、行业上下游情况、消费者行为变化等，提供信息指导

强化信用体系咨询 > 企业自金融的数据作为信用体系补充，形成正向循环
> 应用于教育、医疗、住房、招聘、销售等场景

图 5-23　生态化增值体系

行业趋势分析咨询服务是指企业自金融利用所掌握的全社会不同行业、行业上下游及消费者数据，能够对不同行业的经营趋势提供洞察，动态发布更精准的行业景气度指数，对上下游情况进行分析，对消费者行为趋势进行及时把握，从而作为在宏观分析之下的行业性咨询分析工具。

企业自金融所掌握的数据信息足以构建和完善社会信用评级体系，不单是企业的信用评级体系，还包括个人的信用评级体系。完善的信用评级体系不仅应用于金融服务场景，更应用于教育、医疗、住房、出行等人们生活与采购、招聘、销售等企业经营的各个方面。

可以说，完善的企业自金融生态已经超越了金融层面，基于其掌握的全社会经营、活动、场景等的数据信息，企业自金融的增值服务既能够应用于上层建筑，如宏观经济监控等，也能够应用于底层架构，如信用体系等，从而进一步提升企业自金融的价值和意义。

4. 完整的企业自金融生态

当企业自金融形成个体企业自金融的互相连接后，资金与资产在各自金融体系中打通、债权支付在各自金融体系中普及，而债权支付是基于场景化资金资产对接形成的债权资产本位，一个完整的企业自金融生态由此形成。

在这种自金融体系生态下，形态上形成资金资产、支付和增值服务的生态闭环，模式上仍以模块化自金融的资金模块、资产模块、支付模块和增值模块为基础。

（1）生态化自金融的形态

资金与资产对接后形成的资产将作为债权支付的本位，所产生与积累的数据信息将作为增值服务的数据基础。在这种形态下，整个企业自金融生态网络将有两种资源在不停地流转：一是数据信息；二是资金资产，两者共同构成整个生态的基础。

在数据信息的流转下，每一个交易场景中产生的数据，都会通过信息技术、区块链在整个生态化自金融网络中被记录，所有参与者都能够获得这个信息，同时系统智能化地对信息进行处理，使得信息能够被翻译和解读。简单来说，一个节点所产生的信息将会被传递到整个网络，被所有节点所接收，从而在信息流转下形成充分的信息对称。

在资金资产的流转下，资金每一个场景中所产生的债权资产，都会被系统标准化，都可被应用于债权支付。因此，每一笔的债权资产会在网络中以支付的形式进行流动，债权可被切割，债权人会转移甚至多次转移，从单个债权人变为多个债权人。在偿付时，系统会自动对所有债权人进行偿付。因为债权已被高度标准化，这种债权资产的流转将体现高流动性、高覆盖度、多参与体、多场景的特性，从而成为另一个生态基础。

由此可以看出，数据充分、资金充分、资产充分所构成的数据流转、资金流转和资产流转的企业自金融是一个生态形态，这种生态是动态的、有活力的，具有极强的生命力。

（2）完整生态的模式组成

无论形态如何变化，变得更有效率、成本更低还是便捷性更高，其业务模式的基础是不变的，仍然由资金模块、资产模块、支付模块和增值模块构成。

资金模块为资金提供个性化、定制化的理财 / 投资服务，相较于之前阶段，生态化自金融的资金模块将是完全智能化的匹配，由于已经形成了广泛连接的规模效应，资金不需要选择资产，而仅需要选择收益与风险偏好，系统将智能化、自动化地为其在自金融生态网络中进行投资匹配。

资产模块为交易场景提供融资服务，所有融资的需求都会对其融资主体和融资场景进行智能化的计量和评级，高风险的业务风险定价高、低风险的业务风险定价低，从而与资金模块中具有同样风险偏好的资金进行匹配。所以资金模块与资产模块虽然是两种不同类型的业务模块，但实质是业务的两端，两者紧密相连。

支付模块与资金、资产模块形成互相的正向支持。具体来说，资金资产模块产生的资产作为支付的标准化媒介，支付的职能使得资金资产模块规模提升，而整个企业自金融规模的扩张亦使得支付业务能够在体系内进一步普及。

增值模块以资金、资产、支付模块为基础，三大模块将积累大量、多种类型的数据，包括场景数据、交易数据、现金流数据、商业数据、消费数据、信用数据等，从而可以将数据转化为生产力提供包括预测、咨询、撮合、征信等多类型的信息服务。

这四种基本模式在模块化自金融阶段已经初具雏形，在产业闭环化自金融中利用信息技术进一步演变，在社会生态化自金融中利用技术、数据和连接三大要素，实现更全面的功能、更优质的服务、更高的效率。

（3）完整生态下的参与者

参与者包括六大类型：企业自金融开展主体、企业自金融的服务对象、外部金融机构、支付机构、增信机构、基础设施服务商。各类型参与者在企业自金融生态体系中的角色、职能、权责、价值各有差异。

企业自金融开展主体是企业自金融的核心角色，它以其核心地位构建企业自金融的体系，其职能主要包括：一是利用平台连接所有服务对象、收集和处理所有经营交易、场景活动的数据；二是根据服务对象的需求提供服务匹配，包括资金与资产的匹配、增值服务的提供等；三是连接外部金融机构，与外部金融机构对称内部信息，

角色	参与者	职能
建设者与服务提供者	企业自金融开展主体	>连接服务对象 >收集处理数据 >提供服务匹配 >连接外部合作
参与者	企业自金融服务对象	>产生需求、接受服务 >输出数据、完善生态
金融资源供给者	外部金融机构	>提供金融资源，包括资产与资金的供给与支持
资金支付保障者	支付机构	>提供支付托管 >保障资金支付的安全
服务保障者	增信机构	>提供增信服务 >保障投资安全
技术输出者	基础设施服务商	>提供技术支持，构筑企业自金融平台 >建设底层数据库和数据应用模型 >搭建资产标准化架构 >搭建信用架构 >打造智能化服务内核

图 5-24　六大类参与者

引导其资金和资产与内部资产和资金进行匹配；四是与支付机构、增信机构等合作，为自金融服务提供支付、增信等基础设施。企业自金融开展主体的上述职能使其角色至关重要，使得在初期，其是中心化的自金融体系枢纽；在高级阶段，其是去中心化的自金融体系的建设者。

企业自金融的服务对象是企业自金融的重要参与者，它们在场景中产生融资或投资的需求，利用债权支付进行交易，利用增值服务工具获得更大的价值。实际上，它们的参与并非单纯地接受服务，更重要的是输出数据。整个企业自金融的重要逻辑和驱动要素之一就是数据，服务对象的数据对于企业自金融的开展至关重要，没有服务对象的数据，企业自金融的存在逻辑便不成立。所以，企业自金融的服务对象一方面产生需求、接受服务；另一方面输出数据、完善生态。所以，它们既是企业自金融的参与者，也是企业自金融的构筑者。

外部金融机构主要为企业自金融服务提供资金和资产支持。在初期，其通过获取由企业自金融开展主体所提供的（经过处理）信息，为企业自金融提供资金和资产的供给；在进阶阶段，对于产业闭环化自金融中资金资产未被满足的部分，提供补充；而在高级阶段，整个企业自金融生态体系的信息对称程度已经足够高，企业的场景化资产占主导，外部金融机构主要以资金供给方的形式参与。

支付机构为企业自金融提供货币资金支付保障。实际上，抛开债权支付，无论是投资还是融资，都有大量在收付款人之间发生的货币资金转移活动，按照《非金融机构支付服务管理办法》，货币资金支付业务的开展需要经由中国人民银行批准，未经批准，企业自金融不能提供货币资金支付业务，所以需要有专门的支付机构在交易缺乏信用保障或法律支持的情况下，提供支付托管，保障资金支付安全。

增信机构主要为资金模块和资产模块的业务活动提供增信服务。无论是在信息不完全对称还是在信息高度对称的业务环境下，风险永远存在，只是风险程度不同、违约概率不同。通过外部如保险公司等增信机构提供增信服务，增信机构在大数定律下获取稳定的概率收益，为企业自金融的交易活动、资金资产对接提供保障，促进资金资产双方匹配的达成。而企业自金融的服务对象，如投资者在明确有增信的情况下，其所承担的风险更低、投资活动更有保障，从而促进整个企业自金融的规模扩大与发展。

基础设施服务商为企业自金融搭建基础的技术能力。这种基础设施包括以下几个方面：一是企业自金融平台，在该平台上，资金与资产能够匹配对接；二是企业自金融底层数据库和数据应用模型，如风控模型等，从而实现数据信息的收集和应用，建立风控和需求识别能力；三是资产标准化架构，这种架构包括标准和系统，在该标准下，利用系统技术将所有资产标准化作为支付媒介；四是搭建信用体系和信息对称网络的底层架构，这将应用到区块链等技术；五是为企业自金融打造智能化内核，使整个企业自金融体系具有智能化识别需求、智能化运营、智能化风控、智能化服务等端到端的智能化能力。

基础设施服务商对企业自金融体系至关重要，非金融企业本身并不具备金融能力，基础设施服务商为其打造完整的金融信息服务架构，使所有企业在开展企业自金融时能够“拎包入住”，避免打造金融能力、建设信息系统的任何麻烦。

六大类参与者构筑了一个完整的企业自金融生态，完成了一幅企业自金融的拼图；而自金融生态使所有参与者都能从中获益、实现所有参与方的多赢格局。

发展与展望：企业经营的最后拼图

社会生态化自金融已经描绘了完整的企业自金融生态，形成规模效应的去中心化是未来的蓝图愿景，生态网络中资金资产智能匹配，债权支付成为标准，整个企业自金融服务从多中心化演变为去中心化，金融服务实现零边际成本。

在这种零边际成本的企业自金融服务下，可以预期供应链条企业的经营将更加健康、消费者黏性更高、集团内部形成良性运营和健康财务、员工忠诚度更高，从而使整个宏观经济和微观企业经营环境实现更良性的生态运转。企业自金融的覆盖范围将会不断扩大，实际上,所有企业都处于某条产业链上,每个人既是消费者也是员工，所以，企业自金融将会影响并服务到每个企业或个人。

短期来看，企业自金融的发展将是点状的，在存在更多痛点和更具条件的部分企业领域先开展，作为传统金融的重要补充，形成能力、资源与服务领域的互补。所以，我们已经看到一些如第三方支付、供应链金融、消费金融、个性理财 / 投资等业态在快速发展。

长期来看，企业自金融将由点及面，形成巨型网络，这种规模的扩张并不意味着其定位和传统金融之间的关系变化，反而是进一步形成紧密合作。实际上，无论是传统金融还是企业自金融，其目标是一致的，即为实体经济、为企业经营提供更好的支撑。

企业自金融的出现不但是企业经营的最后拼图，也是金融体系的重要补充。

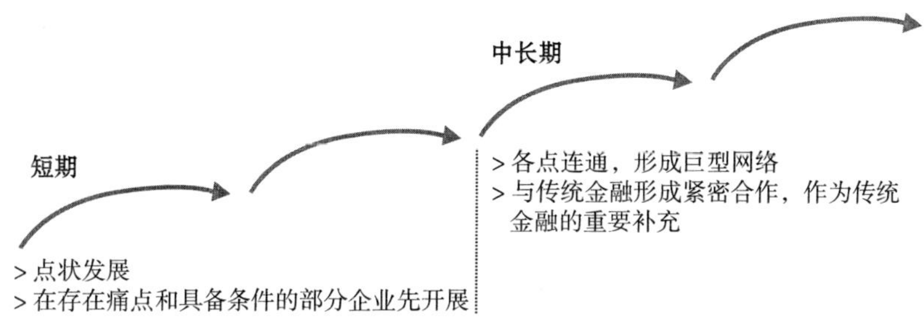
中长期
短期
> 各点连通，形成巨型网络
> 与传统金融形成紧密合作，作为传统金融的重要补充
> 点状发展
> 在存在痛点和具备条件的部分企业先开展

图 5-25　发展与展望

第三部分

实践与探索

第六章　聚焦企业自金融的八类模式

目前已有较多的企业自金融实践案例，其中以财务公司、资金结算中心、消费金融、供应链金融等模式最普遍，在此基础上，企业自金融具有更丰富的内涵。可以预期，更多的企业开展企业自金融业务将成为必然趋势，因此，企业亦需要思考企业自金融的实践路径，做什么、怎么做将成为行业性课题。

企业在开展自金融业务前，需要考虑三大问题：一是从需求的角度关注所处的经营生态中的痛点和需求；二是从供给的角度思考自身的资源和能力优势；三是可以参考行业中的成功案例作为借鉴。

这三大问题对于企业开展自金融至关重要，综观资金、资产、支付等领域，无论是企业还是个人，都存在普遍性的痛点及需求。但是，在不同领域，有些痛点是切肤的，有些痛点仅是痛痒，有些需求迫在眉睫，有些需求还有待启发。而考虑到企业自金融服务企业、协同主业的目标和企业自身的资源能力束缚，企业必须在开展自金融初期，找准切入点，以最低的成本、花最少的力气，实现最大的价值。简单来说，即充分利用 2/8 原则，找到那 20% 最痛的痛点，实现 80% 的价值。

从企业经营生态参与者角度找到痛点

供应链条企业、消费者、分（子）公司和企业员工所处的位置、与企业的关系、面临的痛点都各不相同，所以若要找准痛点，并不能一概而论，需要从参与者（服务对象）的角度出发，来分析参与者的切肤之痛。

在建立分析框架时，从对内与对外、对企业与对个人两个维度，针对不同服务对象的核心痛点与需求进行分析，识别出不同服务对象的核心需求。

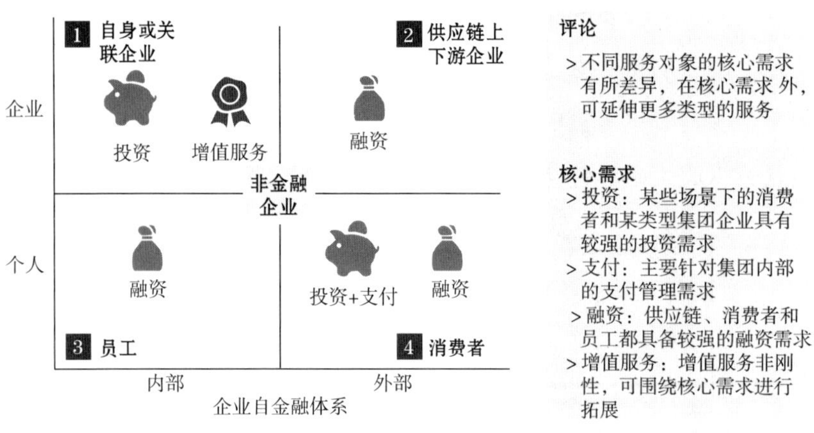

图 6–1　企业自金融的分析框架

从服务供应链条企业角度解决中小企业融资问题

供应链条企业在支付上能使用银行的大小额支付系统，在成本和效率上都有优化空间；在投资上有比较丰富的投资工具，但个性化、定制化不足；而主要的痛点，正如在第一章中所分析的，中小企业融资难、融资贵的问题尤为凸显。所以针对供应链条企业，应该重点通过资产模块进行切入，解决中小企业的融资问题。

从服务消费者的角度来挖掘需求

从服务消费者的角度看，消费者的消费需求在不断提升，对体验、功能的要求逐渐提高，在整个消费过程中，会存在较多的可优化空间，包括用于消费的大量闲散资金具有未被满足的增值需求、在消费时还具有较多的流动性和融资需求等。我们并不会用痛点来强调这样的需求，但是这几种类型的需求实际上具有非常大的挖掘和开发潜力。因此，针对消费者可以通过资金模块和资产模块来进行切入，支付模块可作为资金模块的打包方案。

从服务分（子）公司的角度提升企业经营管理能力

企业经营主要有两方面的提升要求，一是利用信息化进行精细化管理；二是提升内部的运营效率（特别是资金运营效率）。而这种经营管理能力的提升要求，需要一些个性化工具的支持，因此，可以聚焦于资金模块和增值模块的服务作为切入。

从服务员工的角度解决大额消费的流动性需求

员工并不具有普适性的痛点，主要的痛点体现在大额消费的流动性需求上。特别是在购房、购车等大额消费的过程中，随着一二线城市的房价上涨，年轻员工的购房压力更大，特别是 30% 的首付款动辄上百万元，一些大企业员工即使能够负担起每月房贷，如果缺乏其他渠道的支持，也难以独自承担购房首付款。所以，基于大额消费贷款的资产模块服务是员工服务的最佳切入点。

基于上述针对不同对象的分析，共识别出四类服务对象的六类核心需求。针对供应链和消费者的两类融资服务，可以进一步进行细分，共分为八类主要自金融。

		特征	需求	案例	潜在业务目标
自身或关联企业	集团类	> 较多的分（子）公司或连锁机构	> 定制化系统管理票据、管理现金	> 中粮集团	> 真功夫 > 都城
	流动性增值类	> 收付款具备较明显周期性或不定期性	> 根据经营特点进行资金增值，同时满足流动性资金增值	> 万科物业	> 富力物业
供应链上下游企业	产业类	> 核心企业家强势 > 票据结算或存在较长赊账周期	> 优化供应链，上下游小微企业融资	> 海尔 > 美的	> 富士康
	平台类	> 作为服务提供方，掌握信息流或物流	> 基于掌握“三流”的优势获得新的盈利点	> 淘宝 > 顺丰	> 行业协会
员工	福利类	> 优质企业，员工收入较高，人员稳定	> 帮助员工改善流动性和购买大额刚需商品	> 腾讯 > 小牛资本	> 普华永道
消费者	流量类	> 高黏性服务，以会员等形式，具备沉淀资金的场景	> 沉淀的闲散资金实现增值	> 大姨吗 > 九毛九	> 神州专车
	大额消费类	> 如购车、购房等大额消费场景	> 大额商品消费信贷	> 奔驰汽车金融	> 人人车
	场景类	> 具备消费交易场景	> 基于交易场景提供差异化消费信贷	> 山东高速	> 广之旅

图 6–2　企业自金融的分类

实际上，这八类企业自金融中的五类主要以贷（资产业务）作为切入点，而另外三类业务主要以存汇增值服务作为切入点，这与我们长期对融资难、融资贵的痛点的理解相一致。

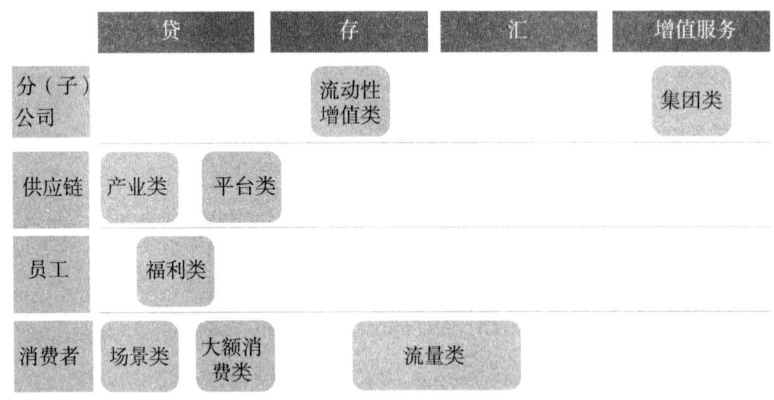

图 6–3　企业自金融的分类特点

第七章　八类企业自金融模式的讨论

集团类自金融

1. 集团类自金融的特征

集团类自金融主要为具有企业集团特征的企业为其分（子）公司等提供基于信息化的资金归集、现金管理、经营管理等服务，解决企业资金运营和经营管理中存在的效率和质量问题。这类自金融业务具有如下三大特征：第一，开展业务的主体是企业集团或具有企业集团特征的连锁机构企业；第二，服务主要针对分（子）公司或连锁机构在资金运营或经营管理上的需求；第三，服务以信息化的增值服务作为切入点。

集团类自金融的最根本特征是该金融服务发生在企业集团或具备企业集团特征的经营体系内部。集团类自金融的开展主体是拥有较多分（子）公司或连锁机构的企业集团，而提供的金融服务内容也仅限于企业集团内部。

集团类自金融的服务主要针对分（子）公司或连锁机构在资金运营或财务管理上的需求。一方面，具有企业集团特征的企业需要牵头帮助下属企业提升资金运营效率，包括资金归集、流动性管理、集中对外进行资金融通等，从而实现在资金运营上的规模效应，降低资金融通成本、提升资金有效利用；另一方面，集团企业需要利用信息化手段提升企业的经营管理质量和效率，实现精细化管理，包括利用信息系统实现集中收付款管理、账户匹配等。这种针对下属机构的管理工具和能力、经营效率的提升将反过来提高集团整体盈利能力。

开展集团类自金融所提供的金融信息服务并非最常见的存贷汇服务，而是信息化的增值服务。集团类自金融服务的内涵是以信息化服务手段整合集团内部各分（子）公司或连锁机构的资金及财务信息，以提升其资金运营效率或是实现精细化运营。

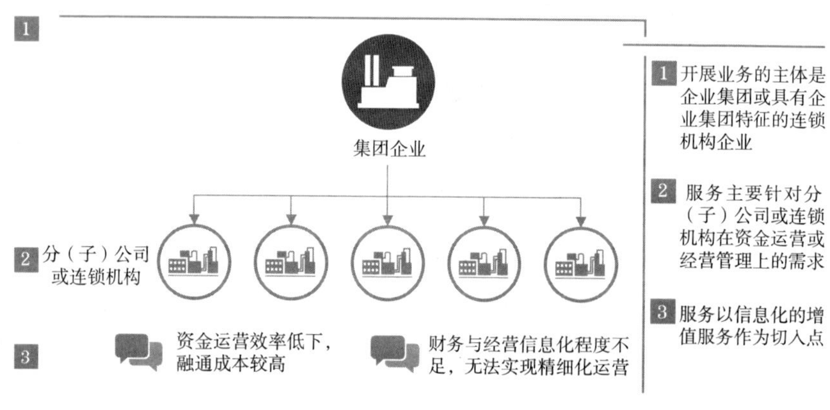

图 7–1　集团类自金融的特征

2. 集团类自金融的适用原则

企业在评判自己是否适合开展企业自金融时，可以从需求——目标服务对象是否存在金融服务的痛点，供给——自身是否具备开展企业自金融的能力要素，市场空白——是否存在传统金融的服务空白三个维度来进行分析。这个分析框架不只适用于集团类自金融，针对所有类型的企业自金融，企业都可以从这三个维度作为出发点来进行考虑。

因此，可以归纳出适合开展集团类自金融企业的三点特征：第一，有较多的分（子）公司或连锁机构；第二，集团对下属公司或机构的管控能力极强；第三，所属行业自身规模有限，从而存在金融服务空白。

首先，集团类自金融的业务模式针对具有类集团企业架构的体系，以优化整个集团体系的资金效率和经营效率，因此，具有类集团企业架构是基本原则。这种类集团企业架构主要是一种树状形态，顶端的企业集团下分布分（子）公司和连锁机构，较多的分（子）公司和连锁机构使统一管控下实现信息化的规模效应和效率提升成为可能，从而存在需要集团进行集中现金和信息化管理的需求。

其次，为了使这种集中管理能够在集团内部落地推广，要求集团对下属公司或连锁机构具有较强的管控能力。集团企业开展集团类自金融的方式通常需要下属公司将闲置资金交给集团财务统一调拨或进行信息化的统一实施。如果集团对下属公司的管控松散，或下属公司已形成非常独立的自主管理体系，统一管理将难以推行或落地成本极高。而集团对下属公司的控制力强，更有利于下属公司配合集团实现资金统一管理并进行信息化改造。

最后，开展集团类自金融的集团企业规模以大中型为佳。实际上，对于超大型的企业，银行能够提供定制化、个性化的服务，甚至对于某些超大型企业，银行能够提供团队在现场进行 CBS（现金管理系统）的落地实施，并提供实施培训、更新升级等全方位的服务，所以处于与银行合作的极为理想的位置；对于中型集团企业，银行个性化服务有限，可以与外部的金融科技合作开展集团类自金融；小型集团企业规模相对较小、企业对精细化管理要求并不高、精细化管理可能会增加企业管理成本，但如果企业志向高远，希望实现管理升级和变革，则集团类自金融对于中小型集团企业将是极佳的立足点。

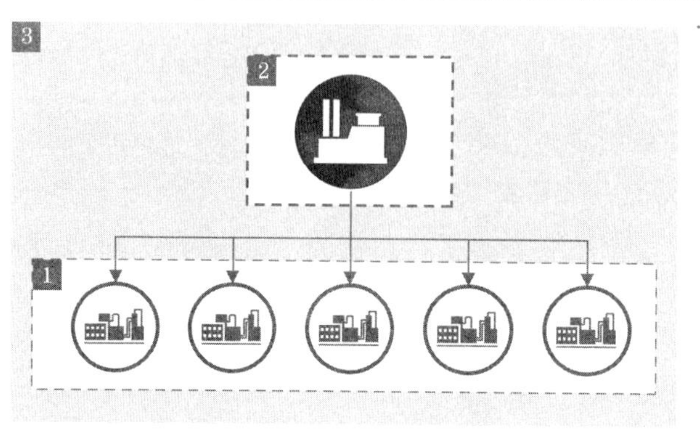

1 有较多的分（子）公司或连锁机构

2 集团对下属公司或机构的管控能力极强

3 所属行业及自身规模有限，从而存在金融机构服务空白

图 7-2　集团类自金融的适用原则

3. 集团类自金融的目标行业

根据集团类自金融的适用性，可以初步定位两大类集团企业作为集团类自金融服务的潜在开展主体。第一类是中小型企业集团，其分支机构是集团控股，并且分支机构的财务报表需要合并入集团报表。第二类是连锁类机构，其分支机构大多是加盟性质，与集团公司之间不存在股权关系，但是集团对其管控力仍然很强。第一类企业集团包括物业地产、汽车经销集团、直营性餐饮连锁、连锁商超百货等，如保利集团、银泰集团等。第二类企业集团包括物流仓储、加盟性质餐饮连锁、加油站等，如麦当劳、中石化加油站等。

物业地产行业内的企业是有大量资金需求的。而且，物业地产企业集团拥有大量项目公司，资金非常分散，导致集团整体资金使用效率极低。集团类自金融服务可以为物业地产类企业减少集团内部不同单位间资金信息不对称问题，便于集团财务人员实时调整资金分配计划，降低资金成本，提高资金使用效率和效益，最大限度地提高资金的整体效益和价值增值。由于物业地产类公司的项目众多，开展集团类自金融服务还可以帮助集团加强对项目公司的管控能力，规避内部风险。

大型汽车经销集团也非常适合开展集团类自金融服务。汽车经销集团下属众多汽车经销店，分布全国各地，非常分散，且数量众多。目前较为常见的现象是各经销店各自为政，仅考虑自身经营收入及利润的多少，这使得集团在经营时遇到许多问题。开展集团类自金融服务可以帮助汽车经销集团及时了解各经销店的经营状况，便于集团层面对业务布局进行调整。同时，如果汽车经销集团可以实现资金归集并统一管理，也将降低新兴业务布局时（如建立新的汽车经销店等）的资金成本。不仅可以提高资金的使用效益，同时也可以改善企业的经营效率。

连锁机构的代表应属加盟性质餐饮连锁机构，如肯德基、麦当劳等。这种大型品牌商对加盟商的管理非常严格，并且加盟商的话语权比较弱。加盟商单个个体体量比较小，集团品牌商对加盟商有标准化管理要求。集团品牌商对数量庞大的加盟商有着资金统一管理的需求，但是，传统金融机构难以为如此定制化的需求提供服务。市场存在金融服务需求以及痛点，企业便有了开展集团类自金融服务的空间。

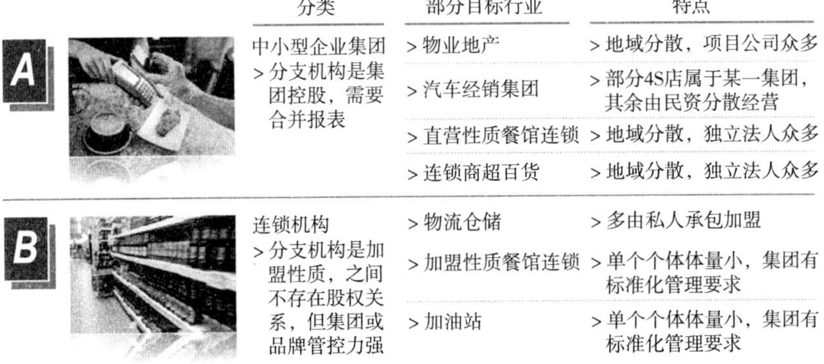

	分类	部分目标行业	特点
A	中小型企业集团 >分支机构是集团控股，需要合并报表	>物业地产	>地域分散，项目公司众多
		>汽车经销集团	>部分4S店属于某一集团，其余由民资分散经营
		>直营性质餐馆连锁	>地域分散，独立法人众多
		>连锁商超百货	>地域分散，独立法人众多
B	连锁机构 >分支机构是加盟性质，之间不存在股权关系，但集团或品牌管控力强	>物流仓储	>多由私人承包加盟
		>加盟性质餐馆连锁	>单个个体体量小，集团有标准化管理要求
		>加油站	>单个个体体量小，集团有标准化管理要求

图 7–3　集团类自金融的目标行业

我国的石油行业终端——加油站行业非常适合开展集团类自金融服务。我国的加油站一般采取连锁加盟方式，由于石油行业现处于寡头垄断市场，中石油、中石化等集团对加油站的管控能力非常强。但是，由于加油站数量庞大，且单个个体体量较小，通过银行等传统金融机构实现资金的统一管理较为困难，自行开展集团类自金融服务就显得尤为必要。

4. 绿城集团案例分析

（1）企业简介

绿城中国控股有限公司（以下简称绿城集团）于 1995 年 1 月 6 日在浙江杭州注册成立，是一家涵盖房产开发、代建管理、资产经营、生活服务等业务的混合所有制企业，以高品质的产品营造和生活服务占据行业领先地位。绿城集团于 2006 年 7 月在中国香港地区上市。2016 年 7 月，绿城集团优化组织架构，形成“一体四翼”的格局，即以绿城集团为主体，构建绿城房产、绿城管理、绿城小镇、绿城资产四大全资产业集团，共同致力于打造“中国理想生活综合服务商第一品牌”。目前，绿城集团及下辖子集团已拥有 300 余家成员企业，7000 余名员工，业务范围涉及北京、上海、天津、浙江、江苏、湖南、山东、海南、新疆等 20 多个省、自治区及直辖市，进驻 90 余城，营造了 400 余个美丽园区。

绿城集团作为地产集团深刻认识到，随着土地红利的消失，地产企业需要在资金成本上挖掘利润，建立所谓的“内部银行”——资金结算中心——将所有资源整合，是获取更多利润的选项之一。

（2）绿城集团对资金集中管理的需求

资金结算中心作为资金集中管理的一种模式，在集团企业中采用的比例越来越多，发挥的作用也越来越大。目前全球500强企业中三分之二以上的企业拥有自己的财务公司或资金结算，可见资金结算在集团企业中具有非常高的需求度。绿城集团对资金集中管理的需求主要体现在以下两个方面。

第一，房地产业是一个资金高度密集的行业，资金集中管理有利于提高集团资金实力，降低融资成本。企业的大部分资金都分散在各个项目上，导致集团公司贷款成本增加。通过集团的资金协调机制，将各成员企业或项目间的资金渠道打通，调剂余缺，即使要支付一定的拆借费用，成本也将低于外部融资模式。并且，当内部闲置资金实现良性循环后，绿城集团与外部银行机构的议价能力将得到显著的提升，集团的外部融资成本也将进一步降低，甚至可以提升银行机构方面的授信总额。

第二，房地产项目的分散化使企业存在众多无法充分利用的零散闲置资金。房地产企业的资金存在地域限制，处于银行监管、政府监管之下，资金内部调动并不流畅。资金集中管理可以突破地域限制，让闲置资金得到有效的利用，更好地保障企业日常生产经营的资金需求。

（3）绿城集团的集团类自金融模式

绿城集团于2016年7月正式建立资金结算中心，资金结算中心相当于一家“内部银行”，在集团总部形成一个资金池，吸储放贷，一方面以吸收存款的方式把集团内部公司暂时闲置和分散的资金集中起来；另一方面再以发放贷款的形式分配给集团内部需要资金的公司，最终实现集团内部对资金的统一归集、调度。资金结算中心还将承担办理成员公司之间的资金往来结算、资金调拨等业务。

目前，绿城集团的资金结算中心已经完成了第一期建设，将房产集团首批 40 家 A 类公司纳入实施范畴。下一步将逐步把 B 类、C 类项目公司以及其他三个集团子公司单位纳入服务范畴。首次进行集团资金结算中心归集的 40 多个项目公司，基本是绿城控股或者控股子公司旗下，有望在未来形成封闭运作，即使是银行体系或者内部项目之间的资金拆借也需支付费用，比如，利率上浮 30%，仍然比贷款划算。

绿城集团自金融模式

共享资金池

绿城集团总公司

2 资金配置

1 资金归集

绿城集团各项目公司

绿城集团成功要素

1 绿城集团对下属项目子公司的强控制力

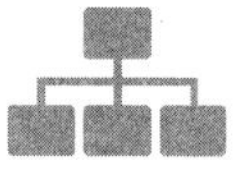

2 资金中心建立初期就制定了规范的存贷细则

图 7–4 绿城集团案例

（4）绿城集团的资金结算中心成果

绿城集团 2015 年末账面现金达到 182.39 亿元，较 2014 年上涨了 101%，融资成本的平均年利率下降至 6.11%，且有望在资金结算中心逐渐成熟的过程中继续下降。

（5）绿城集团的成功要素

绿城集团成功开展集团类自金融业务主要归功于其对下属子公司的强控制力以及建立初期就制定了规范的存贷细则。

绿城集团对其下属子公司的强控制力使得各项目公司配合度比较

高。建立资金结算中心等同于取消了原有项目公司对闲散资金的调配权，这种从分权到集权的过程理所当然地会引起项目公司的反感。并且，绿城集团也有众多与当地合作方合作的项目，有些合作方并不情愿将项目资金放入集团统一管理。绿城集团对其下属子公司的强控制力确保了资金结算中心的顺利建立，得到了集团下属项目子公司的全力配合。

绿城集团在建立资金结算中心初期就明确了存贷细则。资金结算中心毕竟不同于商业银行，它作为集团公司的职能部门受制于企业领导，对于放贷的决定有可能会带有其主观判断，从而对其资产状况、贷款用途和是否能按期还款还缺乏实质性担保。在这种信息不对称的情况下，如果没有较为明确的存贷细则，很有可能出现未来借出的资金回笼困难的问题。

流动性增值类自金融

1. 流动性增值类自金融的特征

流动性增值类自金融是集团类自金融一种较为特殊的模式，主要针对企业自身或下属企业的营运资金的流动性特点，提供个性化的资金增值服务。流动性增值类自金融服务一般具有以下四大特征。第一，服务对象针对企业自身或其关联子公司或连锁机构。第二，服务场景基于日常的经营收付款活动所产生的资金流。第三，企业会以个性化的企业理财/投资服务作为开展金融服务的切入点，主要目标在于将资金增值活动与现金流相匹配。第四，服务目标是帮助企业实现资金运用效率的最大化。

根据服务对象的划分，流动性增值类自金融与集团类自金融相同，服务对象为企业自身及子公司或连锁机构，服务范围暂不包括企业上下游，并且仅为针对企业的对公服务，不涉及个人服务。实际上，针对流动性的资金增值服务要求企业自金融对服务对象的经营情况非常了解，这种高度的信息对称亦要求企业自金融和服务对象之间关系高度密切，比如，存在股权或授权经营等标准化管理的关系。

而流动性增值类自金融所基于的场景主要针对企业日常经营收付款活动所产生的盈余资金。企业在收取一笔款项后有可能产生暂时性的盈余资金，盈余资金期限不固定，但多为短期的流动资金，对于这种类型的短期流动资金，缺乏对应的理财 / 投资产品，从而使得流动资金只能储蓄于活期存款，收益率极低。因此，这种流动性盈余资金场景下存在特定的金融服务需求。

相比集团类自金融以增值服务为切入点，流动性增值类自金融以个性化、定制化的理财 / 投资服务为切入点。由企业自身作为金融服务的主体，针对集团内母子公司或连锁机构的闲置流动资金源，对接优质资产标的，匹配现金流特点与资金增值产品，为闲置流动资金实现资金增值。

流动性增值类自金融的目的是实现资金运用效率的最大化。由于企业的闲置流动资金特点不一，期限不固定，企业很难通过传统金融机构渠道实现资金使用效率最大化。因为，传统金融机构常常无法根据企业闲置资金的特点为企业提供定制化产品。例如，企业拥有一笔 7 天内可自由使用的闲置资金，但是，银行通常不会提供 7 天的定制化理财产品，那么企业的这笔闲置资金的价值就不能得到最大化体现。流动性增值类自金融服务通过开展定制化资金增值服务将会有效解决这一问题，因为最了解企业资金使用规划的当属企业自身。

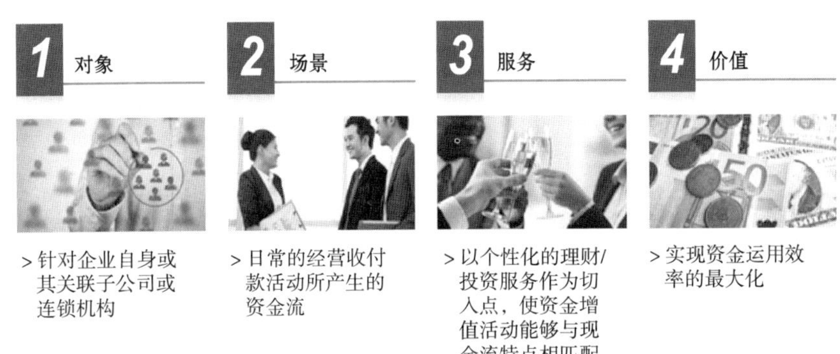

图 7–5　流动性增值类自金融的特征

2. 流动性增值类自金融的适用原则

这种针对流动性增值的金融服务的适用性非常特定，但又具有普遍性。具有如下三点特征的企业，应该积极开展流动性增值类自金融。第一，定期或不定期地拥有闲置资金流入，但闲置资金停留时间较短。第二，行业资产负债率较低，存在盈余资金进行增值活动。第三，行业规模一般，或行业中企业较为分散，并非垄断性行业，从而存在个性化的金融服务空白。下面将对这三点特征详细阐述。

第一，根据流动性增值类自金融的特征，流动性增值类自金融主要是针对企业暂时性的闲置流动资金开展金融服务。那么，企业需要定期或不定期地拥有闲置资金流入才能保证自金融服务的资金来源。同时，闲置资金要求是短时间的，因为长期资金能够在现有金融体系中找到丰富的理财 / 投资产品，而不定期的短期资金所对应的理财 / 投资产品贫乏，造成较大的资金价值浪费。企业在开展流动性增值自金融时需要避开与传统金融机构的直接竞争，针对短期或不定期的闲置资金进行个性化理财 / 投资从企业经营角度具有必要性。

第二，行业的资产负债率较低是企业开展流动性增值类自金融的基础条件。较高资产负债率的企业资金流相对紧张，在存在盈余资金时将优先偿还负债或补充流动性，因此并不存在个性化短期理财 / 投资的强烈需求。而对于负债率较低、流动性较好的企业，最大限度地挖掘短期资金价值有利于帮助企业获取额外收益。因此，低资产负债率可以自由地将闲置资金用于资金增值，更适合开展流动性增值类自金融。

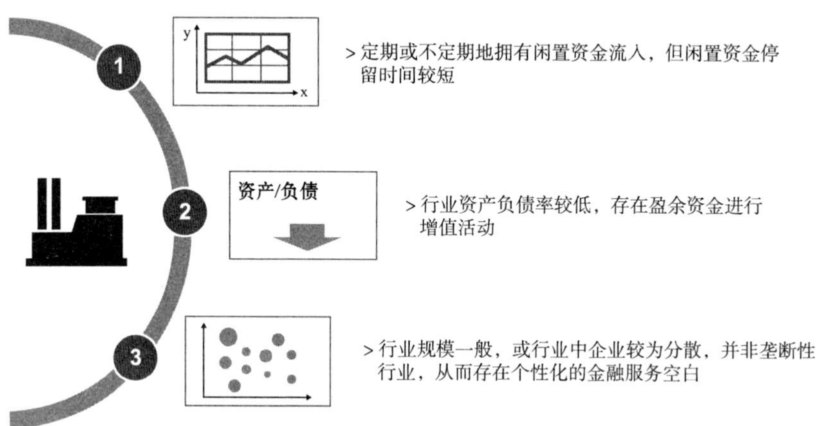

图 7–6 流动性增值类自金融的适用原则

第三，传统金融机构特别是银行的目标客户是大型企业。它们通常也会为大型企业制订一系列的定制化金融服务解决方案。企业在开展金融服务时应避免与传统金融机构直接竞争。如果行业规模一般或是企业集中度不高，则说明行业内企业规模不大，不是传统金融机构的目标客户，市场存在个性化金融服务空白。企业只有抓住这个市场空白才能更好地开展流动性增值类自金融服务。

3. 流动性增值类自金融的目标行业

根据流动性增值类自金融的特征和适用原则可以初步定位一些比较适合开展流动性增值类自金融服务的行业。其中包括水电行业、物业管理行业及旅游、出行、装修平台等服务业，如万科物业、穷游网等。

具体来说，针对水电行业和物业行业进行分析。水电行业之所以适合开展流动性增值类自金融服务，是因为其资金流入与流出有着非常明显的周期性。水电行业的资金流入一般是按月份向用户收缴水电使用费用，而资金流出则是用于维护、抢修、人员等费用支出。资金流入与流出存在时间差使水电行业产生了闲置资金。将闲置资金最大化利用使得水电行业产生了流动性增值类自金融服务的需求。由于闲置资金期限不固定，水电行业可通过自身资金使用计划等规划闲置资金可利用时间，并按照时间定制资金增值产品。

适用行业	适用特点
水电	> 水电账单按月结算，所以现金流入具有周期性
旅游	> 消费者购买旅游产品支付款项后到旅游公司将预收款项支付给酒店、航空公司等之间具有时间差
装修平台	> 与旅游类相似，平台收到全额装修款至平台将装修款在工期结束后付给工程方之间具有时间差
物业	> 物业费的缴纳具有周期性，物业费缴纳与物业公司的费用支出之间存在时间差
出行	> 出行公司与签约司机之间一般按周结算车费，出行公司在收到乘客付款到支付司机车费之间存在时间差

图 7–7　流动性增值类自金融的目标行业

物业行业与水电行业非常相似，其资金流入与流出具有非常明显的周期性。物业公司一般会在固定时间向社区内业主收取一定时间的物业管理费，并将这笔费用用于物业维护、安保以及一些社区服务等支出。而资金流入与流出的时间不匹配为流动性增值类自金融服务带来了空间。物业公司同样可以根据自身资金使用计划，将资金期限与资金增值产品期限相匹配，达到闲置资金的最大化利用。

4. 万科物业案例分析

（1）企业简介

万科物业在万科房地产开发业务中应运而生，一直伴随着万科集团的成长。1992 年 1 月，万科成立了旗下第一家物业管理公司，在过去 20 多年的发展中，万科物业相继布局全国 48 个大中城市，迄今为止已接管各类物业管理项目 270 余个，其中 38 个在管项目荣获由国家建设部颁发的“国家优秀示范小区（大厦）”的称号，雄踞行业榜首。在管面积逾 6000 万平方米，公司员工逾 2 万名，服务客户遍布全国 50 万户，已发展成为国内规模最大，兼具优质服务形象及客户口碑的物业服务领航企业。

万科物业规模庞大，下属物业管理项目公司众多，物业管理费用收缴完毕后常常会有闲置的流动资金。为实现资金效益最大化，万科物业开始考虑通过开展自金融服务来实现目的的可能性。

（2）万科物业的金融服务需求及痛点

万科物业作为国内规模最大的物业管理公司，旗下管理项目多达 270 余个，全国服务超过 1100 个社区，每年向业主收取的物业管理费用数额较大，并且具有明显的周期性。例如，万科物业会在每年初统一向业主收取接下来一年的物业管理费用，用于一个社区的维护、安保以及社区服务等支出。在年初收取这笔费用之后，在接下来的一年时间内根据物业需求不断支出费用，而这期间其实已经产生了未被充分利用的闲置资金。如何将明显带有物业行业特征周期的资金最大化利用成为万科物业的金融服务需求。

但是，尽管万科物业存在这样的金融服务需求，却很难被现有金融市场内的机构所满足。原因在于，万科物业的这种闲置资金通常期限非常灵活，资金可用时间可能是 1 个月，也可能只有 3 天。传统金融机构的资金增值产品期限较为固定，极少存在可以定制期限的产品。万科物业的资金增值需求无法与传统金融机构提供的资金增值产品相匹配，相应地也就产生了万科物业金融服务需求的痛点。

（3）金融服务模式

万科物业通过与领先的金融科技运营商开展金融服务，主要针对自有闲置资金定制期限灵活、收益稳健的投资产品，实现有安全保障的流动资金增值服务。为保障投资的安全性，万科物业的闲置资金对接的一般都是银行提供的优质资产，只是根据自身需求定制灵活的理财 / 投资产品时限，包括活期投资和定期投资。

活期投资适用于万科流动资金中无确定期限的增值投资，真正实现了随存随取。万科可以随时用闲置流动资金购买活期投资产品，T+1 天开始计息，年化利率约为 3%。在需要资金时，随时将资金取出，T+1 天到账。活期投资既能保证企业流动资金的灵活性，又能享受更高的收益。

而对于有资金计划的闲置流动资金，万科可选择定期投资产品以获得更高的收益。定期投资产品为定制期限的短期投资，可以保障流动资金最大限度的增值。万科在确定自身的资金计划后，可用闲置资金购买 7~30 天不等的定期投资产品，具体天数根据企业自身资金需求制定，收益可达 4%，高于活期投资产品。产品到期后，万科在当天即可获得本金加利息的返还权利。定期投资产品主要以企业需求为导向，按需定制，打破传统银行投资理财的固定供给模式，使万科物业实现闲置资金效益最大化。

（4）成果

2016年，万科物业旗下分公司共计50家参与了流动性增值类自金融服务。其闲置资金累计投资金额近百亿元，共获得收益超千万元，平均每天投资金额近亿元。万科物业通过流动性增值类自金融业务实现了闲置资金效益的最大化。

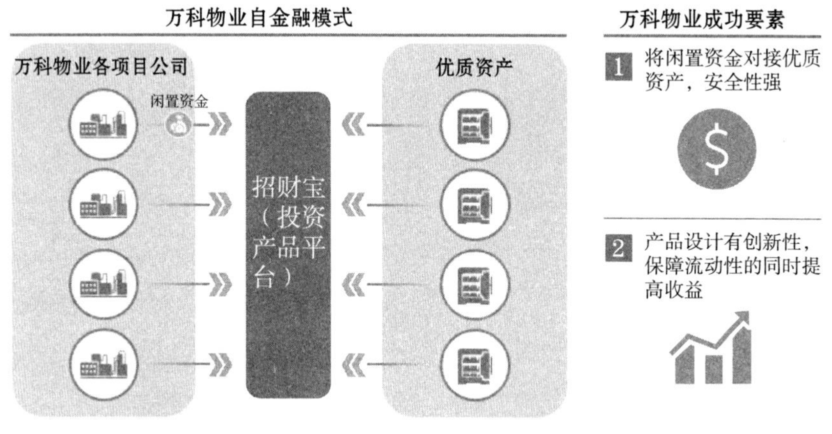

图7–8 万科物业案例

（5）万科物业成功要素

万科物业开展流动性增值类自金融的成功要素主要归功于两点。第一，通过自有资源将闲置资金对接优质资产，安全性强且收益较高。第二，产品设计具有创新性，活期随存随取，定期灵活定制，在保障流动性的前提下，还将收益提高了10倍（与活期存款利率相比）。

通过与领先的金融科技运营商合作开展流动性增值类自金融服务，为万科物业带来多种资源导入。行业领先的金融科技运营商手中资源众多，特别是可以对接的优质资产资源。万科物业由于其闲置资金来源一般是业主缴纳的物业管理费，对所投资的资产标的安全性有非常严格的要求，而通过金融科技运营商对接其合作银行提供的优质资产，在保证本金的同时还能带来较高收益。

万科物业明确定位了自身的金融服务需求及痛点，设计出了创新性、可灵活定制的资金增值产品，完美契合自身需求并解决了自身痛点。同时，资金增值产品不仅期限灵活，可以匹配万科物业任何的资金使用规划，还提供了 3%~4% 年化收益率的收益，是活期存款利率的 10 倍。既保证了自身资金的流动性需求，又提高了收益。

产业类自金融

1. 产业类自金融的特征

在企业自金融中，具有如下三大特征的自金融模式可称为产业类自金融：第一，作为开展主体的核心企业处于所在行业的产业链条的一个环节或多个环节上，是产业链条生产经营活动的重要组成部分，且具有强势地位；第二，作为服务对象的主要是供应链条上的中小企业，存在较多不被满足的金融服务需求；第三，以核心企业为主体向供应链条的企业提供以融资作为切入点的金融信息服务。产业类自金融的金融服务形式多样，其中以核心企业为主导的供应链金融是产业类自金融一种比较成熟的模式。

产业类自金融的第一大特征是核心企业处于产业链条上，可能涉及产业链条上供应、生产、制造、分销、零售中的一个或多个环节。处于产业链条上的企业拥有丰富的行业经验和行业数据积累，核心企业相对于产业链条上的其他企业掌握更多数据，具有更强的影响力或话语权，同时其经营活动会对产业链条上的其他企业产生直接影响。比如，海尔、美的、格力等制造业企业就在其产业链条上占据核心地位。

产业类自金融的第二大特征是供应链上下游企业有较多的中小企业，具有不被满足的金融服务需求。正如前文所述，传统金融机构针对中小企业存在较多的服务空白，企业自金融正是需要作为传统金融的补充以填补这种空白。针对中小企业，产业类自金融的亮点就是核心企业将承担中小企业信息收集、信息加工、信息传递、资产获取等核心职能，从而使得中小企业能够被金融服务所覆盖。

产业类自金融的第三大特征是核心企业需要以融资作为切入点开展金融信息服务。实际上，中小企业的金融痛点长期存在，并且这种需求中以融资需求最为强烈，可以以融资需求作为切入点。产业类自金融就是服务于这些供应链条上的企业的金融需求，特别是针对企业的流动资产、供应链交易活动作为资产标的，提供融资活动。

2. 产业类自金融的适用原则

并不是所有行业、所有产业链条上的企业都适合开展产业类自金融，适合开展产业类自金融的企业只有具备三大特点，才能使产业类自金融具备开展价值。第一，企业所处的行业规模较大；第二，企业的供应链上下游企业处于弱势地位，难以从正常渠道获得融资支持；第三，企业在产业链条上具有较强控制力。

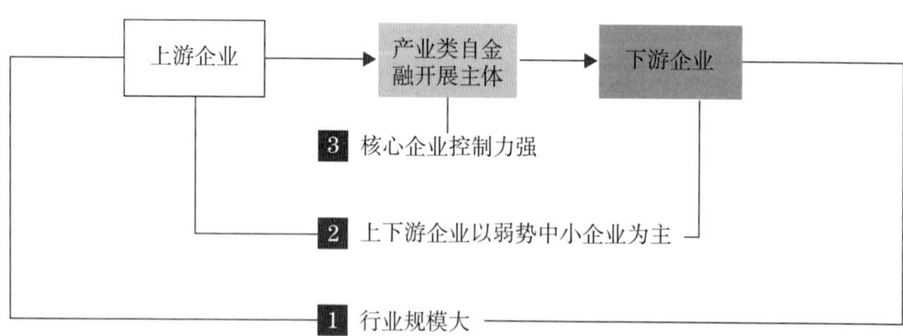

图 7-9　产业类自金融的适用原则

行业规模大是产业类自金融发展的基本逻辑。这意味着能形成规模效应，这种规模效应一方面意味着具有较多的资产来源和融资标的，有利于逐渐形成自金融的金融信息服务能力和品牌效应；另一方面较多的融资需求意味着资金供给能形成规模效益，从而降低资金成本。若市场规模较小的行业，即便核心企业开展了自金融业务，由于业务规模小、零散，实际上，将导致收益难以与成本相匹配。

上下游企业越弱势——规模小、分散、对单一企业依赖性越高，意味着其越难以从传统渠道获得金融服务，其金融需求特别是融资环节存在较多痛点。融资痛点的存在是核心企业自金融业务开展的前提，没有融资痛点的产业是不需要自金融服务的。而如果产业内多为融资难、融资贵的中小企业，那么产业类自金融就越能够顺利开展且发挥越大的价值。

对产业的强控制力决定了核心企业在供应链条上的话语权，也决定了所掌握的信息容量。核心企业依靠自身优势已经在产业链条中的某些环节形成了较强的市场竞争力，而市场竞争力决定了核心企业对上下游企业的话语权，话语权的强弱与核心企业经营业务的市场格局有关，垄断强于寡头，寡头强于竞争。对上下游控制能力越强，核心企业开展供应链金融业务的主导能力就越强，从而在初期的切入能力就越强；服务质量越高；风险控制能力越强。

3. 产业类自金融的目标客群

实际上，较多行业中的企业都适用产业类自金融，其中，建议大宗商品、珠宝、家电、食品、纺织服装、医药、商超、通信八大行业中的产业链条上的核心企业关注自身开展产业类自金融的机会，如周大福、美的电器、家乐福等。

从以上分析可以看出，合适开展产业类自金融的企业所处行业规模应该在 1000 亿元以上，具体反映在财务数据上，其中开展企业自金融的主体应对上游有较多的应付账款（如 20% 以上），或对下游采用现货现款或预付形式；而在供应商或经销商形态上可以更丰富，分散的供应商和经销商非常有利于开展业务，而交易金额巨大也是极佳的开展业务条件（如大宗商品行业）。

图 7–10　八大示例行业

商超产业链包括生产厂家、经销商、超市和终端消费者，其中超市在供应链条中占据强势地位，特别是大中型连锁商超，具备极佳的产业类自金融的条件。

超市上游的经销商中虽然不乏如宝洁等超大型企业，地位强势，但超过 80% 的是中小型经销商，地位较弱，数量众多。这部分中小型经销商主要以赊销或商业承兑汇票作为与超市的结算方式，应收账款周期较长，可达 90 天，所以这种类型的弱势中小型经销商资金需求十分强烈。

超市开展产业类自金融可主要针对上游中小型经销商的应收账款提供保理融资服务。

医药行业产业链包括制药企业、医药流通企业、医院、药品零售企业及终端患者。在产业链中，医院占据核心主导地位，对上下游议价能力极强，特别是新生的大型民营医院在快速发展过程中，可利用产业类自金融增强自身竞争能力。

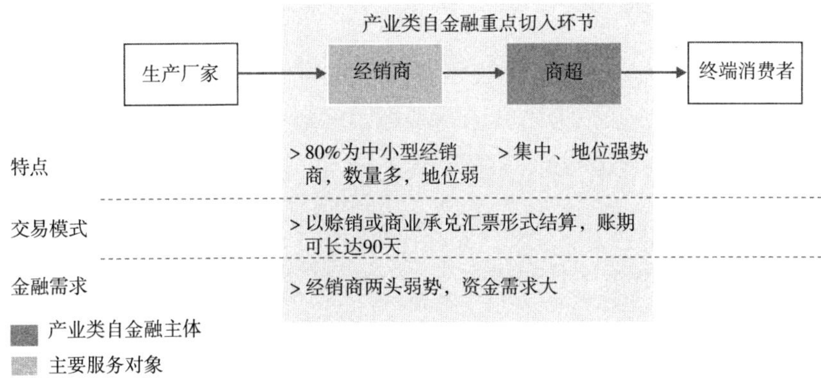

图 7-11　商超产业链分析

医院的上游医药生产企业，特别是原材料药企业数量多、行业集中度低，针对上游采购原材料时需要立即付现，而与医院之间的应收账款周期较长，同时要垫付运费、进行市场开拓等，资金缺口非常大。

而医药流通企业处于中间环节，设备建设投入的资金较大且行业集中度低、对上下游的议价能力均不足。

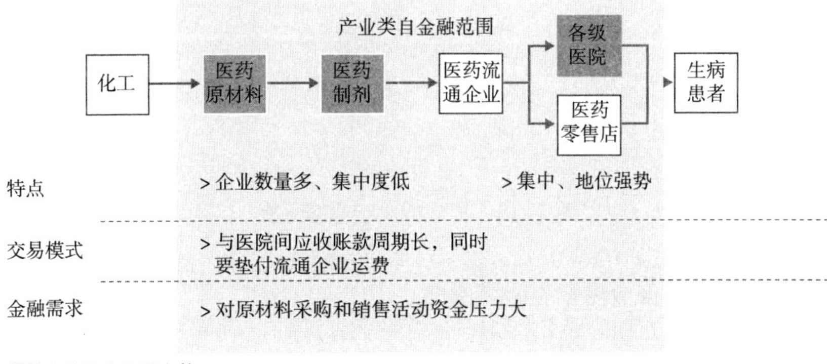

图 7-12　医药行业产业链分析

医院特别是大型民营医院开展产业类自金融可主要针对上游中小药企的原材料采购和销售活动提供融资服务，主要业务模式可包括仓单融资及保理等。

珠宝行业产业链涵盖采矿冶炼企业、品牌商、加工商、加盟商和终端消费者，在产业链条中品牌商由于行业集中度高，在链条中占据强势地位，是比较合适的自金融切入点。

珠宝行业下游零售加盟商市场高度分散，由小微企业或个体户构成，主要扮演市场开拓的角色，大型品牌商会给有长期业务关系的加盟商一定账期，但账期一般只有 7 天，而更多的加盟商采用现款现货或预付模式。同时由于珠宝首饰单价很高，采购及库存占用资金极大， 小微供应商资金需求比较强烈。

品牌商开展产业类自金融可主要针对下游加盟商提供预付账款及库存融资。

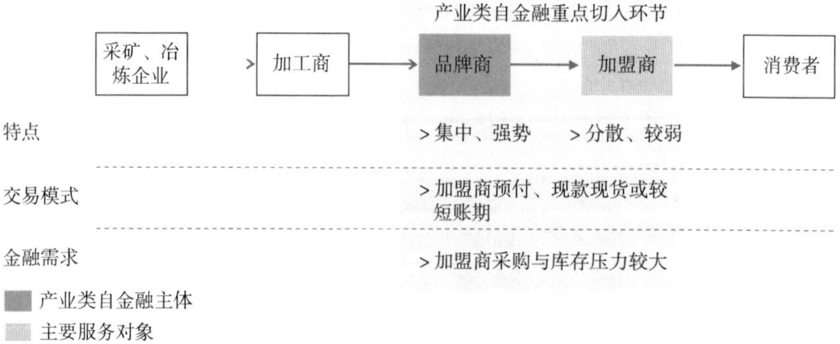

图 7–13 珠宝行业产业链分析

4. 产业类自金融的行业实践

实际上，在上述行业中，较多的行业已有很多经验。其中大宗商品涉及的子行业较多，已经开展供应链金融业务的核心企业也相对较多。盛屯矿业身处融资需求巨大的有色金属行业中，于 2013 年开始开展供应链金融服务。盛屯矿业以真实的交易背景为依托，对供应链上各环节的中小企业提供融资、商业保理、黄金租赁等综合或个性化服务。2016年上半年，盛屯矿业供应链金融业务收入达到31.31亿元，同2015年上半年相比增长242%。

食品行业中，蒙牛作为国内知名的大型企业，于2015年低调开展供应链金融服务。蒙牛的供应链金融服务现在主要针对其下属优质经销商。从多个维度对其下属经销商进行全面考核，主要根据真实交易数据评估下游经销商的还款能力和授信额度。它通过控制下游经销商的数据，对所提供的融资服务进行严格的风险管控。

纺织服装行业中，嘉欣丝绸是开展产业类自金融的先驱。嘉欣丝绸设立嘉兴金蚕网融资租赁有限责任公司，作为开展茧丝绸产品融通仓融资和保兑仓融资业务的主体，自2000年起就充当了供应链融资的核心企业，向供应链上下游的中小企业提供融资等金融服务。截至2015年12月，嘉欣丝绸共有3.5亿元用于供应链金融业务，但明显供不应求。嘉欣丝绸定增6.6亿元，利用原有融资团队和产业经验，对现有供应链金融业务进行放大。

医药行业中，浙江珍诚医药在线股份有限公司是为数不多已经开展供应链金融服务的企业之一。医药在线的供应链金融融资服务以其自身为主体，为其上下游企业提供贸易融资。医药在线的上下游企业只要满足合作年限大于6个月，且贸易关系真实，产品质量及销量稳定，合同正常履约率较高，并且3年无不良信用记录，即可快速获得融资。

消费类电子产品产业中，兆驰股份于2015年试水供应链金融业务。兆驰股份作为一家专业生产消费类电子产品的高新技术企业，在国际消费电子ODM（原始设计商）业界具有较高的知名度和良好的信誉度。公司开展供应链金融旨在针对公司所承接的大型ODM项目的上游供应商提供订单融资，改善其上游供应商经营现金流，提升其现有经营效益。

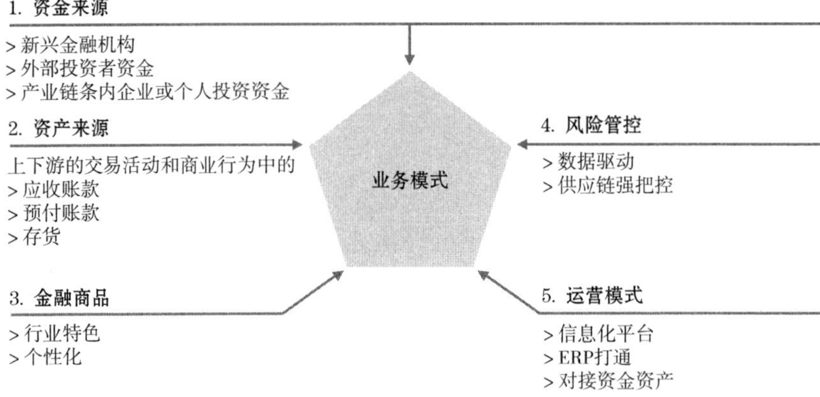

图 7-14　业务模式分析

实际上，产业类自金融以需求最为强烈的融资作为切入点，为供应链条企业提供融资服务，在此基础上进行理财 / 投资、支付或增值服务的切入。

从业务模式角度，产业类自金融的融资业务开展需要解决资金来源、资产标的、风险控制、金融产品和运营模式五大核心问题。

资金来源方面，随着互联网技术的发展，资金来源越来越多元化。近年来，金融脱媒趋势不断加大，除了银行外，网贷平台、商业保理、融资租赁等新模式不断兴起，动摇了银行在传统供应链金融模式中的核心地位。由于资金来源的多元化，传统金融机构在供应链金融中的作用被逐步弱化。核心企业通过自设或与外部的网贷平台、保理公司、租赁公司等合作，从新兴金融机构或个人处获取资金，为供应链上各环节其他企业提供资金供给。

资产标的方面，开展产业类自金融服务的企业应充分挖掘上下游企业的金融服务需求。产业类自金融服务的主要模式是以核心企业的上下游企业作为服务对象。而为了达成金融服务的规模效应，核心企业需要充分挖掘上下游企业资源，通过与上下游企业间的长时间合作关系，寻找其金融需求，特别是商业行为和交易活动中的融资需求，帮助其解决资金问题，提升其业务规模，反过来促进核心企业的业务增长。

风险控制方面，核心企业拥有天然的风控优势。很多核心企业与其上下游企业已经建立了信息化系统，拥有其上下游企业动态的、多维度的经营状态信息，可以对核心企业供应链成员进行实时评估。并且，核心企业对行业具有更为深刻的认知，对行业周期以及微观运行较为了解，拥有传统金融机构不可比拟的优势。

金融产品方面，核心企业应在充分研究产业链特点以及上下游企业所存在的金融服务需求痛点后，推出具有行业特点、个性化的金融产品解决方案。实际上，根据行业特点，不同行业的融资对象不同，有些融资对象为上游（如商超），有些为下游（如珠宝），有些为上游整条链条（如医药）；业务场景不同，有些为应收，有些为存货，有些为预付，等等。所以产业类自金融可以在行业特点设计产品的基础上，针对不同的服务对象进行个性化设计，从而利用行业经验、数据真正突出企业自金融的优势。

运营模式方面，产业类自金融均需要搭建其产业类自金融信息化平台，该平台与企业 ERP 打通，充分发挥数据优势。在初级阶段，平台对内对接供应链资产、对外对接金融机构；在进阶阶段，平台可以资金与资产端均对接内部；最终将打造为生态化平台进行运营。

目标客群行业中有不少企业已经成为供应链金融服务的实践者。企业根据自身行业特点纷纷制定了适合行业中上下游企业的供应链金融服务策略，并且部分企业的供应链金融业务已经看到非常显著的成绩。

5. 海尔案例分析

（1）企业简介

海尔创立于 1984 年，是全球大型家用电器第一品牌，多年来坚持以用户需求为中心的创新体系驱动企业健康发展。2015 年，海尔全球营业额实现 1887 亿元，近 10 年复合增长率 6%；实现利润 180 亿元，同比 2014 年增长 20%，近 10 年复合增长率 30%。根据 Euromonitor（欧睿信息咨询有限公司）发布的 2015 年全球大型家用电器品牌零售量数据显示，海尔大型家用电器 2015 年品牌零售量居全球第一，而这是自 2009 年以来海尔第七次蝉联全球第一。

传统制造家电业由于受宏观经济环境及住宅产业低迷等综合因素的影响，行业增长动力不足，海尔致力于将自己从传统制造家电产品的企业转型为面向全社会孵化创客的平台。而海尔聚焦的其中一个平台则是金融控股。海尔于 2015 年 4 月推出了海融易平台，旨在借助海尔的生态圈资源，打造一个为上下游企业提供供应链金融服务的金融服务平台。

（2）行业产业链特点

海尔的上游客户主要集中于以家电为核心的产业链条上，包括有色金属、化工、玻璃、模具、钣金、塑胶、制冷、电子、屏幕、压机、运输等 30 多个行业，涉及上游供应商客户数量 5000 多家。这些上游供应商由于涉及行业较多，分布极为分散。而且，除三洋、爱默生等生产家电电机的重要供应商外，其他为海尔生产配件的供应商均以中小微型企业居多。

海尔由于其行业龙头地位及企业规模，相对于上游供应商话语权较强。对于爱默生、三洋等国际顶尖供应商，海尔选择将其引入当地，在以海尔为中心的园区内投资建厂，厂区内的产能全部供给海尔用于制造整机。对于其他小型供应商，海尔拥有一套严格的供应商质量考核评价体系。对于 3 个月绩效不合格的供应商严格进行淘汰。对存在一定问题的供应商，要求其进行整改，保障供货的质量。在账期方面，海尔的上游供应商平均账期一般在 60~90 天，手机等智能终端的供应商应收账款账期在 15~45 天。

海尔集团下游约有 3 万家活跃经销商，其中包括苏宁、国美等大型家电经销商，但是大部分经销商存在小、散、弱、差的情况。这些经销商只经营或者大部分份额用来经营海尔的产品，但是在本地的实力并不强，多数只有一个门店或者仅有一个专柜。

经销商在向海尔交出订单后需要先行支付货款，再由海尔向经销商发货，海尔会提供给经销商一个建议价格，但是最终销售价格由经销商决定。最后，经销商可根据销售数据从海尔获得返利。

（3）行业上下游企业对金融服务的需求及痛点

无论是海尔的上游供应商还是下游经销商，虽然也有几家诸如三洋、爱默生、国美、苏宁的国际知名企业，但是大部分供应商为中小微型企业。所以，海尔集团上下游企业的金融服务需求较为迫切。

从上游供应商的角度来看，由于其资产轻、资金少，在面对海尔开出的大额订单时常常因为资金不够购买材料组织生产而不得不四处借款。而因为其资产轻，账务情况不好，银行不会为这些供应商提供贷款，相应地，这些中小供应商的融资需求就较为迫切。

另外，海尔作为产业链条上的核心企业，拥有制定应收账款账期的话语权。海尔的上游供应商与海尔之间的应收账期一般在 60~90 天，企业在将货物交出后还未收到货款的期间内资金状况将会非常糟糕，遇到任何突发状况都有可能出现企业资金链条断裂，从而影响企业稳定经营。

从下游经销商的角度来看，由于家电单价较贵，经销商在进货时需要向海尔先行支付货款，但一些经销商资金少，即便他们看到了市场规模的扩大也无法通过增加进货来提升自己的销售业绩。这既影响了经销商的业绩增长，也影响了终端消费者的购买体验——因为消费者可能需要等一段时间才能从经销商那里获得自己购买的家电。这些小微经销商对仓单融资的需求较为强烈。

下游经销商面临的另一个融资痛点则是建店融资。根据海尔网络下沉战略，海尔计划在 3 年内拓展 3000 个物流仓储基地，不断完善物流最后一公里服务。但是，这一规划需要经销商的积极配合。经销商需要按照海尔统一规范构建仓储基地和配套设备，这无疑需要大量的资金投入。然而，物流仓储基地回报周期较长，经销商对于融资的需求就变得极为迫切。

（4）企业开展供应链金融模式

企业开展供应链金融需要解决资金、借款方流量、金融产品以及风险控制四大问题。而海尔的海融易平台依托海尔生态圈体系以及互联网技术，很好地解决了上述问题。

海融易作为网贷平台，资金来源经历了几个阶段。网贷平台的核心资金来源一般是个人投资人，在吸纳投资人资金后再匹配至借款端。海融易作为网贷平台在成立初期由于客户数量并不能满足借款端需求，海融易对接了海尔集团财务公司的资金以保证借款端需求。之后，随着平台的不断发展以及用户数量的上升，海融易所吸纳的投资人资金已经可以满足其借款端的全部需求。

在借款方流量方面，海融易平台最初的供应链金融业务依托于海尔，主要为海尔集团的上下游企业提供融资服务。海尔有 5000 多家上游企业，3 万多家活跃下游经销商，汇集了 6 万多个海尔供应链融资需求。在平台成立初期，海尔生态圈内的融资需求完全可以使海融易迅速成长，完成预期交易量。

在平台提供的产品方面，海融易在对海尔集团供应链进行梳理并识别了供应链融资的特有风险后，设计出了具有针对性、标准化并兼具个性化的金融服务产品。包括项目贷款、保理服务、经销商信贷以及建店融资。

海尔的项目融资将针对需要工程建设、设备购置的供应商提供融资服务。产品期限 1 年到 10 年不等，利率以人民银行制定的基准利率为准，可根据企业情况给予一定的优惠，解决供应商因扩大企业生产规模而产生的长期资金需求痛点。

海尔的保理业务旨在突破上游供应商由于应收账款带来的资金、风险等瓶颈。保理业务的期限参照供应商提供的应收账款的期限，利率则参照人民银行制定的基准利率，可以根据企业情况给予相应的优惠。同时，企业可在办理保理业务时选择无追索权保理和有追索权保理，无追索权保理将帮助企业优化资产结构，改善财务报表。

海尔的经销商融资为合作不少于 24 个月的经销商提供融资服务，用于经销商在海尔巨商汇平台提货海尔产品。贷款期限分为 3 个月、6 个月和 12 个月，年化利率最低可为 9.5%。经销商可选择按月付息，到期还本或者一次性还本付息。另外，海尔将向经销商收取融资金额的 0.5% 作为服务费。为了管控风险，海尔将根据评审意见决定是否需要企业缴纳保证金，保证金缴纳金额不低于借款金额的 10%，但是海尔会将保证金投入理财 / 投资产品获得投资收益。

建店融资是海尔针对信用良好、市场开拓能力强、企业运营稳健的经销商提供的融资服务。贷款期限一般为 3~10 年，利率以人民银行基准利率为准，可根据企业情况给予一定的优惠。在还款方式上，经销商可根据项目的进展情况进行选择，在项目建设期，可以只还利息，在项目进入运营之后，再根据预计收入情况设置合理的本息还款计划。

而在风险控制方面，海融易则借助海尔多年来与供应商、经销商之间的交易信息来实现风险控制。海尔集团拥有与上游供应商以及下游经销商的多维度数据，例如，与海尔的合作年限、交易额度，与海尔合作过程中的信誉程度等信息可以帮助海融易判断对申请企业的授信额度。而在判断企业未来还款能力时，由于许多企业不能提供连续的完整财报，海融易引入了第三方支付平台——快捷通，根据企业在快捷通上的交易记录判断其财务状况。

（5）企业开展供应链金融成果

海尔的海融易在平台创立 1 年内收效明显。海融易自 2015 年 4 月上线至 2016 年 5 月，交易量达到 101 亿元，用户规模为 200 万人，这个成绩足以跻身互联网贷款平台百强榜。

在风控方面，海融易过去 1 年的坏账率为零，逾期率也非常低。海融易的大部分客户为中小企业，且很多交易都为短期融资，零坏账率足以证明海融易风险控制体系的完善。

（6）海融易的成功要素

海尔的海融易金融服务平台发展如此迅速主要归功于四点：海尔作为家电行业的领导企业拥有非常大的生态圈资源，并在过去 30 年的经营时间内积累了很多上下游企业数据；海尔立足家电产业链上，深挖行业特点，提供定制化、个性化服务；海尔拥有灵活的资金解决方案；海尔差异化定位目标客群，在竞争激烈的网贷市场中赢得一席之地。

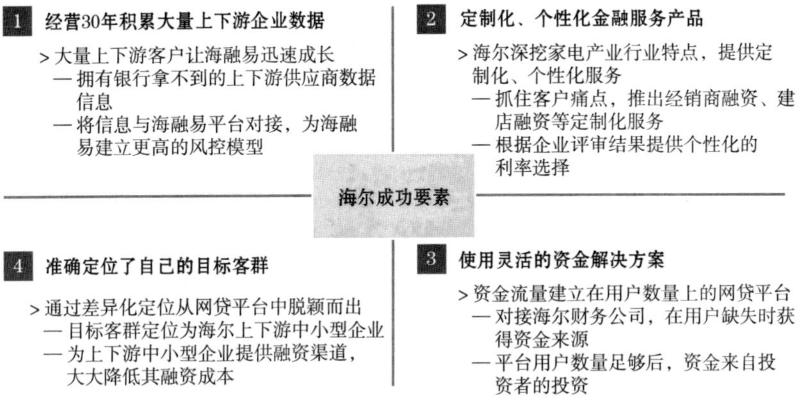

1 经营30年积累大量上下游企业数据

> 大量上下游客户让海融易迅速成长
— 拥有银行拿不到的上下游供应商数据信息
— 将信息与海融易平台对接，为海融易建立更高的风控模型

2 定制化、个性化金融服务产品

> 海尔深挖家电产业行业特点，提供定制化、个性化服务
— 抓住客户痛点，推出经销商融资、建店融资等定制化服务
— 根据企业评审结果提供个性化的利率选择

海尔成功要素

4 准确定位了自己的目标客群

> 通过差异化定位从网贷平台中脱颖而出
— 目标客群定位为海尔上下游中小型企业
— 为上下游中小型企业提供融资渠道，大大降低其融资成本

3 使用灵活的资金解决方案

> 资金流量建立在用户数量上的网贷平台
— 对接海尔财务公司，在用户缺失时获得资金来源
— 平台用户数量足够后，资金来自投资者的投资

图 7–15　海尔产业类自金融成功要素

第一，海融易依托海尔过去 30 年积累的上下游供销体系，以及大量的用户、品牌等资源，可以迅速网罗平台用户。海尔拥有上游客户 5000 余家，下游活跃经销商 3 万多家，供应链金融项目 6 万多个，这个体量已经足够海融易挖掘一段时间，这也是海融易迅速成长的原因之一。并且，海尔拥有银行拿不到的上下游供应商数据信息。所有供货商、销售商的数据都在海尔的 ERP 数据库中。海尔集团将信息与海融易平台对接，海融易就可以获得融资企业上下游的供应商、销售商情况，包括企业现在的库存量，所需周转资金以及未来 2~3 个月之内可以回收的预付货款，等等。这些数据信息可以使海融易建立更加高效的风控模型，更加准确地判断融资公司是健康地扩大再生产还是处在严重的负债运营状况。

第二，海融易的产品是在深挖行业特点后推出的定制化、个性化金融服务产品。海尔拥有多年行业经验，凭借对上游供应商以及下游经销商的多年了解，抓住客户痛点，推出了诸如经销商融资、建店融资等定制化融资服务，根据对企业的评审结果提供个性化的利率选择。

第三，海尔使用灵活的资金解决方案。海融易作为网贷平台，资金流量是建立在用户数量上的。平台成立初期用户数量较少，自然会面临资金不足的困境。海融易对接海尔集团财务公司，在用户缺失时，获得资金来源。而在平台用户数量足够后，海融易的资金来源则全部为投资者的投资。

第四，海尔准确定位了自己的目标客群。海融易平台的目标客群定位为海尔上下游的中小型企业。这些中小型企业不仅很难获得金融机构发放的贷款，而且通过其他渠道获得的融资成本也相对较高。而海融易提供的金融产品利率一般为 10%。这不仅为海尔上下游的中小型企业提供了便利的融资渠道，也大大降低了其融资成本。海融易也可以通过自己的差异化定位从竞争激烈的网贷平台中脱颖而出。

6. 金叶珠宝案例分析

（1）企业简介

金叶珠宝成立于 1994 年，2011 年成功通过光明集团家具股份有限公司股权分置改革，借壳成为上市公司。该公司是一家集金银首饰设计、加工、销售、回收于一体的珠宝企业。主要产品包括千足金和足金的项链、戒指、耳环、手镯、吊坠和金条等。公司通过自主研发掌握了黄金制造中多项关键核心技术，包括千足金增硬技术、开胶膜技术、焊接技术、车花技术、机织项链技术、失蜡灌金技术、上色工艺等制造技术。

但是，金叶珠宝的传统业务发展空间有限，并且市场已经基本饱和，盈利能力较为有限。2014 年公司营业收入达 103 亿元，但净利润仅为 1.4 亿元，并且 ROA（资产收益率）、ROE 都处于较低水平。因为黄金具有单价高、易存储、标准化程度高的特点，所以该产业比较适合发展供应链金融。金叶珠宝瞄准这一转型的战略突破点，积极布局黄金产业供应链金融业务。

（2）行业产业链特点

黄金珠宝首饰产品需经过原材料购买、品牌商设计、加工商生产制作、加盟商分销等环节后进入消费者手中。金叶珠宝作为黄金产业中的龙头企业掌控了从设计到分销的所有环节。

采矿、冶炼企业作为金叶珠宝的上游，企业质量参差不齐。我国的黄金开采企业基本上是一个矿山一个企业，企业规模小，资本积累严重不足。对矿产利用方式相对比较粗放，矿产资源总回收率和共伴生矿产资源综合利用率分别为 30% 和 35% 左右，比国外先进水平低 20 个百分点。未来几年内，在国家政策的指引下将加快技术改造的步伐。

金叶珠宝与上游采矿冶炼企业的交易方式相对简单，以原材料采购的形式从上游采矿企业购得原始黄金，一般会向上游采矿企业全额支付货款，再根据自己品牌的设计图样进行加工，做出黄金首饰成品。

加盟商作为黄金产业链的最下游，地位较低，主要由小微企业或个体户构成，扮演市场开拓的角色。目前全国珠宝零售网点达 6 万多个，基本趋于饱和，竞争非常激烈。并且自 2013 年金价下跌以来，黄金珠宝的周转下降且存货减值，这给小微型的加盟商带来了沉重的压力。

加盟商通常没有话语权，在采购过程中，金叶珠宝会要求其加盟商到指定的加工商采购产品。但是由于黄金首饰是标准化的产品，按照成本加成定价，金叶珠宝的品牌溢价空间不大，加盟商通常会采取以次充好、贴牌销售的手段来获取暴利。金叶珠宝对加盟商的管理难度非常大。

（3）行业上下游企业对金融服务的需求

上游原材料供应商的金融服务需求基本上集中在设备采购融资。上游的采矿、冶炼企业在新建投资项目以及项目升级时需要购买大型设备。设备投资规模大，资金需求额度高，一般上游开采企业对设备的投资将占到总投资的35%。受限于上游采矿企业现状，这些企业从银行获得的资金成本一般比较高，而且部分小型采矿企业难以从金融机构那里获得项目贷款。

下游的加盟商通常拥有季节性融资需求。我国的黄金珠宝零售行业通常会在中秋、国庆以及春节时期迎来销售高峰。加盟商为满足市场需求，需要在节日的时间点扩大采购规模，对资金需求较为迫切。下游加盟商多为小微企业，资金规模比较小，在年节时期资金流尤为紧张，需要针对产品采购的融资服务。

另外，下游加盟商通常需要回应金叶珠宝对于扩大市场规模的需求而新开网点，但是门店的初期投资比较大，单店投资一般在40万~100万元，对于规模较小的加盟商来说是非常沉重的负担。因此，下游经销商的建店融资需求也较为强烈。

（4）企业开展供应链金融模式

金叶珠宝通过并购丰汇租赁切入黄金产业供应链金融业务。由于丰汇租赁已经是比较成熟的金融租赁公司，金叶珠宝无须考虑资金来源的问题，通过丰汇租赁拥有的融资渠道已经基本满足资金端需求。并且，通过此次并购，丰汇租赁打通了上市平台融资渠道，可以进一步增加融资途径，丰富资金来源。

金叶珠宝针对其上下游企业的融资痛点推出了两种金融服务产品。针对上游企业设备采购，为上游金矿开采、冶炼企业提供设备租赁融资和委托贷款服务。融资租赁业务将为金叶珠宝的上游采矿企业提供租赁设备，并按合同约定向承租人收取租金，在租赁过程中，承租人拥有设备的使用权。融资租赁服务无硬性的不动产抵押要求，融资门槛较低。由于金叶珠宝收购的是丰汇融资公司，在为上游供应商提供融资租赁服务时具有业务优势。

金叶珠宝为上游供应商的设备采购以及下游加盟商的季节性融资需求和建店融资需求提供委托贷款服务。委托贷款服务则是金叶珠宝利用自有资金，委托银行根据其确定的对象、用途、金额、期限、利率等条件代为发放贷款、监督使用贷款并协助收回本息。由于丰汇租赁的融资成本较低，在被金叶珠宝并购后，资金端成本将从 11% 下降到 7%，并且由于拥有租赁牌照，最高可享受 10 倍资金杠杆优势。因此，这三种金融服务产品可以拥有相对优惠的基准利率，降低了借款方的融资成本。

在风险控制方面，金叶珠宝作为深耕行业 20 年的核心企业，与其上游原料供应商和下游加盟商联系极为紧密。作为行业内精细化运营能力和行业整合能力较强的企业，金叶珠宝对于其上下游企业的数据掌控较多，拥有建立风控模型的基础。而且，黄金自身标准化程度非常高，且单品价值大，都为金叶珠宝做质押标的估值提供了极大的便利。

不仅是金叶珠宝的上下游企业拥有融资需求，整个黄金产业的上下游企业都有同样的融资痛点。金叶珠宝充分认识到这一情况，希望可以借助自身供应链金融经验逐步将金融服务覆盖整个黄金产业链。

（5）金叶珠宝成功开展供应链金融要素

金叶珠宝开展供应链金融有三大要素：行业信息优势、资金充足及业务优势、融资成本优势。具体来说：

第一，金叶珠宝作为深耕黄金产业 20 年的企业，拥有丰富的行业知识积累以及上下游企业资源。金叶珠宝上下游体量较大，足够丰汇租赁挖掘一段时间。在珠宝行业竞争激烈与资本为王的前提下，产融结合将帮助金叶珠宝提高主业收入，加快加盟门店扩张，拓展自身的商业版图和行业地位。

第二，金叶珠宝并购丰汇租赁解决了开展供应链金融的资金来源问题。丰汇租赁作为行业中内资租赁公司第十位，注册资本 20 亿元，资金较为充足。另外，租赁公司在设备抵押贷款以及设备租赁方面相比传统金融机构更具有业务优势。

第三，金叶珠宝在并购丰汇租赁之前，由于丰汇租赁融资渠道较为单一，高度依赖以信托、资管计划为主的非银行机构，占比超过 96%，综合资金成本在 11% 左右，通过并购间接上市后，丰汇租赁新增与银行合作的黄金租赁业务；通过上市股东支持，获得低成本银行信贷资金；利用上市平台，资本市场多渠道融资。新增的融资渠道将帮助金叶珠宝在开展供应链金融业务时将资金成本降低至 7% 左右，相对于其他黄金产业供应链金融机构拥有资金成本优势。

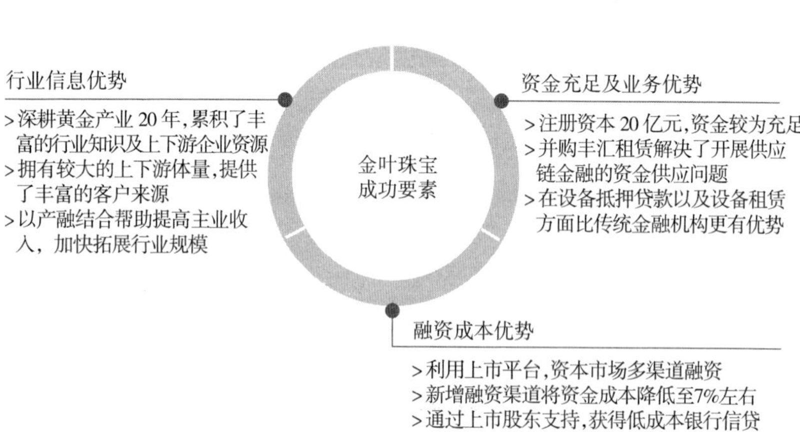

图 7–16　金叶珠宝产业类自金融成功要素

7. 好市多案例分析

(1) 企业简介

好市多是全球连锁会员制仓储式购物中心(Membership Warehouse Club)的首创者，致力于以尽可能低的价格提供给会员最精简优质的商品和服务。它最早起源于1976年的Price Club(普赖斯俱乐部)，并在1983年正式成立于美国华盛顿州西雅图市，目前已经是仅次于沃尔玛的全球第二大零售商。截至2016年7月末，好市多已经在全球拥有600多家购物中心，分布在8个国家和地区，全年营业额超过1000亿美元，拥有会员总数超过7000万人，老会员的续签率高达90%，其中高级会员的比例达到了38%。

好市多在整个零售业中有其独特的商业定位和经营模式，主要表现为以下三点。首先，它采用连锁会员制度，并以收取会员费作为其主要盈利来源，这与传统的通过售出单件商品产生毛利润的传统盈利模式形成差异；其次，它以质高价低为核心竞争力，对比同类大型连锁零售超市沃尔玛25%的毛利率，好市多的毛利率一直维持在12%，这种超低价的战略为好市多赢得了一大批忠实会员；最后，它有着超低的SKU(产品销售品项)，与尽可能陈列成千上万种商品的其他购物中心不同，好市多会针对每种需求精选出来两种至三种热销产品，并将SKU控制在4000以下，只有同类大卖场的17.5%(沃尔玛的SKU为7万)。这样的商业定位与经营模式使得好市多在零售企业中独树一帜，赢得了众多忠实消费者。

(2) 行业产业链特点和需求

好市多所处的零售业具有的一个普遍特征是上游拥有大量的中小型供应商，它们的生产经营在很大程度上受到下游零售业以及经济环境波动的影响。以好市多为例，2008 年经济危机之后，金融市场面临着严重的信任危机，对其上游中小企业经营的影响极为显著，融资难度的增强破坏了企业经营的稳定性，这种不稳定性影响到好市多所处的零售业，给其带来了沉重的打击。

一直以来，由于金融机构的借贷依赖于企业的静态财务信息，经营状况不稳定、信用不足、固定资产等抵押担保物欠缺的中小企业一直面临着融资难的问题。在经济危机中，上游供应商的融资更加艰难，资金无法正常运转使得部分中小企业面临着倒闭的风险，融资需求非常迫切。

另外，这些供应商的应收账期基本由下游零售商制定，话语权较弱，因此企业资金的周转也存在一定的风险。由于好市多这类零售商处于零售业的末端，掌握着海量的会员资源和强大的销售渠道，因此在供应链上处于一个强势地位，对上游的强控制力使得它在供应链上拥有制定应收账款账期的话语权。对于上游的供应商，其资金的周转大大受限于下游零售商的应收账款的账期，零售业的应收账期普遍在 60 天以上，部分企业甚至达到了 100 天左右，在上游供应商将货物交出未收到回款期间很难进行原材料的购买来维持生产，这不仅影响到上游供应商的扩大经营，在运营不善的情况下甚至可能出现资金链断裂，企业的日常融资需求不言而喻。

好市多的下游直接面向终端消费者，拥有大量的前期资金沉淀。基于好市多的连锁会员制度，若要进入好市多消费，必须提前缴纳会费先成为会员。好市多的会员分为普通会员和高级会员两种，在美国，普通会员每年年费 55 美元，高级会员每年年费 110 美元，这些需要提前缴纳的费用使得好市多拥有大量的沉淀资金。此外，在支付方式上，除了现金、借记卡、Cash Card（现金卡）等消费方式，好市多在信用消费上仅支持部分信用卡，其中包括在美国与美国运通联名发行的信用卡，在中国台湾地区与国泰世华联名发行的信用卡等，这样的支付方式使得好市多拥有相对较少的下游应收账款，也在一定程度上给企业带来了大量的可支配资金。

（3）企业开展供应链金融模式

好市多的供应链金融解决方案主要是参照反向保理融资，即保理商与处于供应链上的核心企业达成协议，对为该公司供货、处于其供应链上的中小企业提供保理业务，对企业的应收账款进行折价贴现缩短企业账期，同时由于核心企业为保理商带来了业务收入，因此也可以获得相应的收益。在具体的解决方案中，好市多引入第三方动态贴现合作方 C2FO（一家在零售业为 B 端企业提供信贷服务的互联网金融公司）。

在资金渠道方面，好市多可以大量利用自有的沉淀资金，自由灵活地选择提前支付一定金额的应付账款，并且可以通过设置期望回报率来保证资金的使用效率，零售商在 3000 万美元现金的投入下大致可获得 8% 的年化收益率。

在融资的利率成本方面，供应商也拥有一定的可议价机制，它们可以通过选择自动或人工配置预期的年化收益率区间，基于目标收益率，供应商将收到优化资金与收益的建议选择，供应商可根据不同的收益率决定加快汇款的时间。这种反向保理和动态贴现的模式给予供应商一定的自主权，更有利于盘活上游供应商的经营。

（4）企业开展供应链金融成果

自供应链金融服务开展以来，好市多在产业链经营上累计投入的资金量已经超过数十亿美元，数据显示，2011—2014 年，好市多供应商通过平台提前套现金额累计增长 163%；供应商使用好市多

C2FO 供应链金融项目的数量逐渐增加，成立第四年，好市多独家供应商使用率增加至 48%，整体使用率增长 80%。

（5）好市多成功要素

好市多的供应链金融解决方案之所以能够成功主要归结为以下三个要素。

第一，好市多找到适合企业经营模式的自金融解决方案。想要进入好市多消费，必须先成为其会员，需要提前缴纳的会员费让好市多拥有大量的沉淀资金。同时，由于其明显低于同业的 SKU 以及明显高于同业的销售量，上游供应商的平均出货量很大，这对供应商的经营稳定性有着较高的要求，好市多与供应商有着共生关系。自金融服务中的供应链金融方案可以很好地服务供应链上的中小企业，使得企业本身的沉淀资金转移到有需求的上游企业手中，进一步优化自身的零售业务。

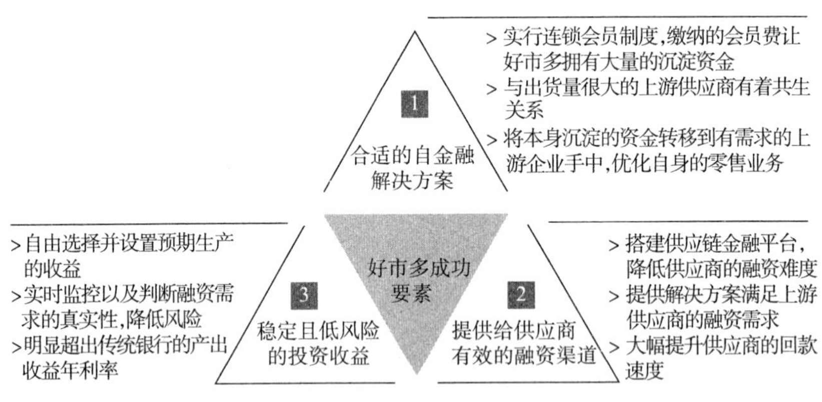

图 7-17　好市多产业类自金融成功要素

第二，好市多的供应链金融解决方案提供给供应商有效的融资渠道，解决了供应商的融资难题。好市多搭建的供应链金融平台真正地降低了产业链上供应商的融资难度，满足了上游供应商的融资需求。同时，供应商的回款速度也得到大幅提升。数据显示，自 2012 年以来，供应商的应收账款回款时间平均提前 22 天，在 2013 年 12 月至 2014 年 12 月期间，应收账款提前套现时间加速了 73%。

第三，通过风险控制实现稳定且低风险的投资收益。好市多在供应链中的核心地位让它拥有众多银行无法掌握的上游供应商的一手信息，可以通过系统对上游供应商的经营状况等动态信息进行实时监控，准确判断企业融资需求的真实性，这使得供应链金融的风险大大降低。另外，通过保理和动态贴现方式，好市多可以自由灵活地选择提前支付多少金额的应付账款，同时设置好预期产生的收益，这样得到的产出收益年利率（APR）明显高于传统银行机构。

8. 京东案例分析

（1）企业简介

京东自 2004 年正式涉足电商领域后，现在已经是中国最大的自营式电商企业，2015 年第一季度在中国自营式 B2C 电商市场的占有率为 56.3%。2015 年，京东集团市场交易额达到 4627 亿元，净收入达到 1813 亿元，年交易额同比增长 78%，一跃成为中国收入规模最大的互联网企业。2016 年 7 月，京东入榜 2016 年《财富》全球 500 强，成为中国首家且唯一入选的互联网企业。

京东拥有庞大的物流网络以及海量的供应商数据，非常适合开展供应链金融服务，京东供应链金融服务于 2012 年 11 月 27 日上线。

（2）京东平台上下游特征

京东上游供应商现已超过 4 万家，其中 70%~80% 为京东自营供应商，其余为第三方供应商。这 4 万多家供应商中除部分大品牌外，规模普遍较小。而京东与上游供应商之间的应收账款账期随着京东规模的增长和对供应商话语权的加强不断加长。2011 年京东与上游供应商的平均应收账款账期为 38 天。从 2015 年下半年开始，京东开始要求大幅延长应收账款账期，针对一些品类的供应商，其应收账款账期甚至延长至 120 天。京东自营供应商的平均应收账款账期为 2 个月，而第三方供应商中除唯品会及国美在线等大型第三方平台供应商的账期在 30~45 天外，大部分供应商的账期要长于京东自营供应商。

京东作为自营式 B2C 电商平台，下游直接对接消费者。

（3）平台涉及企业金融服务需求及痛点

京东的平台供应商由于数量多且大多体量较小，议价能力较弱，大部分都会面临应收账款账期长以及库存占用资金量大两大问题。

京东平台上的供应商，无论是自营供应商还是第三方供应商，与京东平台的应收账款账期期限都较长。平均 60 天的应收账款账期对宝洁等大型品牌供应商可能仅仅是影响其资金使用效率，但是对于京东平台的大部分中小供应商来说，如此长的账期将大大限制这些供应商的采购规模。在“6·18”及“双十一”大型活动时，资金缺乏导致采购量不足将严重影响京东终端消费者的购物体验。终端消费者并不希望等待近一个月的时间去获得自己购买的商品。由此可见，京东的供应商对应收账款的融资较为迫切。

库存作为京东上游供应商占用资金较高的另一个项目，同样成为供应商扩大规模的一大障碍。京东的很多上游供应商需要从其上游进货再通过京东平台卖出，供应商在进货过程中一般需要直接支付货款，如应收账款模式，账期普遍较短，一般在 15~30 天。供应商资金的多少直接决定了其进货量的多少。针对库存的库存融资对于京东上游供应商来说需求较为强烈。

（4）京东供应链金融模式

目前，京东已经针对其供应商的应收账款以及库存占用资金问题开展了相关供应链金融服务。其中“京保贝”与“京小贷”作为明星产品，颇受其供应商喜爱。京东作为世界 500 强企业在开展供应链金融服务过程中解决四大核心问题较为容易。

资金来源方面，京东在 2012 年启动供应链金融业务时与中国银行和中国工商银行达成合作，由银行发放贷款作为供应链金融服务的资金来源。后来，由于银行审批环节太多，规模做不大，京东放弃与银行的合作开始使用自有资金。现在，“京保贝”的所有资金都为自有资金，一部分来自“京保贝”的营收，另一部分来自公司融资。而“京小贷”成立初期的资金主要为股东缴纳的资本金、捐赠资金，以及来自不超过两个银行业金融机构的融入资金，“京小贷”通过发债、资产转让等方式拓宽资金来源渠道。

京东金融的资产标的则是京东上游 4 万多家供应商所存在的针对应收账款、库存等造成资金紧张的融资需求。目前已经为 3 万个上游供应商开通了贷款资格，2015 年放款规模已达近 400 亿元。随着京东规模的不断扩大以及供应商数量的上升，京东金融供应链金融业务的资产标的还会不断增加。

针对京东自营供应商的应收账款融资需求，京东金融推出了“京保贝”产品。“京保贝”是集京东基因、大数据基因和互联网基因于一体的一款互联网保理产品，同时也是京东金融的第一款产品。“京保贝”主要面向的服务群体是京东商城自营的供应商，融资门槛低、无须抵押和担保、自营供应商融资申请通过后 3 分钟即可到账。区别于传统金融机构融资产品的固定期限，“京保贝”为客户提供随借随还的服务，客户可以根据自身的实际情况选择融资期限。

针对京东平台上第三方卖家的融资需求，京东金融推出了“京小贷”产品。“京小贷”是开放给京东平台上第三方卖家的信用贷款，解决第三方卖家短期资金紧张问题。“京小贷”以卖家的历史交易、竞争能力、客户等数据为评估基础，来决定贷款额度、还款方式、还款期限变动利率等，单个企业的额度最高上限为 200 万元。同“京保贝”一样，“京小贷”能够实现全程线上操作、1 秒到账、随借随还。“京小贷”还可以根据淡旺季来调整额度，淡季的时候根据历史交易情况以及近几个月交易情况，预测未来几个月交易情况，综合计算后给出额度。到“6·18”和“双十一”大促的时候额度会有适度的提高。

针对京东上游供应商的库存融资需求，京东金融推出了“动产融资”。“动产融资”以传统金融企业不敢触及的在售货物质押为切入点，以专业仓储服务为核心，整合品牌商到零售商的全方位供应链信息，并以此为基础为周转中的货物质押提供授信。京东金融的“动产融资”还实现了动态质押，即智能调整被质押的货品，不把货物压死，而是让货物流转起来，不影响客户的正常销售。

风险控制方面，京东通过掌握的供应商最真实、最有效的订单交易信息对供应商进行系统预测和信用分析。在“京保贝”产品中，“京保贝”后台与京东所有部门数据对接，供应商每天进货多少、每天销售多少、产生多少退货、多少返点这些数据都要拿到，通过数据分析完成风险的控制。“京小贷”以第三方卖家在京东平台上的历史交易、竞争能力、客户信息等数据为评估基础。“动产融资”则以动态货物信息为基础，建立数据化和模型化的方法进行风险管理，更精准地测算额度和利率。

（5）京东供应链金融成效

“京保贝”自 2013 年上线以来已经服务了 2000 余家京东商城的自营供应商，2015 年“京保贝”放款规模为 300 多亿元，单笔融资从万元到上亿元不等，满足了不同规模供应商的融资需求，参与融资的客户贸易增长量超过 200%，且坏账率不足万分之五，远远低于业内平均坏账率水平。

“京小贷”上线一年来累计为超过 3 万个店铺开通了贷款资格，目前“京小贷”实现了对京东体系内供应商和商家的全覆盖。

（6）京东供应链金融成功要素

京东供应链金融的成功主要归功于两方面：第一，京东拥有供应商的大数据；第二，京东拥有自己完善的物流网络和物流数据。

京东掌握了其自有电商平台上大量的供应商采购、销售、财务等多维度数据，基于数据建立风控模型。所建立的风控模型可以对这些数据进行高度集成和处理，从而实现自动化的审批和风险控制。由于整个流程都是在线进行的，因此实现放款时间可由以前的按天计算缩短到 3 分钟以内，极大地提高了效率。京东的供应链金融服务是基于京东之前在供应链上的积累，给用户体验带来的一次巨大提升。

京东之所以可以做“动产融资”，是因为自建的物流网络和其中所承载的物流数据为其提供了货物的实时信息。

平台类自金融

1. 平台类自金融的特征

相对于产业类自金融中，企业处于产业链条上，商品与服务会流经核心企业；可以将处于产业链条之外，但服务于产业链条的企业所开展的企业自金融称为平台类自金融。

平台类自金融具有如下三点特征：第一，从开展主体的角度，企业并不在产业链条上，不参与生产制造等产业链环节，但是为整个产业链条服务；第二，从服务对象的角度，平台类自金融主要服务于供应链上的中小企业，这类型的企业金融需求较为丰富；第三，从服务模式角度，平台类企业会以融资服务为切入点为产业链条上的其他企业提供金融服务。平台类自金融的金融服务同样有很多形式，而现今较为成熟的模式是由平台类企业提供的供应链金融服务。

平台类自金融的第一大特征是企业并不处于产业链条上，也不涉及供应、生产、制造等环节，而是以平台服务的方式为产业链上的企业提供服务。这种平台服务包括物流、信息服务、销售平台等，为产业链条提供生产经营优化、供应链条运转等支撑。因此，平台类企业仅仅作为产业内的服务提供商，而不是生产、制造、销售商。例如，顺丰、EMS 等物流服务商或者淘宝、京东等电商平台。

平台类自金融的第二大特征是平台类企业利用在服务产业链过程中所掌握的数据信息，对数据信息进行分析加工，重点向其中的中小企业提供金融信息服务。这种服务与目标对象的需求有关，大型企业已经被传统金融机构所覆盖，中小企业的金融空白是需要优先填补的对象。

平台类自金融的第三大特征是平台类企业会以融资服务为切入点为其所服务的其他企业提供金融服务。与产业类自金融服务相类似，平台类自金融中的平台企业也将代替传统金融机构的部分职能，承担信息收集、信息加工、信息传递、资产获取等核心职能，充当金融信息服务的主体。先以融资服务为切入点，为其平台上所服务的企业中的资产标的对接资金。

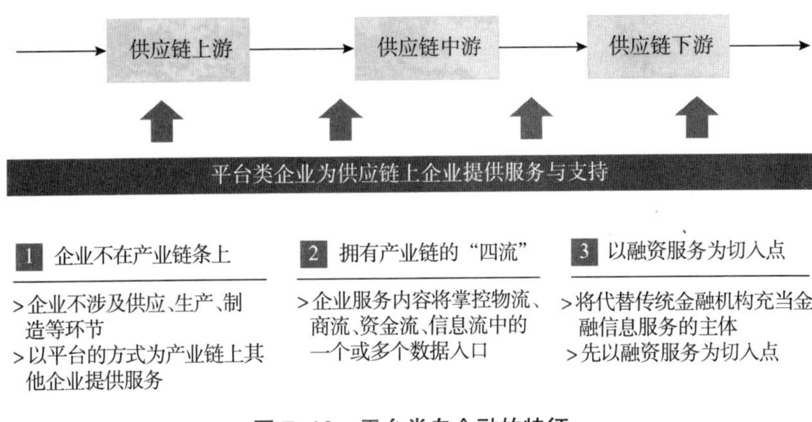

图 7–18　平台类自金融的特征

2. 平台类自金融的适用原则

在明确平台类自金融的特征后，需要思考到底具备哪些特征的企业或场景适合开展平台类自金融。为此，主要从三个维度考虑，一是供给，企业是否具备提供自金融的比较优势；二是需求，服务对象存在对应的金融痛点或未被满足的金融空白；三是效率，企业自金融需要实现低成本高效率，高昂的成本将使得服务难以为继。

因此，平台类企业需要具备三大特征，平台类自金融业务才具有开展的价值：企业所开展的业务使其能够掌握包括物流、商流、资金流、信息流“四流”中的其中一流或多流；企业提供服务所涉及的行业中，被服务企业中的一部分为中小企业，具有金融服务需求及痛点；企业如果是垂直行业服务商，那么其所服务的行业规模要足够大；如果企业所提供的服务是跨行业或通用性的，那么其服务规模必然够大。

原则描述	原则解释
1. > 平台类企业所服务的行业中至少有一个为规模较大的行业	> 行业规模大是开展金融服务达到规模效应的基础 > 有较多的资产来源和融资标的
2. > 平台类企业所开展的服务涉及“四流”中的一流或多流服务	> “四流”数据的积累决定了企业是否拥有开展金融服务时所依赖的风险控制基础
3. > 平台类企业所服务的行业中存在中小企业	> 行业内有金融服务需求以及金融服务痛点才能使平台类企业拥有开展金融服务的空间

图 7–19　平台类自金融的适用原则

第一，为了能够掌握平台类自金融的比较优势，适用的企业并不要求具有特定的服务类型，但是其服务内容一定会使其掌握了物流、商流、资金流、信息流“四流”中的一个或多个数据入口。正如前面所述的企业自金融逻辑，企业能够开展自金融的基础正是因为其掌握的数据和信息具有比较优势，只有当企业拥有数据入口时，才能凭借数据建立风控模型，掌控金融服务风险，决定授信额度以及还款方式等其他金融服务条款。因此，平台类企业所提供的服务必须使其能够掌握数据或信息，并且在围绕场景开展的基础上，“四流”数据必不可少。因此，像物流企业、软件公司、电商平台等正好具备这种掌握“四流”数据的条件，而这个要求也是极为重要的，企业在开展自金融前可以作为自身审视的必要条件。

第二，开展平台类自金融的企业所服务的行业中要求存在较多中小企业，有金融服务需求以及金融服务痛点才能使平台类企业拥有开展平台类自金融的空间。与产业类自金融的痛点相同，规模小、分散的企业意味着其很难从传统金融机构渠道获得金融服务，在金融需求特别是融资环节存在的痛点较多。而金融需求及痛点是平台类企业开展金融服务的市场空间。比如，电商平台淘宝上就有大量的中小商家，淘宝可以为这些存在较大金融痛点的中小商家提供融资服务，扶持中小企业发展。

第三，企业所服务的一个或多个行业的规模够大是平台类自金融能够实现低成本、高效率经营的要求。与产业类自金融类似的是，平台类自金融同样需要规模效应，形成规模效应能够降低资金成本、运营成本、风控成本等，同时使边际成本降低。进一步地说，规模效应意味着具有较多的资产来源和融资标的，有利于形成自金融的金融信息服务能力和品牌效应。

综上所述，服务大行业、掌握强信息、服务小企业是平台类自金融的适用性要求。

3. 平台类自金融目标客群及实践

根据平台类自金融的适用原则，可以总结出一些涉及“四流”服务的行业。其中，涉及物流的物流行业，涉及商流的电商平台类企业，涉及资金流的 POS 机企业，以及涉及信息流的软件服务提供商企业。可以关注自身开展平台类自金融服务的可能性，如顺丰物流、唯品会等。

物流企业在为其他企业提供服务的同时，也获得了企业在物流方面的数据。一般来讲，物流企业大多深耕行业多年，与所服务企业的业务往来较为密切，且拥有较长时间的业务往来数据，能够很好地掌握所服务企业的运营情况。在融资服务的提供过程中，物流

适用行业		行业特点
	物流	> 物流企业深耕行业多年，与所服务企业关系较为密切 > 物流企业掌握着所服务企业的全部产品流通信息
	电商	> 电商平台在提供服务的同时掌握了客户的商流数据信息 > 掌握的信息包括仓储、商品、付款等各类真实信息
	POS机公司	> POS机公司主要掌握的是企业的资金流信息
	软件服务提供商	> 软件服务提供商在提供IT解决方案的同时也掌握了其客户的信息流数据

图 7–20　平台类自金融的适用行业

企业掌握着从开始的产品质押到最后的货款收回的全部产品流通信息。并且，物流企业可以对产品进行实时冻结，对风险的掌控较强。

以 UPS 为例，UPS 作为全球著名的第三方物流企业，其主要业务涵盖国内快递、国际快递、供应链和货运三类。虽然 UPS 的快递业务占据了公司业务的主流，但近年来公司不断进行新兴业务的探索，供应链金融便是其中之一。UPS 通过开展供应链金融服务一方面提升企业的盈利能力，另一方面通过为供应链中的弱势企业提供金融服务以增强弱势企业的黏性，进而提升公司传统快递业务的业绩。UPS 自 1986 年开始技术改造后，对货物流以及信息流的掌控能力趋于稳定，其对供应链中的企业的货物流通以及发展情况非常了解，能很好地帮助其对企业进行评估。并且，由于其对融资方公司的货物的掌控，即使融资方出现问题，UPS 依靠其货物全球跟踪系统可以实时对货物进行冻结，在风险控制方面具有明显优势。

电子商务平台在为其客户提供平台销售服务的同时，也掌握了客户的商流数据资源。电子商务平台所掌握的关于其客户的仓储、商品、付款等各类真实信息将帮助其建立一个包含多个关注指标的实时预警体系，也可以积累平台上形形色色的中小微企业的真实需求。可以说，电子商务平台凭借其掌握的客户商流数据开展平台类自金融服务具有天然优势。

以阿里巴巴平台为例，其在 2010 年率先成立小贷公司，凭借其拥有的商户商流数据为中小企业提供小额网络信用贷款服务。从公开数据可以看到，阿里小贷的平均贷款期限仅为 1~2 周，按日收息 0.05%~0.06%，平均年化利率约为 18%。虽然其商流数据信息现仅支持最高为 5 万元左右的贷款额度，但是依靠这些数据信息建立其风控模型成功帮助阿里小贷将不良贷款率控制在 1% 以下，这与各大银行的坏账率数据相比也不落下风。

POS 机公司主要掌握的是其客户的资金流信息。POS 机公司通过签约商户，掌握了海量的商户资金流数据。而根据海量以及长时间的资金流数据，POS 机公司可以建立模型对商户的未来资金流进行预测。预测模型将帮助 POS 机公司很好地确认需要融资服务的企业的授信额度，以及还款能力等信息。

软件服务提供商作为掌握信息流数据的平台企业，可以依靠这些信息数据为所服务企业提供金融服务。

以汉得信息为例，作为本土最大的 SAP（全球性的企业应用软件和解决方案提供商）、Oracle 等高端 ERP 的实施服务商，已拥有 20 余年的 ERP 资讯服务经验并积累了近 1500 家核心企业用户，其为平台上核心企业所在产业链上下游的中小供应商提供供应链金融服务。汉得信息供应链金融服务的客户积累主要采用 1 × N × M 策略，即由 1 个核心企业带动 N 个供应商、N 个供应商又带动 M 个各自的供应商，形成网状交叉结构，以提升供应链协同、降低供应链运营成本。在风险控制方面，汉得信息主要通过供应商与核心企业的累积数据进行授信融资，具体通过自主搭建基于云计算的中小企业供应链金融平台，并且对接 ERP 的供应链模块，获取交易、采购、发货、开票等真实数据，作为供应链金融服务的风控引擎和信用背书。

4. 怡亚通案例分析

（1）企业简介

怡亚通成立于 1997 年，是中国率先与国际接轨的供应链服务商之一，并致力于成为“全球最优秀的专业供应链服务商”。在怡亚通的深度供应链业务中，它从上游供应商获得货物后，将货物直接分销至大型卖场、门店、超市以及中小型零售商，省去了中间多级分销商环节。上游供应商无须再逐一应付众多分销商，只需单一委托怡亚通，即可实现分销渠道成本的节省。

怡亚通的模式需要自身渠道相配合。为建立自身渠道，怡亚通在 2009 年推出了“380 平台计划”，该计划将建立覆盖中国 226 个地级市和长三角、珠三角、环渤海 150 余个经济发达的县级市的深度业务平台。总计平台数量约 380 个，故称 380 平台。怡亚通将通过 380 平台以及先进的信息技术，整合全球资源，专业承接企业非核心业务的外包，包括物流外包、商务外包、结算外包、信息系统及数据处理外包，提供以采购执行、分销执行为核心的多样化服务产品。

怡亚通用 6 年多的时间打造的 380 平台网店背后待挖掘的价值巨大，毫无疑问，供应链金融业务就是其中之一。怡亚通于 2015 年开始开展供应链金融服务，旨在为客户提供更好的配套服务，提高服务质量，增强客户黏性。

（2）供应链平台上下游特征

怡亚通供应链平台的上游企业为快消品行业品牌厂商。自 2009 年 380 平台启动以来，怡亚通已成功导入上游品牌客户 1000 多家，其中大型快消品品牌商，如宝洁、中粮、联合利华、雀巢等世界 500 强企业和细分行业前三名客户共计 60 多家。

怡亚通为其上游客户提供深度供应链服务，以各地建立的深度分销平台为依托，帮助品牌商实现渠道、终端直供等一站式供应链服务。怡亚通通常与客户签订一定期限的供应链管理综合服务合同，根据合同提供量身定制的个性化服务，基于业务发生金额、提供服务类型，按一定比例收取服务费。由于业务的多样化、非标准化，怡亚通没有一个标准化的费率水平，但是基本原则是服务层次越多、涉及供应链链条越长，收取的服务费率就越高。

怡亚通的下游企业为零售终端的零售商，目前有近 100 万家，其中中小零售商占了近 80%，其余 20% 为大型卖场、门店、商超等零售商。而在未来 3 年内，要全部完成 380 个城市的网络建设，覆盖超过 300 万个零售终端。由于怡亚通未来 3 年的网络建设多集中在一二线城市，未来纳入网络的零售终端的中小零售商占比将更高。

与怡亚通合作的终端零售商可以根据市场供求及产品进价自主决定零售价格。终端零售企业一般账龄时间较长，但是怡亚通通过提供结算服务，将代替品牌商承接一部分账龄，帮助品牌企业提高资金运营效率。

（3）供应链平台涉及企业金融服务需求与痛点

怡亚通的上游品牌商由于处于零售业中，一般会面临较长的应收账款账期。较大的品牌商，如宝洁、中粮等可能仅仅面临的是较差的资金运营效率。相对较小的品牌商可能会面临资金紧张、周转困难的问题。下游零售商中的大型零售商由于与上游供应商间的应收账期较长，在采购时不会占用过多资金。但是中小零售商受限于其自身议价能力，也会面临资金紧张问题。

怡亚通上游品牌商中较小的经销商由于议价能力较弱，与其下游零售商之间的应收账款账期较长，一般在 90 天左右，资金占用时间久，资金压力相对较大。所以中小品牌商针对应收账款融资的需求较为强烈。

怡亚通的下游终端零售商因为涉及较多的中小零售商，在经营过程中或多或少会因为采购、库存占用、经营拓展等面临着不同程度的资金问题。而且，中小零售商由于受自身规模的限制，通常陷入融资难的瓶颈，主要表现为成本高、风险大、担保难、信誉低、有效抵质押物少、信息不对称、融资渠道窄、金融工具少等。

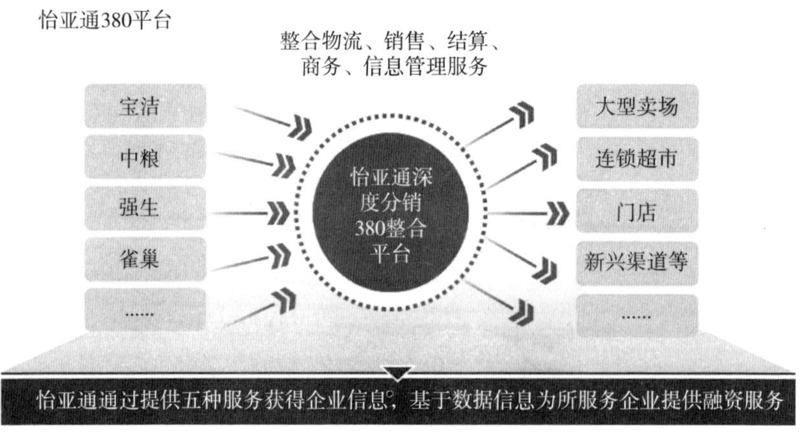

图 7-21　怡亚通案例

中小零售商通常不具备应收账款账期的谈判权，在采购时就需支付全额货款。因此，针对中小零售商的采购融资非常重要。另外，库存积压作为困扰中小零售商的另一难题，也在一定程度上加重了中小零售商资金紧张的问题。最后，面对市场上涨，中小零售商若要拓展经营范围，无法获得项目融资则制约了其进一步发展壮大的可能，也从一定程度上制约了品牌商的市场份额上涨。

（4）怡亚通供应链金融模式

怡亚通看到其平台上的中小零售商的金融服务需求，针对其痛点推出了小额贷款业务。它依靠自身上市企业资质以及380平台等资源优势，很快地解决了开展供应链金融服务所面临的资金来源、资产标的、金融产品以及风险控制四大问题。

怡亚通打造了一个O2O网络金融服务平台，为其覆盖的百万零售终端提供了一个融资平台——宇商金融。宇商金融平台的资金来源初期是银行。怡亚通上市公司的资历以及良性的业务发展为其创造了良好的信用和银企关系。怡亚通开展供应链金融业务以来，从银行拿到的授信利率为8%，资金成本相对较低。它认识到依靠银行信贷获得的资金数量有限，将限制供应链金融业务的发展，随即成立了网贷平台，通过吸收投资者资金扩大资金来源，支持其供应链金融业务的发展。

从资产端方面来看，怡亚通下游终端已经超过100万个，并且预计近两年每年都将以50万个终端的速度增长，于2017年超过300万个终端。这些原有客户都将成为怡亚通供应链金融的第一批客户，为供应链金融提供可靠资产。

目前，怡亚通仅提供针对其下游的小额贷款业务，涵盖采购融资、库存融资或建店融资。它在对借款方进行资质审核之后，决定发放贷款额度与贷款利率。怡亚通的贷款余额中，贷款期限大部分为6个月，贷款的平均年化利率为13%~14%。

在风险控制方面，由于怡亚通供应链金融的利差仅为4%~5%，如果坏账率达到5%的水平，供应链金融服务的利润率基本为零。所以，风险控制对于怡亚通来说非常重要。基于其所掌握的供应链中商流、信息流、物流、资金流的大数据，建立风控模型进行风险控制。风控模型可以从融资者背景、资金储备、运营能力、分散度等多维度全方位评估风险。

（5）怡亚通供应链金融成效

怡亚通自2015年下半年开展供应链金融服务以来，1年时间里累计贷款余额大约为5亿元。公司实现利息及手续费收入为2.97亿元，较去年同期增长55.04%，金融业务毛利为2.36亿元，较上年同期增长59.27%，毛利率约为70%。未来，随着终端门店的大幅增加以及金融业务的拓展，将实现贷款余额30亿元。年收入仍将保持50%以上增速，达到4.64亿元。

（6）怡亚通供应链金融成功要素

怡亚通发展供应链金融的初衷是更好地为客户提供配套服务，主要目的在于提高服务质量，增强客户黏性。而其供应链金融拥有年增长超50%的成绩主要归功于两方面，一方面是怡亚通的380平台所聚集的资源，另一方面则是其在供应链行业经验的沉淀。

从2009年至今，怡亚通已在全国近200个城市建有整合分销平台，拥有1000多个国内外知名品牌的上游供应商，覆盖零售终端100万个，未来3年内将全部完成380个城市网络建设，覆盖超过300万个终端。380平台所汇集的庞大资源为供应链金融服务的建设奠定了用户基础。

怡亚通拥有供应链行业经验的沉淀。十多年的经营发展，使其具备了对商流、物流、信息流、资金流高效的管理能力。另外，全信息化的运营体系，让它可以随时了解零售商的相关数据以掌控风险，也成为打造O2O网络金融服务平台的关键优势。

5. 顺丰案例分析

(1) 企业简介

顺丰于1993年在广东顺德成立，坚持以“成为最值得信赖的，基于物流的商业伙伴”为企业愿景，持续专注于服务质量的提升、持续加强基础建设、积极研发和引进具有高科技含量的信息技术与设备，以确保服务质量的稳步提升。在物流行业的激烈竞争中，顺丰凭借其独特的定位和优势长期保持行业龙头地位。

顺丰经过20余年的经营建设已在国内实现了全范围的网点覆盖和相匹配的设施建设，截至2015年底，顺丰已建有1.2万余个营业网点，覆盖了中国大陆31个省、自治区和直辖市，300多个大中城市及1900多个县级市或县区。同时，已拥有约1.5万台营运车辆和30余架自有全货机，搭建了以深圳、杭州为双枢纽，辐射全国的航线网络。此外，还积极拓展国际件服务，目前已开通美国、日本、韩国、新加坡、马来西亚、泰国、越南、澳大利亚、俄罗斯、蒙古等国家的快递服务。

顺丰所处的物流行业拥有巨大的数据挖掘空间，作为龙头企业，庞大的客户量和多元化的业务形态使得这些数据的价值更为突出，供应链金融业务便是其中一个较大的可能，事实上顺丰早在2014年就已涉足这一板块并在其中进行耕耘。

(2) 顺丰平台上企业金融服务需求及痛点

顺丰服务平台上拥有庞大的客户资源，总客户量在4000万个以上，且客户整体较为分散化，其中像小米、华为、苹果等前五大客户销售金额在总营业收入中的占比不超过2%，来自中小型企业的业务收入仍占顺丰总收入的50%以上。

但是，顺丰平台上的中小型经销商和零售商通常面临着资金不足的问题。这些企业大多在供应链上处于弱势地位，由于话语权的缺失通常存在较长的应收账期，这对其整体经营资金的占用较为严重。此外，这些企业也都在一定程度上出于库存占用、扩大经营等需求存在资金流转不畅的问题，加之中小企业存在经营规模小、抵质押物匮乏、信用度不高和担保不够等问题，在向传统金融机构寻求借款的过程通常并不顺利，因此它们的融资需求难以得到满足。

顺丰平台上电商企业保持着较高的占比，由于现有的经营模式问题在市场中会陷入资金困境。在电子商务如此发达的今天，电商企业带来的营业收入占比在顺丰的总营收中保持着平稳增长。然而由于越来越多的电商企业正逐渐往轻资产的方向和模式转变，部分电商因为依靠互联网销售，缺乏传统金融机构认可的固定资产，很难从银行获得贷款，通常会陷入资金困境。

（3）顺丰供应链金融模式

针对其企业客户的融资需求并致力于为消费者和机构客户提供更好的金融服务体验，顺丰于 2014 年成立顺丰合丰小额贷款有限公司，作为顺丰集团旗下的全资子公司，拉开了顺丰金融为客户提供金融服务的序幕，并设计解决了主要的金融产品、资金来源以及风险控制这三大内容。

在金融产品方面，当前顺丰金融在供应链金融领域主要拥有四类金融服务模式，分别为基于货权的仓储融资、基于应收账款的保理融资、基于客户经营条件与合约的订单融资、基于客户信用的顺小贷。

顺丰于 2015 年 3 月开始通过全国上百个仓库为品牌经销商和电商商家提供分仓备货，同时推出仓储融资服务。优质商家如果提前备货至顺丰仓库，不仅可以实现就近发货，还可凭入库的货品拿到贷款。这一金融服务模式在客户信用评级的基础上，将顺丰仓储中的商品作为抵押，从而获得质押贷款，解决客户商品采购等临时性资金需求，让客户在使用顺丰分仓备货的同时享有可灵活调整的信贷额度，以解决资金短缺之急，随借随还，最大限度地降低客户资金使用成本。根据企业的资质和抵押的货品情况，顺丰可提供3~12个月额度为10万~3000万元的质押贷款，日贷款利率为0.025%~0.05%。

除了传统的仓单质押，顺丰仓储质押业务还可以实现动态质押。借助互联网，通过仓储WMIS管理系统监测客户每天的货流量和货值，实现数据的实时在线更新，从而使得仓储质押业务方面实现动态变动授信额度的功能，与以往在仓单质押过程中需要提供很多数据相比，提供了非常精准的服务基础。

保理融资是针对顺丰及顺丰客户的上游供应商，基于它们与采购商订立的货物销售/服务合同所产生的应收账款（法定禁止转让的除外）所提供的应收账款融资服务，日贷款利率在0.04%左右。这一服务可以有效减轻上游供应商的账期压力，使得它们的资金利用更加充分。

在具体的操作过程中，上游供应商的应收账款将转让给顺丰保理，由顺丰保理为其提供应收账款融资服务。借贷的还款需由采购商直接将货款支付到保理公司账户，由保理公司抵扣本息后多退少补给供应商。

订单融资是针对顺丰及顺丰客户的上游供应商、基于它们与顺丰及顺丰客户的订单所提供的流动资金贷款，并用于它们支付订单项下的采购支出的金融服务。

顺丰金融提供的订单融资支持服务设备与商品等各类订单，致力于最大限度地满足供应商需求，在具体的操作流程上，顺丰及顺丰客户的销售回款将作为第一还款来源。

顺小贷是针对使用顺丰快递、信誉良好，从事商品销售的品牌经销商、电商等客户，基于他们在过往交易中的信用记录，对其在经营中产生的临时性资金需求而提供的信用贷款服务。根据客户具体的信用和经营需求，顺丰可提供期限在3~12个月、日贷款利率为0.03%~0.05%、贷款额度为5万~100万元的信用贷款。

顺丰四类金融产品针对客户的不同融资需求提供了精准定制化的金融服务，在资金来源上，目前顺丰主要是依靠集团的自有资金和银行贷款两个资金渠道。长期来看，顺丰金融已经开发了电子钱包及旗下的顺手赚等金融理财/投资产品，未来将通过吸纳投资理财/投资资金扩大资金来源，更有效地支持其供应链金融的开展有可能会实现。

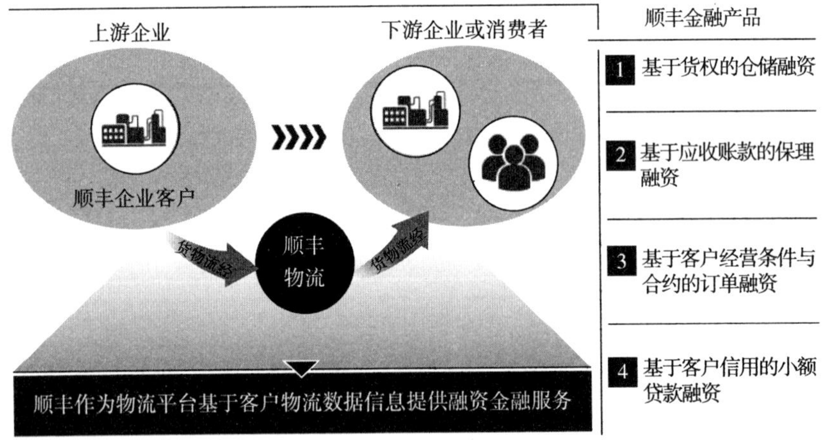

图7-22 顺丰物流案例

在风险控制上，顺丰主要结合“四流”，即物流、资金流、信息流、商流对金融服务的风险进行管控。首先在物流方面，主要是由顺丰速运、顺丰仓配、顺丰供应链等产品积累的物流数据作为信息来源；其次在资金流和信息流方面，主要由历史交易数据、支付交易数据、物流系统信息以及征信引入，这些 B2B 交易过程中沉淀下来的数据，便于顺丰在供应链金融业务时进行评级和评估；最后在商流方面，主要信息来源是顺丰优选、顺丰海淘等产品，以上这些板块支撑着整个顺丰供应链金融业务的开展。

（4）顺丰供应链金融开展成效

顺丰多样化并具备便利性的金融产品在市场中获得了很好的响应，尤其是结合物流行业特色设计的仓储融资为融资企业带来了极大的便利，众多中小经销商，包括小米、乐视的经销商都使用顺丰的仓储融资等服务。

（5）顺丰供应链金融成功要素

顺丰的供应链金融业务之所以能够开展并获得响应主要归结于三点：第一，顺丰 20 余年的物流经营经验积累了大量的用户数据；第二，顺丰具备线下仓储网点等基础设施以及直营的经营模式；第三，顺丰提供了满足客户需求的金融产品。

顺丰作为物流行业的龙头老大，具备 20 余年的经营经验，无形之中已经积累了客户在采购、运输、销售等多维度的海量数据，这使得在进行风控管理时能对客户的“四流”进行精准的把握，也构成了其开展供应链金融业务的基础。

顺丰相比银行有更丰富的仓储管理经验，为从事仓储融资提供了良好的业务基础。现在顺丰拥有 80 多个物流产业园，200 多万平方米的仓储面积，并且可以实现全国仓与仓之间的及时调配和信息的实时沟通，这为顺丰开展仓储融资服务提供了垂直管理的优势。此外，顺丰的直营业务模式使总部对全国的快递网络有较强的控制力，有利于它在金融业务上的开展和推进渗透。

顺丰推出动态质押的仓储融资服务结合了物流行业的特色与优势，为融资企业带来了巨大的便利。顺丰的动态质押很好地贴合了物流行业客户仓储快速流动的情况，并通过对动态的变量因素进行实时更新和计算来提供动态的授信额度，对提升客户满意度和客户黏性发挥了极大的作用。

福利类自金融

1. 福利类自金融的特征

福利类自金融是一类较为特殊的企业自金融，主要是指企业为内部员工提供金融信息服务。实际上，企业掌握丰富的员工信息，与员工之间开展金融服务具有天然优势。这类自金融具有三大特点：第一，金融信息服务范围仅为企业内部；第二，金融信息服务的对象为企业内部员工；第三，金融服务主要以资产业务为切入点。

与集团类和流动性增值类自金融服务类似，福利类自金融服务的开展范围也是针对企业内部。顾名思义，福利类自金融是为企业集团员工提供福利的一种自金融服务，其服务范围在初期应该仅覆盖企业集团内部。在业务逐渐发展成熟后也可作为解决方案提供商将服务输送给企业集团关联企业或上下游企业。

福利类自金融服务的对象为企业内部员工。与集团类、流动性增值类不同的是，福利类自金融服务的对象不再是分（子）公司或连锁机构等企业用户，而是以员工为主体的个人用户，并以金融服务的方式，解决员工在传统金融中存在的问题，增进员工福利。

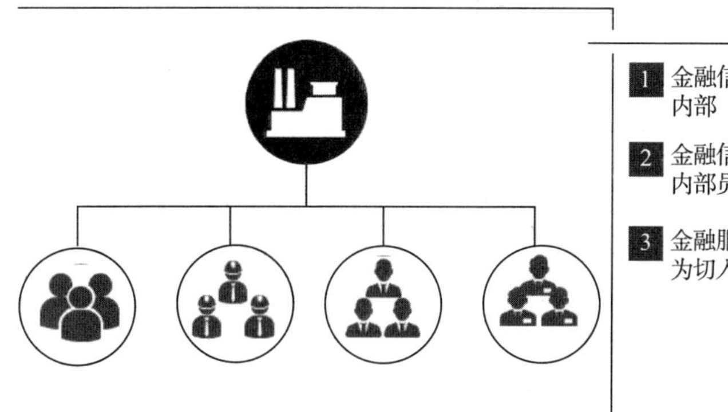

1 金融信息服务范围仅为企业内部

2 金融信息服务的对象为企业内部员工

3 金融服务主要以资产业务作为切入点

图 7–23　福利类自金融特点

对于员工这类服务主体，服务的主要切入点将是资产业务——为员工的流动性和消费提供融资。传统金融针对个人的理财 / 投资服务已经非常丰富，而企业与员工之间的关系也决定了他们不存在太多能够实现理财 / 投资升级的场景。为了切入资产业务，企业需要替代传统金融机构充当金融信息服务的主体，实施个人信息获取、征信、风险控制等重要职能，开展对其内部员工的融资为主、理财 / 投资等为辅的金融信息服务。

2. 福利类自金融的适用原则

福利类自金融可以进一步提升员工的忠诚度、提升团队的稳定性，进而提升企业的战斗力。实际上，如商业银行、腾讯等都为员工提供低息房贷，所以腾讯也是 BAT 中员工忠诚度较高的。

从需求角度来说，员工对融资服务的需求是普遍存在的，特别是随着生活成本的不断上升，一二线城市年轻员工或有特定业务需求的企业员工的需求最为强烈；从供给能力的角度来说，企业必须考虑员工的履约能力、违约成本及自身对员工的风险把控能力。为此，具有如下特征的企业非常适合开展福利类自金融。第一，企业规模较大，员工较多，从而能形成规模效应。第二，员工收入较高，流动性较低，从而具备较高信用。第三，员工平均年龄较低，可以与年轻员工消费升级需求匹配。第四，企业员工需要垫付较多的工作费用，如差旅费等，从而有流动性需求。

企业规模大，员工数量多是企业开展福利类自金融并形成规模效应的前提。与其他自金融服务类型类似，企业开展福利类自金融服务需要严格控制成本。员工数量多，则自金融服务的潜在用户基数大，在自金融业务开展起来后容易产生规模效应，有效降低资金与风控成本。

员工收入较高，但流动性较低，企业开展福利类自金融服务的风险将会降低。一方面，员工的收入水平决定了其未来的还款能力，较高的收入水平保证了员工在得到了融资服务后的履约能力，也相应地降低了企业开展福利类自金融服务的风险。另一方面，较低的员工流动性意味着员工平均在职时间更长，员工忠诚度高，不但使企业拥有更丰富的员工数据，还能够对员工有更强的把控能力，使员工有更强的履约意愿、降低道德风险。

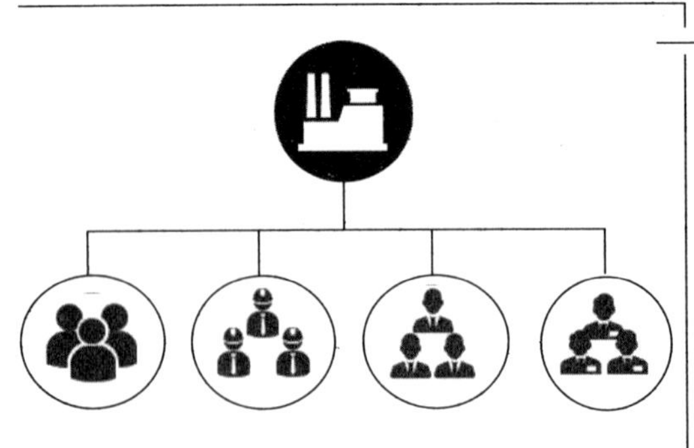

1 企业规模较大，员工较多，从而能形成规模效应

2 员工收入较高，流动性较低，从而具备较高信用

3 员工平均年龄较低，可以与年轻员工消费升级需求匹配

4 企业员工需要垫付较多工作费用，如差旅费等，从而有流动性需求

图 7–24　福利类自金融的适用原则

员工平均年龄较低，与年轻员工的消费升级需求相匹配为企业开展福利类自金融服务提供了市场基础。尽管消费升级是现今市场的普遍趋势，但在年龄较小的人群中消费升级的需求更加迫切。而消费升级所带来的改变则是消费者愿意用更高的价格购买更高品质或者更具个性化的产品。并且，年轻阶层因为初入社会，存款较少，经济能力暂时有限，在进行大额消费时会存在自身目前收入能力无法满足需求的情况。因此，如果企业员工的平均年龄较低，那么企业内部对融资服务的需求是非常大的。

而另一部分核心需求则是由员工垫付较多工作费用所产生的流动性需求，这是福利类自金融的另一部分市场基础。很多企业由于业务需求通常需要员工外出工作，并且需要员工先行垫付差旅费再由企业核准报销。当差旅费用、招待费用较大且报销流程较长时，员工会出现流动性紧张，这时就需要企业为员工提供金融服务解决员工暂时性的流动性需求。所以，如果企业需要员工垫付较多工作费用时，是非常需要开展福利类自金融服务的。

3. 福利类自金融的适用行业

根据福利类自金融的特征和适用原则，可以初步定位几个比较适合开展福利类自金融的行业：互联网行业、金融行业、通信科技行业、会计师事务所等专业服务机构，如腾讯、华为等。

互联网行业作为进入 21 世纪以来发展最快的行业，规模不断增长，互联网行业在国内的发展与在我国的普及程度息息相关，所以互联网行业在我国是一个非常年轻的行业。互联网行业的从业人员平均年龄也相对较年轻，即便是高管层也以“70 后”“80 后”居多。并且，互联网行业为了吸引人才，总部多设立在北上广深等一线或准一线城市，这就使当地房价和企业内员工的平均生活成本变得非

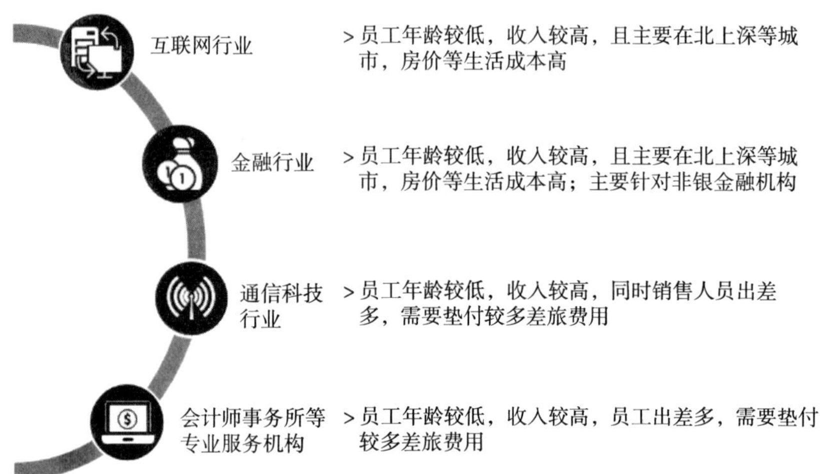

图 7–25　福利类自金融适用行业

常高。根据国家统计局调查，2014 年我国互联网从业人员的平均工资为 100845 元，远高于城镇就业人员平均工资 56360 元。可见，互联网从业人员的收入水平相对较高。

综上所述，互联网行业员工平均年龄较低，收入较高，且主要分布在北上广深等一线或准一线城市，房价等生活成本较高，是非常需要企业为其提供福利类自金融服务的。由于企业掌控了员工的真实收入信息，并且与员工存在真实劳动雇佣关系，与银行等传统金融机构相比有比较明显的信息优势。企业可以以无息或低息贷款为产品切入点，根据员工未来收入调整授信额度，为员工解决购房、购车等资金需求问题。

会计师事务所等专业服务机构随着大量的外资机构引进，开始迅速发展起来。与互联网行业相似，这类专业服务机构在我国的发展时间并不算长，并且行业内人员流动性较大，行业内员工的平均年龄相对较小。为方便服务其客户，专业服务机构的总部以及分部一般设立在一线及准一线城市，因此也拉高了员工的平均生活成本。另外，专业服务机构的从业人员大部分需要较高的专业知识，这也决定了从业人员的收入水平比平均水平更胜一筹。

所以，会计师事务所等专业服务机构也是非常适合开展福利类自金融服务的。与互联网企业类似，专业服务机构可以以无息或低息贷款产品为切入点，根据员工未来收入调整授信额度，解决员工购房、购车等资金需求。但是，与互联网企业不同的是，专业服务机构从业人员出差较多，垫付较多的差旅费用同样会为员工带来暂时性的流动性紧张。为员工提供针对差旅费的现金服务也是开展福利类自金融非常重要的一部分。

4. 汇量科技案例分析

（1）企业简介

汇量科技（Mobvista）于 2013 年 3 月成立，旗下拥有覆盖全球的移动数字营销平台和移动网游海外发行平台，已建立起覆盖全球 240 多个国家和地区、每天超过 100 亿次展示量的移动流量体系，并拥有涵盖超过 20 亿设备数据和超过 2000 个人群定向标签的用户数据库，主要客户包括百度、阿里巴巴、360、Uber、King、Flipkart 等全球知名企业。

2015 年，汇量科技分别与 Google AdWords、Twitter 和 Facebook 三大国际顶级移动平台建立战略合作关系。同年，汇量科技被全球领先的第三方移动数据监测机构 AppsFlyer 评选为全球移动榜单影响力前三，其中，在电商、旅行和工具类应用的安卓榜单上排名仅次于 Facebook，名列全球第二；游戏类应用位于 Facebook 和 Chartboost 之后。两项排名均位居亚洲第一。

（2）企业和员工对于员工金融服务的需求

汇量科技作为一家现代科技公司，深知企业的竞争很大程度上在于人才的竞争。企业如何有效地吸引人才和留住人才，使企业保持强劲的生命力，是形成企业核心竞争力的关键。员工福利作为吸引人才和留住人才的重要手段，在企业的人才战略方面占据了重要地位。如何切实贴合员工需求，设计具备竞争力的员工福利对于汇量科技也是一项重要举措。

从员工的视角来看，科技类公司的员工普遍比较年轻，因此面临着较大的经济压力，其中购房、买车等大额消费成为他们的主要经济压力来源，旅游、求学等具备一定临时性的支出也会很大程度上影响员工的资金周转，也是造成经济压力的重要影响因素。

企业员工旺盛的金融服务需求在现有的市场上难以得到满足。银行借贷普遍具有担保要求高、申请流程复杂和放款速度慢等问题，这给没有重大担保物且资金需求较为紧急的员工申请贷款带来了障碍。现在盛行的互联网借贷虽然具备较快的审核处理速度，但在资金数额上相对较小，难以满足员工购房、买车等大宗的资金需求。

（3）金融服务模式

针对员工对金融服务的迫切需求，汇量科技于 2015 年 11 月在基础福利之上推出了员工特别福利，即针对员工消费需求定制的信用贷款服务，不仅提供了远低于市场的借款利率和简单快捷的借款流程，还对首单借款发放补贴，帮助企业员工解决置业、买车、装修、旅游、教育支出、日常消费资金周转等问题，让员工感受到企业的关怀。

在具体的金融借贷产品上，汇量科技提供给员工最高借款金额可达 50 万元，借款利率在 7% 左右，首单补贴之后的利率更是低到 5.7%。相比于市面上的部分金融产品，如浦发银行的万用金年息 18.98%，微众银行微粒贷年息 18.25%，支付宝借呗年息 14.6%，可以看出企业给员工的借贷利率的竞争力尤为明显，对于员工有很强的吸引力。

在员工借贷的资金来源上，汇量科技主要与福利金融平台合作，接入福利金融平台的资金，对企业员工进行授权发放。这种外接资金来源的方式既让员工享受到借贷的福利，同时又解除了对企业自有现金流的占用。

在风险控制上，汇量科技与福利金融合作在员工资质审核、员工征信、自建风控数据模型和贷后监控四个方面对风险进行管控。在员工资质审核上，企业人力资源将会作为风控管理人，基于员工的薪资水平、岗位、工作年限以及未来的发展空间等因素对员工的还款能力进行审核；在员工征信上，福利金融对接了众多第三方征信渠道，包括芝麻信用、华道、百融、91 征信、宜信致诚等，对员

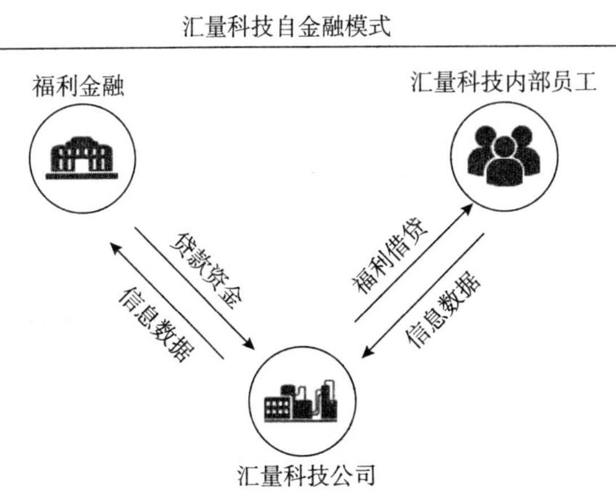

汇量科技成功要素

1. 企业积累了对员工信息的了解，可以有效降低风险
2. 外接金融平台，保证了内部资金的流动性
3. 企业紧紧贴合员工的金融需求，设计出具有吸引力的产品

图 7-26　汇量科技案例

工的信用记录进行审核；在自建风控数据模型上，汇量科技的合作方福利金融通过对数据源的集合分析，判断借款周期、具体利率等；在贷后监控上，福利金融将利用大数据系统和贷后催收系统进行项目实施追踪，并结合数据分析给出风险预警，定期与汇量科技的人力资源进行信息核实。

（4）成果

目前，汇量科技的员工福利平台得到了内部员工的一致好评，为员工解决消费需求以及短期资金周转提供了方法渠道。汇量科技的员工借贷不仅在利率上远低于市场上的同期借贷产品，同时借款流程在两天之内就可以完成，比银行更便捷。

在风险控制上，当前公司的坏账率为0，可以说在信贷风控上几乎是完美的。

（5）成功要素

汇量科技之所以可以在员工中开展自金融服务，成功要素主要包括：企业积累了对员工信息的了解，可以有效降低风险；汇量科技外接金融平台，保证了内部资金的流动性，同时金融平台对于风险的有效管理使得整体风险降低；企业紧紧贴合员工的金融需求，设计出具有吸引力的产品。

首先，企业作为雇主可以真实掌握员工的家庭背景、薪酬水平、工作年限以及未来发展等涉及还款能力的要素，可以排查具有欺骗性质的借款需求，更好地控制金融产品的风险。

其次，汇量科技外接金融平台很好地解决了资金来源的问题，不会给企业带来资金紧张的困境。福利金融平台具备众多外部征信数据，可以帮助企业共同对员工借贷风险进行管理。

最后，汇量科技成功的一个重要因素源自其对员工需求的准确把握。帮助员工解决部分住房、买车、装修等大额消费品带来的经济压力本是企业的分外之事，当企业有所意识并主动提供解决方案时，将可以有效地留住人才、吸引人才，这对企业也是大有裨益的。

流量类自金融

1. 流量类自金融的特征

流量类自金融主要针对消费者用于消费的闲散资金，提供资金增值和便捷消费的服务。具体来说,这类自金融具备三大特征。第一，服务主体主要位于产业链最下游，是直接面向终端消费者的终端企业；第二，服务直接面向终端用户，即终端个人消费者；第三，金融服务以资金增值服务为切入点，为个人消费者提供现金管理与资金增值服务。

与产业类自金融和平台类自金融不同的是，两者的业务开展主体遍及产业链条的上、中、下游的不同形式企业，甚至产业链条外的企业。而流量类自金融的业务开展主体主要为直接面向消费者的终端企业。终端消费者通过购买企业的产品或服务为企业贡献销量，而客户忠诚度以及客户认可度是企业扩大规模的基础与前提。

流量类自金融服务的主要对象是终端消费者。实际上，对于终端企业来说,提升存量客户黏性,扩大增量客户规模是主要经营目标，金融服务恰恰可以为这种目标服务。企业可以利用自身的客群、流量优势，与消费场景结合，为终端消费者提供金融服务，并持续扩大客群规模。

流量类自金融是以资金增值服务为切入点为企业的终端消费者提供多种类型的金融服务。企业凭借客户对企业品牌的忠诚度以及自身流量入口的特性，获取终端消费者的闲置资金或者消费者对购置企业产品的预算资金，为终端客户提供资金增值服务。当然，开展流量类自金融的企业同样替代了传统金融机构的职能，将要承担信息收集、信息加工、风险管理、资产获取等全流程，充当金融信息服务的主体。

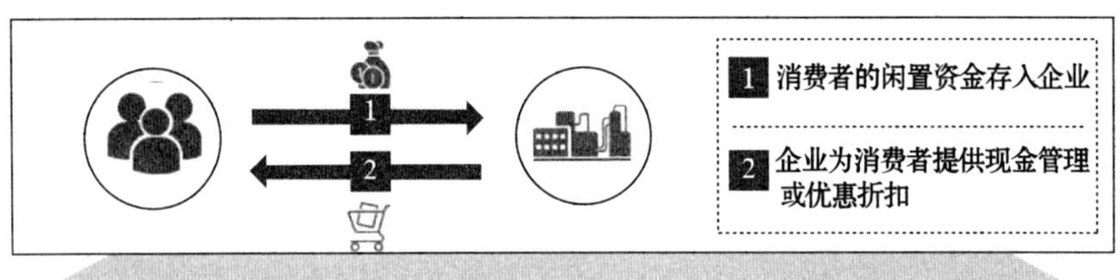

1 产业链终端

>业务开展主体主要位于产业链最下游，是直接面向终端消费者的终端企业

2 直面消费者

>服务直接面向终端用户，即终端个人消费者

3 资金增值服务

>金融服务以资金增值服务为切入点，为个人消费者提供现金管理或资金增值服务

图 7-27　流量类自金融的特征

2. 流量类自金融的适用原则

流量类自金融的特征是针对消费者资金增值需求提供金融信息服务。因此，适合开展流量类自金融的企业或行业应该从如下角度思考。从需求的角度，消费者需要从中受益，这种受益包括闲置资金的增值或大额消费的折扣；从供给能力的角度，除了提供收益，确保安全是资金服务的核心，双方的信任至关重要；从市场的角度，需要确保这个场景需求存在传统金融服务的空白。

为此，可以归纳出三点特征。第一，企业提供给终端用户的产品或服务是小额高频消费，终端用户对该企业黏性强。第二，企业提供给终端用户的产品或服务为大额低频消费，终端用户对企业的黏性也较高。第三，企业品牌名誉好、信用高、知名度广，或者企业是本地企业，在本地广为人知，或者企业在其所处行业内专业性高。

开展流量类自金融的核心要素是获取终端客户的闲置资金与终端客户的预算资金。小额高频消费提供企业一般会拥有较多比较忠诚的终端用户，客户黏性较强。其终端客户黏性以及购买行为特征将使企业与客户之间存在较多互动，更易获得客户闲置资金。如果客户将闲置资金委托给企业进行现金管理或资金增值，并由企业直接提供支付入口，企业不仅将获得更高的客户黏性，也将很大程度上提升自身销量，而客户也通过企业的服务获得更便捷的购物体验。如阿里巴巴的余额宝，在增强客户黏性的同时也提高了淘宝、天猫平台的销量。

而大额低频消费提供企业则较为容易获取终端客户对其产品的预算资金。与小额高频消费针对客户闲置资金开展服务不同，大额低频消费需要针对客户对企业产品的预算资金开展服务。通过预售方式获取客户预算资金，承诺客户在最终支付产品款项时提供折扣，并在获得预算资金到最终支付款项的时间里提供资金增值服务。

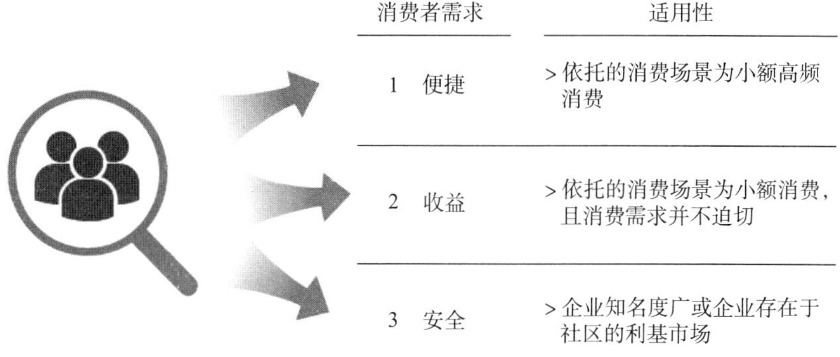

图 7–28　流量类自金融适用性

由于流量类自金融服务需要终端客户将自有资金交给企业托管，终端客户对企业的信赖程度就变得尤为重要。品牌名誉好、信用高、知名度广的企业将较为容易获得终端用户的信赖，在获取用户托管资金方面较为容易。而与知名企业类似的是，本地企业在其所在地的范围内也是备受认可的。如果是垂直于某一利基市场①的服务提供企业，根据其在对应市场的专业高度，也拥有该市场内消费者的普遍认可。

3. 流量类自金融的目标客群

根据适用原则，可以定位流量类自金融的两大目标客群，小额高频消费类企业以及大额低频消费类企业。其中，小额高频消费类企业包括餐饮类、交通类，以及电商平台类企业，如广州地铁、九毛九等。

餐饮类企业在“民以食为天”的中国拥有稳定的流量入口。可以说，餐饮消费流量大、频次高、黏性强，这种流量和品牌优势非常符合开展流量类自金融的要求。餐饮类企业可以借助与消费者之间最频繁的互动建立信任，针对消费者将用于餐饮消费的闲置资金，为消费者提供资金增值服务，在增加客户黏性的同时提升客户就餐便捷性和附加值。

餐饮类储值卡在我国已经是较为普遍的企业营销方式之一。客户在预存一部分现金后可以在结账时享受优惠折扣，预存的现金可以直接用来支付账单。尽管到目前为止，还没有餐饮类商家为储值卡中的余额提供增值管理服务，但这对餐饮企业来说将是一个增强客户黏性的绝佳方式。

随着移动互联网的发展，共享出行成为近年来最火热的出行方式，而这类企业与餐饮类企业相似，与客户之间的互动非常频繁，客户对企业的黏性也比较高。共享出行企业在交通出行方面掌握了

① 利基市场指市场中通常为大企业忽略的某些细分市场。——编者注

流量入口，同样非常适合开展流量类自金融服务，获取客户的闲置资金后，在为客户提供现金管理的同时提供支付入口，让客户更加便捷地使用服务。

同样，共享出行企业在争夺市场份额、获取客户群体的时候纷纷打出了预存优惠的营销模式。客户在预存现金后可以获得力度较大的折扣优惠，预存现金可以直接用于支付出行服务。但是，迄今为止还未有共享出行企业推出现金管理服务，不过这将是共享出行企业增加客户黏性的方式之一。

电商平台企业的商业模式非常适合开展流量类自金融服务。电子商务平台作为整合供应商的平台类企业极大地提升了终端消费者使用其服务的频率，也提高了平台与终端消费者的互动次数。特别是大型电商平台，如淘宝、京东、苏宁等，其所拥有的客户黏性极强，并且消费者对其的信赖程度也非常高。

除小额高频企业外，大额低频企业也同样是这种模式下的目标客户。其中，旅游类、装修类比较适合开展流量类自金融服务。

随着我国居民生活水平的提升，旅游业发展迅猛，旅游已经成为许多居民假期生活的必选方式。因此，随着旅游类企业与消费者之间互动次数以及客户黏性的增加，旅游类企业开始具备开展流量类自金融服务的前提条件。旅游类企业可以获取消费者用于旅游的预算资金，将其提前存进消费者账户，相当于消费者预购旅游产品。在预存现金之后以及产品交付之前的这段时间里，企业可以为消费者的预存资金提供资金增值服务。

以携程旅游为例，携程于 2013 年推出预付卡形式的携程宝，消费者通过在平台上预存一定数量的现金，便可以享受定期的利润返还，每月返利约 0.1%，这笔提前预存的消费资金可以随时进行消费，同时还可以享受“任我行”与“任我游”的一定服务优惠。携程宝还提供 90 天与 180 天的预存卡，可享受更高的返利利率，有利于吸纳消费者资金以及提前锁定消费、增强消费者黏性。

家装行业在国内住房需求依旧旺盛的态势下拥有巨大的市场增长空间，然而作为典型的大额低频消费场景，家装类公司的平均获客成本非常高，为消费者提供预存资金的增值服务可以有效增强客户消费黏性和对平台的关注度，成为它们开展流量类自金融服务的初始动力。同时，传统家装企业在层层经销商的利润提成下到达终端消费者已包含巨大的利润加成，现有的家装整合平台的垂直化特征以及线上经营的趋势使原始成本大大降低，从而使家装类公司向消费者让利成为可能。

以家装电商新窝商城为例，主要通过线上整合家装建材的品牌商为它们进行线下门店的客户引流。在金融服务方面，其推出的家居宝便是一款自带资金增值服务的预存卡，消费者可以通过将装修预算存入其中赚取额外收益，同时这笔预存的本金可以随时提取用于平台的建材购买，并且享受商品购买的补贴优惠活动，这样的自金融服务使得新窝商城在家装行业中让人眼前一亮。

	适用行业	行业特点
小额高频场景	衣服	>消费者购衣行为频繁且与商家互动较为密切
	网购	>作为平台，整合了几乎所有供应商种类，提高了消费者的互动频次
	交通	>共享出行的充值折扣模式非常适合开展流量类自金融
	餐饮	>餐馆业内充值卡、预付卡已经非常流行，具备开展流量类自金融的基础
大额低频场景	旅游	>旅游消费一般是先付款后出行，从付款完成之后到出行之前的时间段内，具备开展流量类自金融的场景基础
	装修	>以装修预算为基础，针对预算资金开展流量类自金融服务

图 7–29　流量类自金融适用行业

4. 阿里巴巴案例分析

（1）企业简介

阿里巴巴集团创立于 1999 年，是目前全球最大的电子商务在线交易公司之一，主体业务包括 B2B 贸易、网上零售、购物搜索引擎、第三方支付和云计算服务，旗下的子公司阿里巴巴网络科技有限公司（以下简称阿里巴巴）、淘宝网、天猫分别深耕在电子商务的各个领域。

阿里巴巴是中国领先的网上批发平台，覆盖普通商品、服装、电子产品、原材料、工业部件、农产品和化工产品等多个行业的买家和卖家；淘宝网创立于 2003 年 5 月，是注重多元化选择、价值和便利的中国消费者首选的网上购物平台。根据艾瑞咨询基于 2015 年月度活跃用户数（MAU）的统计，淘宝网是中国最大的移动商务平台；天猫创立于 2008 年 4 月，致力于为日益成熟的中国消费者提供选购顶级品牌产品的优质网购体验。根据艾瑞咨询基于 2015 年月度活跃用户数的统计，天猫是中国最大的第三方品牌及零售平台。

（2）阿里巴巴流量类金融服务产生背景

支付宝作为阿里巴巴的第三方支付平台，最初的创立是为了解决淘宝网络交易安全问题。随着淘宝及天猫的不断壮大，支付宝积累了超过 4 亿的实名用户，在支付宝平台上的沉淀资金大约为 300 亿元。但是，支付宝的用户将闲置资金放在支付宝的平台上得不到任何收益。因为国家规定第三方支付公司的客户资金必须托管在指定商业银行，第三方支付公司不得挪用，托管资金获得的利息收入归第三方支付公司所有。

另外，支付宝的单个用户平均资金约为 4000 元，不是传统金融机构的目标客户，而是传统金融机构眼中的散户。用户的理财 / 投资方式只有将钱存入银行，但是银行活期储蓄利率比较低，用户并不能得到很高的收益。针对这些散户的理财 / 投资方式在市场上比较稀缺。

（3）阿里巴巴金融模式

面对支付宝的沉淀资金以及支付宝用户的理财 / 投资需求，余额宝应运而生。支付宝于 2013 年 6 月 13 日推出“余额宝”，迅速成为普惠金融最典型的代表。余额宝对接的是天弘基金旗下的增利宝货币基金，特点是操作简便、低门槛、零手续费、可随取随用。除理财 / 投资功能外，余额宝还可以直接用于购物、转账、缴费、还款等消费支付。支付宝的用户可以将手中的闲置资金存入余额宝，在获得收益的同时还可直接用其进行支付。可以说，余额宝成为用户的现金管理工具，并在随后不断进入其他消费场景。自 2014 年以来，余额宝先后推出了零元购手机、余额宝买车等项目，2015 年 3 月余额宝更是首创买房支付。买房者通过淘宝网支付首付后，首付款将被冻结在余额宝中。在正式交房前或者首付后的 3 个月，首付款产生的余额宝收益仍归买房人所有。

余额宝刚推出时，七日年化收益率最高约为 6.3%。现在，余额宝的七日年化收益率稳定在 2.34% 左右，略有波动。余额宝的出现满足了居民日益增长的资产配置需求，最主要的是提高了理财 / 投资收益，降低了理财 / 投资门槛，更唤醒了公众的理财 / 投资意识。而余额宝更核心的贡献则是在于确立了余额资金的财富化，有利于推动利率市场化的进程。

余额宝作为现金管理工具吸纳了阿里巴巴平台用户的闲置资金，增加了其客户黏性。而在 2016 年，阿里巴巴金融服务平台蚂蚁金服又推出了针对平台消费者的消费信托产品乐买宝。

乐买宝于 2016 年 9 月上线，是一款消费理财 / 投资产品，其对应的产品为中信信托销售的消费信托产品，其背后是个人消费借款债权。乐买宝预期年化收益率 4%，如果持有该产品，除享受预期基础收益以外，可通过购买带乐买宝标识的商品来获得额外的消费提升收益，收益最高可达 15%。乐买宝的固定期限为 180 天，起买金额为 1000 元。这款信托产品的设计在帮助消费者理财 / 投资的同时也很好地刺激了消费者在淘宝、天猫平台上的消费。

将资金增值服务作为切入点之后，蚂蚁金服作为阿里巴巴的金融服务平台提供更多形式的金融服务，例如，基于消费场景提供消费信贷——蚂蚁花呗。2014 年 12 月，蚂蚁金服推出一款消费信贷产品——蚂蚁花呗，申请开通后，将获得 500~50000 元的消费额度。用户在消费时，可以预支蚂蚁花呗的额度，享受“先消费，后付款”的购物体验。若在还款日前，未还清当前应还金额，会产生相应的逾期利息。实际上，因为阿里巴巴具备较多的优势、覆盖较广泛的场景，所以其不但可以被定位为流量类自金融以资金增值服务作为切入点，也可以定位为场景类自金融，以信贷服务作为金融信息服务的切入点。

（4）阿里巴巴自金融成效

余额宝已经服务 2.5 亿用户，为用户带来了 500 多亿元的收益。2015 年净利润为 231.2 亿元，截至 2015 年 12 月 31 日，余额宝份额净值收益率为 3.6686%，同期业绩比较基准收益率为 1.3781%。在 2015 年利润排名前五位的基金中，天弘余额宝排名榜首，排名后四位的基金年利润虽超过了 70 亿元，但没有一家超过百亿，远远无法动摇天弘余额宝榜首的地位。余额宝作为“现金管理工具”的定位已经越来越明显。

余额宝的推出提升了支付宝用户的黏性。余额宝上线之前，支付宝用户日均访问次数为 3 次，平均访问时长为 187 秒。余额宝推出后，支付宝用户的日均访问次数提升至 3.3 次，平均访问时长提升至 235 秒。阿里巴巴作为中国最大的电商平台在用户覆盖广度上拥有其他平台无可比拟的优势，但是电商平台用户的忠诚度远不能与社交网络用户相比。电商用户永远是流向拥有质优价廉的商品平台上的。但是，用户对于余额宝以及支付宝的依赖将使用户更乐意为阿里巴巴提供的服务买单。

（5）阿里巴巴成功要素

余额宝的推出很好地契合了互联网和客户行为的演变，其成功要素主要有三点。

第一，“嵌入式直销”的模式。余额宝背后的天弘基金为支付宝和支付宝客户量身定做了一款货币市场基金。但是，天弘基金的这款产品是以支付宝网站作为唯一的直销推广平台，不在其他平台上销售。

第二，阿里巴巴的平台资源。阿里巴巴的电商平台占据了市场 80% 的份额，而支付宝更是在第三方支付市场中占据了 50% 以上的份额。支付宝的实名用户已达到 4.2 亿，远超过其他互联网公司。如此重要的流量入口在促进产品成长方面起到了非常重要的作用。而且，余额宝借助阿里巴巴所拥有的用户大数据以及大数据分析技术可以准确预测基金第二天的流动性需求，误差不会超过 5%。基于对流动性的预测，余额宝的基金经理可以更精准地投资，并为客户带来更稳定的收益。

第三，极致的用户体验。余额宝在产品设计上奉行“极简”主义，即客户操作简单化。余额宝的操作其实较为复杂，比如，一个用户先向余额宝转入1000元，余额宝需要提交一个1000元的申购单。如果用户通过余额宝消费400元，余额宝就需要撤回之前1000元的申购单，再补上600元的申购单。每个用户的所有撤单和补单都要一一匹配。但是在用户操作层面上，用户转账进入余额宝时，操作就极为简单了，而使用余额宝消费时更是只需点一下即可。其他基金都纷纷表示“就客户体验而言，我们已经无法为它再做优化了”。

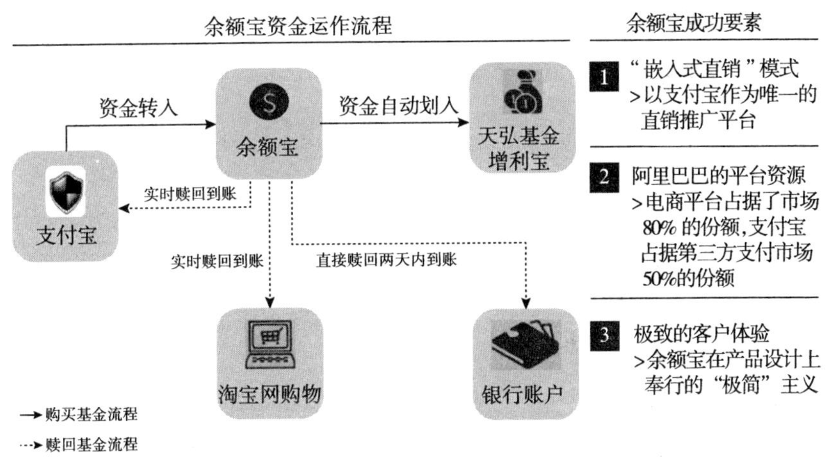

图 7–30　余额宝案例

场景类自金融

1. 场景类自金融的特征

可以将终端企业利用其掌握的数据信息，在消费场景中针对消费者提供以融资服务作为切入点的企业自金融称为场景类自金融。场景类自金融具备三大特征：第一，具备消费场景的企业主导场景类自金融；第二，消费者存在基于消费场景的金融服务需求；第三，企业以融资服务作为金融服务的切入点。

企业具备消费场景入口是企业可以开展场景类自金融的前提条件。无论是装修、旅游还是购物，企业只有掌控了消费场景入口，才能拥有用户流量入口并提供融资服务的场景。

消费者中存在基于消费场景的金融服务需求是企业场景类自金融的市场基础。企业通过掌握场景入口来掌握流量基础，但场景中消费者存在金融服务需求是将流量基础转化成用户基础的关键。

企业开展场景类自金融的核心要素是以为消费者提供基于场景的融资服务为开展服务的切入点。与流量类自金融中消费者的增值需求更突出相比，场景类自金融主要以消费者在消费场景中的融资需求作为切入点，紧握痛点。

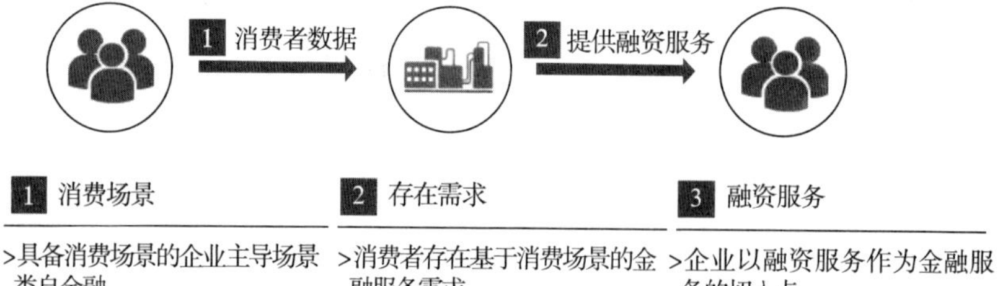

图 7–31　场景类自金融的特征

2. 场景类自金融的适用原则

并不是所有的消费场景都适合开展场景类自金融服务。我们在考虑场景类自金融的适用性时，首先，考虑消费者是否具有在场景中进行融资的迫切性，哪些场景适合给消费者提供融资；其次，融资服务中是否能够实现风险把控至关重要，所以适用的企业必须要具备实现风控的数据信息优势；最后，针对不同对象的融资端存在广泛的传统金融市场空白，未被满足的需求非常强烈。

因此，适合开展场景类自金融的消费场景需要满足以下三个条件。第一，消费者在该场景下的消费是非小额消费。第二，消费者针对该场景的消费为非周期性消费。第三，消费者在该场景下的消费比较频繁，并且与企业的互动密切，对企业的客户黏性高。

场景类自金融的切入点是为消费者提供融资服务，因此，非小额消费是开展融资服务的前提条件。一方面，从需求角度来看，太小额的消费并不存在购买力瓶颈或融资必要性，企业在提供金融服务时需要贴合消费者需求。另一方面，从提供融资服务的成本角度来看，为小额消费提供融资服务所要承担的风控成本要高于融资服务所带来的收益。因此，企业开展的场景类自金融服务应是针对非小额消费场景提供的融资服务。

消费者在消费场景下的消费特征是非周期性的，否则企业为消费者提供的融资服务所承担的风险将是不可控的，且消费者并没有获得融资收益。以租房场景为例，消费者在租房场景下产生的消费是周期性的，一般为按月付款或按季付款，若为这种场景提供融资服务，并且按周期性提供，则未来消费者每个周期的还款额在加上利息后比应付金额更高，从而一方面风险失控，另一方面失去融资的意义。企业针对消费者所需支付的房租提供融资服务，将面临非常高的还款风险，所以周期性消费并不适合开展场景类自金融服务。

更重要的是，企业必须掌握消费者的丰富数据，以此进行风控。消费者与企业互动密切、对企业的黏性高则说明企业掌握较多的消费者数据，这是企业开展针对消费者的融资服务的风险控制基础。个人消费者基数庞大，为其提供融资服务时面临的最重要问题则是如何建立风险控制模型。消费者对企业的黏性高，互动密切，可以为企业提供多维度、长时间的数据信息，这将帮助企业建立精准的风险控制模型，降低坏账率。同时，这也是企业相较于传统金融机构开展场景类自金融服务的优势所在。

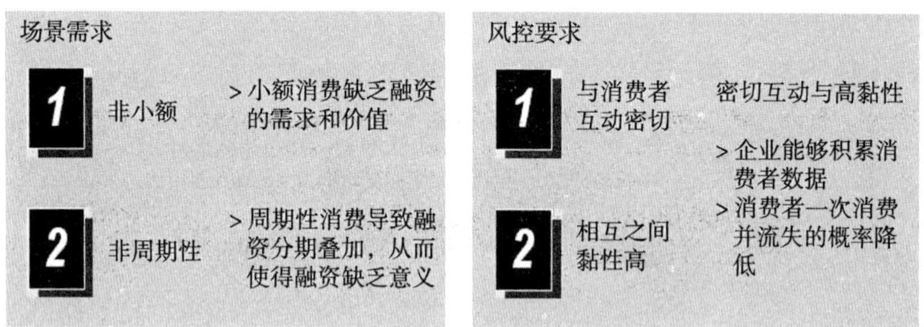

图 7–32　场景类自金融适用性

3. 场景类自金融的目标客群

不同行业的企业所掌控的消费场景自然也涉及各行各业。可以初步定位几个非常适合开展场景类自金融服务的行业，包括电子商务、旅游、教育、高速、医疗美容等，如新东方、山东高速等。

首先，电商平台拥有非常大的平台用户基础，而且可购买的产品基本涉及所有品类，其中很多产品为非小额消费产品。另外，消费者的非小额消费行为一般也是非周期性的。最后，电商平台用户与电商平台的互动非常频繁，一般都掌握了海量的消费者数据信息。所以，电商类企业是非常适合开展场景类自金融服务的。

以苏宁为例，苏宁于 2015 年 5 月上线“任性付”产品，旨在为在苏宁消费的消费者提供消费信贷产品。任性付支持苏宁门店和苏宁易购除虚拟商品之外的所有商品。作为中国最大的电器经销商之一，消费者在苏宁的消费较少有小额消费。而苏宁对其消费者的数据掌控使得苏宁的任性付产品具备风险控制的可行基础。

旅游业同样是非常适合开展场景类自金融服务的行业之一。由于消费者消费旅游产品的频次普遍不高，因此单笔订单金额相对较高。随着消费升级的趋势，消费者正开始追求个性化、高端化、定制化的旅游产品，相应产生的消费融资需求正在增加。旅游公司在掌握了消费场景入口的同时，将旅游产品用户转化成金融产品用户，将帮助旅游企业增加客户黏性，提高单笔订单均价，增加营收。

以携程首付为例，携程作为中国市场份额最高的互联网旅游平台之一，掌握了海量的客户资源。其提供的携程首付为使用携程平台购买旅游产品的消费者提供分期付款服务。消费者只需支付一笔首付款即可马上享受旅游产品所提供的所有服务，在首付款支付后，消费者可选择分 3 期、6 期、9 期等支付产品尾款，携程会向消费者收取一定比例的服务费。这款产品的推出提高了携程平台上用户与平台之间的黏性，同时，也提高了携程平台的单笔订单平均金额。

教育行业除涉及民生问题的义务教育部分外，是非常适合开展场景类自金融服务的，其中包括义务教育后的高等教育部分，同时也包括各种教育培训班。而且教育行业的特殊之处在于，越早提供行业内普适性的教育贷款（特别是高等教育部分），越能为社会提供平等教育的机会，这是涉及公益性的问题。开展金融服务的主体应是高等院校以及教育培训机构。开展的方式应为紧抓场景入口，将学生转化为金融服务用户，根据其未来潜力定制化贷款产品。近年来随着高级教育培训机构的迅速发展，其提供的教育产品也多为高额消费产品。对于这部分产品的消费者来说（学生），教育贷款需求较为强烈。

以百度钱包推出的教育贷款为例，百度有钱花是以一款专门针对有教育需求但是资金短缺的学生人群设计的一款教育贷款产品。百度运用自身的海量用户数据为教育贷款实施风控。在用户提交教育贷款申请后，百度可以根据之前的搜索行为进行分析，如果一个用户持续搜索与教育相关的信息，可信度会更高。当然，除了搜索数据，还有百度贴吧、百度文库、百度地图、百度糯米等平台的数据共同帮助实施风控。

适用行业	行业特点
电商	> 电商用户的部分订单额度高，且是非周期性消费
旅游	> 旅游产品的额度一般较大，并且消费者的消费行为一般为一年一次或两次
教育	> 教育消费不仅包括中专、高中、大专、大学等的学费，也包括教育培训班的学费
高速	> 大型货运商在进行长途公路运输时所需缴纳的过路费金额比较大，有融资服务需求
医疗美容	> 医疗美容的消费金额比较高，且消费频次比较低，部分消费者有融资服务需求

图 7–33　场景类自金融适用行业

4. 58 月付案例分析

（1）企业简介

58 同城成立于 2005 年，总部设在北京，目前在全国共拥有 27 家分公司。网站定位于本地社区及免费分类信息服务，帮助人们解决生活和工作所遇到的难题。其服务覆盖生活的各个领域，提供房屋租售、招聘求职、二手买卖、汽车租售、宠物票务、餐饮娱乐、旅游交友等多种生活信息，覆盖中国所有大中城市。同时，还为商家建立了全方位的市场营销解决方案，提供网站、直投杂志《生活圈》《好生活》、杂志展架、LED 广告屏等服务，并为商家提供精准定向推广的多种产品，如“网邻通”“名店推荐”等。

58 同城 2015 年全年实现营业收入 7.149 亿美元，同比增长 169.8%，毛利润为 2.345 亿美元，同比增长 210.1%，毛利率高达 91.8%。58 同城在运营过程中发现其用户在不同的使用场景下的金融需求都非常强烈，决定围绕“场景”展开其金融服务。其中一个就是围绕租房场景开展的“58 月付”金融服务。

（2）58 月付用户金融服务需求及痛点

使用 58 同城租房平台的出租人大多是个人用户，希望通过平台发布信息快速找到合适的承租人。而使用 58 平台租房的承租人也大多是个人用户，多为有租房强烈需求的年轻人。出租人发布信息后，承租人会在平台上挑选适合自己的房源并与出租人联系，在双方达成协议后完成租房交易。而在签订租房合同时，通常会涉及“押一付三”等付款形式。

出租人在租房时为防止承租人反悔不租或是租客故意损坏财产一般会采取“押一付三”的形式，即承租人以 1 个月房租做抵押，一次先付 3 个月的租金。如果由于承租人自身原因使合同履行期限未满，需要退租，承租人必须提前通知出租人，使出租人有所准备，能够在合理期限内寻找新的承租人避免因房屋闲置造成经济损失。“押一付三”的形式可以保证出租人降低在承租人没有提前通知退租情况时的财产损失。另外，承租人退租时，出租人对房屋内物品进行清点，如果发现有遗失、短缺或者非因正常使用消耗而是人为原因造成的财产损失，可以从押金中扣除相关损失。“押一付三”也保障了出租人在发现房屋内物品损坏的情况下能得到相应的赔偿。

但是“押一付三”这种形式对于承租人的现金流会造成比较大的影响，特别是针对大学毕业生、白领和创业初期的年轻人。他们积蓄少，又寻求独立，不想借助父母的帮助，一次性支付 4 个月的房租是一个不小的负担。因此这群年轻人对于分期付房租的需求比较强烈。

（3）58月付金融模式

58月付借助58金融平台，深挖租房场景，很好地解决了资金来源、资产标的、产品设计以及风险控制四大核心问题。

资金来源方面，58月付由58金融平台运营，资金全部来自58金融自有平台资金。58金融平台在成立初期就成立了理财/投资业务板块，针对拥有闲置资金的个人投资人提供理财/投资服务。58月付代承租人向出租人缴纳的部分房租由58金融平台垫付。资产标的即承租人所需一次性支付的“押一付三”的部分房租。

产品设计方面，58月付的用户在提交申请并审核通过后，只需支付首付，即押一付一的部分，其余按月支付房租即可入住，用户的月综合费率为2.5%。例如，用户选定了一套月租金1500元，并且由房东要求“押一付三”的房子，用户本来要一次性付给房东6000元。而在58月付的计划里，用户只需首付1个月的房租和1个月的押金，总计3000元。之后每月用户向58月付还款，月还款金额为3000×2.5%+1500=1575元。也就是说，相比于每个月1500元的房租，用户还需向58同城另付75元的服务费。在这种模式下，58月付先为用户代付了两个月押金给房东，再由用户分期还款并付手续费给58月付。

风险控制方面，58月付的申请者需要提交本人的身份证、学习信息、工作证明（工作邮箱、工卡、劳动合同、工资流水、入职Offer或其他工作证明之一）、芝麻信用分以及收租人的收款银行卡信息。申请的用户必须满足以下几个条件：年龄在20~35岁，有稳定工作，属于白领人群（在填写信息时，需要留下企业邮箱账号进行验证），大专以上学历，有芝麻信用分。58月付在整合了以上由申请人提供的材料后，再整合银联、芝麻、腾讯、考拉、平安等多种征信数据源和一些合作伙伴联合做风险控制。

（4）58 月付成功要素

场景类自金融的核心是在用户产生金融需求的消费场景里实时提供金融服务，并保证体验一致。58 月付很好地结合了租房场景以及租房场景下实时产生的金融服务需求。而 58 月付成功的两大核心要素则是互联网获客渠道和数据闭环的风控优势。

58 同城作为 2005 年成立的本地社区及免费信息分类服务网站，拥有大量的客户基础资源。2015 年 8 月，58 同城的月独立用户数已突破 4 亿人。而以北京租房市场为例，北京每天平均有 9.1 万人在寻找整租房，3.7 万人在寻找合租房，即每天有 12.8 万人在求租。而 58 同城获取了这些租房用户中至少 50% 的客户人群。如此大量的客户基础使得 58 月付拥有每月不少于千万元的服务费收入（仅北京地区）。

而 58 月付的风险控制模型是建立在 58 同城网站所收集的用户大数据基础之上的。58 月付获取了 58 同城平台积累的发帖人数据以及其房屋数据等，并结合芝麻信用、腾讯、考拉、银联、平安等征

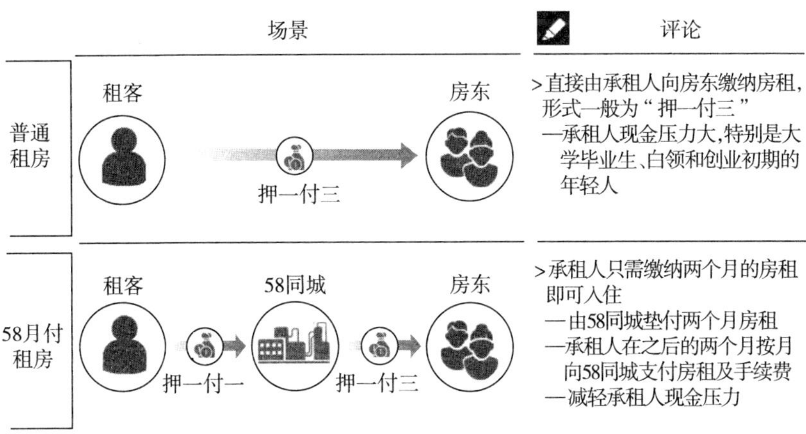

图 7–34　58 月付案例

信数据源和一些合作伙伴数据，全面分析申请人的授信额度和未来还款风险。相当于58月付除掌握了申请人在58同城网站上的多维度数据，还将结合申请人的电商数据、社交数据、信用卡数据、公开服务数据等，将所有数据整合成新的征信体系，有效地降低58月付的坏账率。

5. 途牛旅行案例分析

（1）企业简介

途牛旅游网创立于2006年10月，以“让旅游更简单”为使命，为消费者提供从北京、上海、广州、深圳等180个城市出发的旅游产品预订服务，产品全面，价格透明，全年365天24小时400电话预订，并提供丰富的后续服务和保障。目前，途牛旅游网提供约100万种旅游产品供消费者选择，涵盖跟团、自助、自驾、邮轮、酒店、签证、景区门票以及公司旅游等，已成功服务累计超过1500万人次出游。

途牛于2014年成立途牛金服开展金融服务，旨在依托自身的旅游资源向消费者和供应商提供“一站式”互联网金融服务。截至2015年10月，途牛金服已成立四大金融服务板块，其中基于旅游场景向旅游消费者提供的金融产品表现尤为突出。

（2）旅游产业特点

1985—2014年，我国国内旅游由2.4亿人次增长到36.3亿人次，旅游出游率由23%增长到265%，增长了约12倍，旅游已成为我国居民日常性的消费活动。并且，随着人民生活水平的不断提高，出境游逐渐成为人们的新选择。国家旅游局统计数据显示，我国内地公民出境旅游人次自1998年的843万到2014年的破亿，增长了

10.8 倍；2015 年上半年出境旅游人次为 6190 万。我国旅游市场近几年发展迅速，未来几年也将维持现有增速发展，特别是在线旅游市场。

2014 年中国在线度假旅游市场交易规模为 332.6 亿元，相比 2013 年增长了 36.2%。2015 年第二季度，中国在线度假旅游市场的交易份额中，携程和途牛交易规模占比分别为 25.3% 和 20%，遥遥领先于其他厂商。大数据调查显示，我国在线旅游市场正呈现低龄化以及向二三线城市下沉的趋势。2014 年中国在线度假旅游市场的用户中，35 岁以下的群体占比 80%，年轻人正在成为消费的主力军。同时，2014 年在线旅游市场中二三线城市的用户占比高达 53.8%。但是，大部分年轻人平均收入不高，负担又处于人生中较重的阶段，资金缺口成为这些年轻用户选择旅游特别是出境游时的重要阻碍因素。同样，二三线城市的用户群体平均收入相较一线城市用户来说还是有一定差距的，资金缺口同样成为他们出境游时的一个重要阻碍因素。

随着出境游的快速发展，旅游消费者开始需要针对出境游的金融服务。这不仅包括了旅行前需支付的机票、酒店等必要支出，还包括办理签证时的保证金、资产证明、外币兑换等金融服务。解决消费者的这一部分痛点也非常重要。

（3）途牛旅游金融模式

相对于房子、车子，旅游相对高频，而相对于餐饮，旅游客单价较高，加上中国在线旅游的互联网化程度，最适合与金融相结合。途牛旗下的途牛金服紧抓这一机遇，为消费者和供应商提供“一站式”互联网金融服务平台。

途牛金融平台在资金来源方面选择吸收旅游消费者的闲置资金，

并用“途牛宝”产品为用户进行资金管理。2014 年 12 月 24 日，途牛依托已有的旅游服务，将理财 / 投资产品与旅游消费进行场景化融合，联合汇添富推出活期理财 / 投资产品“途牛宝”。“途牛宝”收益稳定，在同期理财 / 投资产品中一直保持较好表现，1 分钱起存，安全性好，且支持在途牛旅游网上进行旅游消费等，应用场景丰富。

途牛针对需要融资的旅游消费者推出了首付出发，为有需要的旅游消费者提供分期出游服务。目前，首付出发已支持所有用户申请开通，覆盖出境游与国内游线路超过 30 万条，用户最高可获 5 万元的信用额度。途牛在判定用户可用额度后，用户只需支付首付款，剩余款项用户可灵活选择延后付款（延期 30 天支付）或分期付款（选择 3/6/9/11 期分期支付），延后付款免服务费，分期付款需缴纳分期服务费，月平均利率最低可达 0.5%。例如，用户在途牛选择使用首付出发，用以购买 1500 元的商品或服务，选择分 3 期支付，每期服务费率为 0.5%，则用户需要在接下来的 3 个月每个月支付 500+1500×0.5%=507.5 元。途牛的首付出发为旅游消费者提供了先旅游后付款的选择，让旅游消费者不用担心一次性大额资金支出，可以享受更好的旅游体验。

当然，途牛金融平台除提供场景类金融服务外还提供流量类金融服务，例如“出境保”等。出境保产品针对旅游消费者在办理签证时所必须缴纳的保证金提供理财 / 投资服务。过去，用户需要到旅行社或者金融机构缴纳旅游保证金，线下办理避免不了来回舟车奔波，可能面临较多的排队等候、存款利息较低等问题。2015 年 8 月初，途牛上线出境保产品，让出境旅游更简单实惠。出境保业务办理无时间、名额、区域限制，用户在途牛旅游网预订指定旅游线路，在出发 7 个工作日之前使用途牛宝账户购买出境保产品，资产即可充当出境保证金，无须再到线下网点进行操作，免去奔波之苦。用户在归国后可拿到本金以及利息收入。

在风险控制方面，途牛经过数年的发展积累了大量的用户数据，并基于拥有的数据建立了首付出发额度模型。它通过大数据分析确定用户风险评级从而给予授信额度。随着用户等级的提升，用户可获得的信用额度还将进一步提高。

（4）途牛金融开展成效

途牛金服监测数据显示，截至 2015 年 10 月，首付出发总计预授信额度达 70 亿元，超过 120 万用户获得授信额度，首付出发使用额度环比增长了 204%，得益于优良的产业背景，坏账率为零。

（5）途牛金融成功要素

途牛金融的成功主要归功于其深耕“旅游 + 金融”理念，以及其授信资金封闭式闭环。

途牛作为在线旅游平台第二大品牌商，拥有 20% 的市场份额，并且仍在不断扩大。途牛旅游掌握了在线旅游的流量入口，在开展金融服务的过程中可以将这些旅游用户成功转换成金融服务用户。途牛凭借对旅游行业的理解，深耕“旅游 + 金融”理念，只提供基于其平台场景的金融服务，为旅游消费者提供体验一致的服务。随

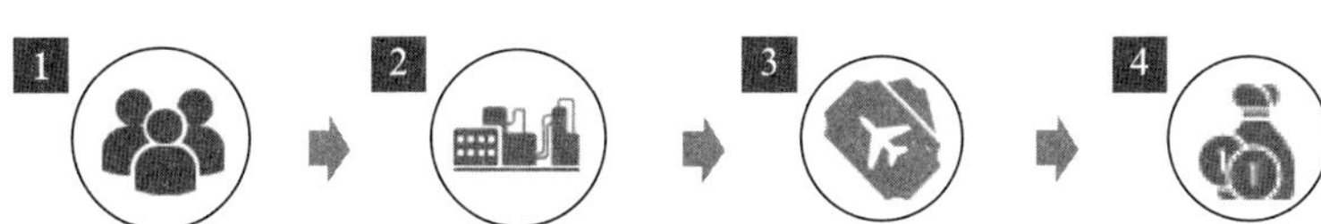

图 7–35　途牛案例

着在线旅游市场的不断发展，途牛将会在未来迎来更多的用户以及更大的潜在旅游金融市场规模。

途牛首付出发的坏账率为零主要依靠其基于场景建立的风控系统。旅游分期相对于其他分期产品而言在风控方面具有天然优势。旅游产品的购买者一般会提供所有个人信息以完成机票、火车票、酒店的预订以及签证等。并且，产品购买者一般也是本人出游，可以有效保证真实消费、防止套现。

大额消费类自金融

1. 大额消费类自金融的特征

大额消费类自金融与场景类自金融类似，都是针对消费者提供以融资服务作为切入点的金融信息服务。但是场景类自金融讲究在场景中与消费者关系密切、掌握大量数据、额度相对不大、风险足够分散；而大额消费类自金融消费金额更大、场景与客户之间的密切程度相对没那么深、风险较为集中，这就要求大额消费类自金融采用具有针对性的风控手段开展业务。

具体来说，大额消费类自金融具备三大特征。第一，企业具备消费场景入口，且限定为大额消费场景。第二，面对消费者中存在的基于消费场景的金融服务需求。第三，以融资服务作为金融服务的切入点。

实际上，从消费额度、接触频率、场景黏性三大维度对大额消费类自金融和场景类自金融进行对比，会发现存在如下差异。

从消费额度的角度，大额消费类自金融消费额度较大、场景类自金融消费额度适中。因为消费额度大，所以消费者对融资的需求更加凸显，从而以融资为重点的金融服务对于这种消费必不可少，甚至成为消费的重要驱动要素。

从接触频率的角度，大额消费类自金融因为消费金额大，自然接触频率较低，企业与消费者之间发生关系并不频繁，甚至如购房等可能一生只需要一次，从而使得企业并不能像场景类自金融那样，直接地获得消费者丰富的时间序列数据，从而使得大数据风控存在困难。

从场景黏性的角度，如上所述，由于消费场景的频率较低、额度较大，所以消费者并不存在强品牌黏性，因此可定义为一种非黏性场景。

所以，这几个场景特征使得大额消费类自金融成为一个企业自金融体系内的异类，接触低频、数据缺失，与前面所提及的拥有数据、拥有信息等比较优势完全不搭边，那到底大额消费类自金融的业务开展逻辑到底是什么呢？

大额消费类自金融必须基于特定场景，因为企业掌握消费场景、能够对客户进行追索。简单来说，利用场景的特殊性和消费对象的独特性，使得风控优势从事前往事后转移，能够对消费者与消费品进行强把控。所以大额消费类自金融有非常强的限定性。

	大额消费类	场景类	评论
额度	> 额度较大	> 额度适中	> 大额消费与场景类不同，消费额度一般非常大
接触频率	> 较低	> 中高	> 由于额度较大，消费者的消费频次比较低，部分甚至是一次性消费
黏性	> 非黏性场景	> 稍低	> 消费频次较低甚至是一次性消费决定了消费者与企业之间黏性较低
风控手段	> 传统抵质押	> 大数据	> 由于大额消费场景的特征限制，不能采用大数据风控方式，只能采用传统抵质押物风控方式

图 7–36　大额消费类自金融特征

2. 大额消费类自金融的适用原则

针对大额消费类自金融的适用性主要有三个出发点。一是从需求的角度，这是一种较为刚性、基础性的大额消费，而非像游艇、珠宝等奢侈性、享受性消费；后者的消费人群较为富裕，这种非刚性消费需要有一定的经济基础。二是从风控的角度，正如上文所述，由于已不具备大数据风控基础，所以必须要对场景和消费品进行强把控，消费品相对耐久、保值、不易于转移，能在无风险时进行随时收回。三是从市场空白的角度，通常金融机构已经对如车、房等大额消费场景提供部分融资服务，但是随着房价、通胀的升高，仍然存在未被满足的需求空白。

总的来看，企业所掌控的消费场景需要满足以下三个适用原则才具备开展大额消费类自金融的条件。第一，消费者在该场景下的消费必须是大额消费。第二，产生在该场景下的大额消费交易为实物交易。第三，该场景下的消费需要是刚性消费。

企业所掌控的消费场景应为与买房、买车等同级别的大额消费场景。将场景类自金融与大额消费类自金融区分开的最本质原则为消费额度的大小。由于大额消费场景下的消费金额较大，消费者所进行的消费行为一般为低频甚至一次性消费。这就使大额消费类自金融的风险控制基础与场景类自金融不大相同。企业虽然掌握消费场景入口，但是由于消费者与其互动频次少，企业不具备使用大数据技术进行风险控制的基础。企业只能采用传统金融机构的风险控制方式——抵质押物。

以抵质押物为风控基础的金融服务模式就决定了大额消费类自金融所掌控的场景内，企业与消费者交易的需要是实物。企业与消费者之间的交易如果是以提供服务为基础的话，企业是无法针对为消费者开展的服务进行抵质押物贷款的。而实物交易中的产品可以直接成为抵质押物，这将帮助企业提高开展大额消费类自金融服务的可行性。

而企业掌控的消费场景对消费者来说是刚性需求场景，将帮助企业有效降低金融服务的风险。

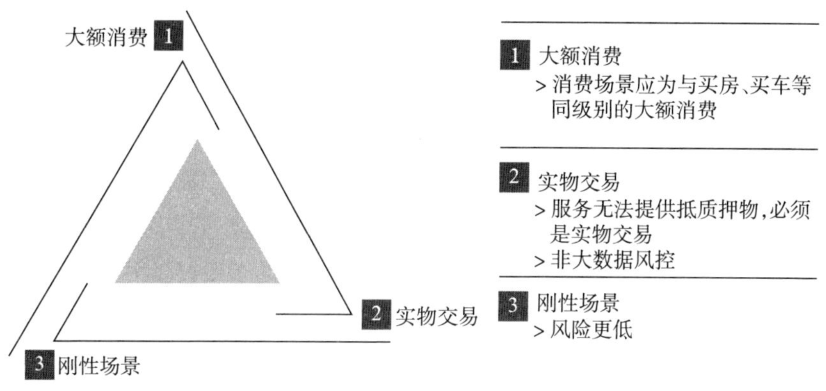

图 7–37　大额消费类自金融的适用原则

3. 大额消费类自金融的目标客群

针对大额消费类自金融的特征以及适用原则，可以初步定位几个适合开展大额消费类自金融服务的行业。其中包括房产行业、汽车行业、装修行业以及农机行业，如奔驰 4S 店、农机 360 网等。

房产行业包括房地产企业以及房产中介连锁机构。房产类企业因为自身拥有产品，可以凭借自身产品掌握房产消费场景入口。而房产中介连锁机构整合了二手房源在其自身平台，同样掌握着房产消费场景入口。购房消费场景由于涉及衣食住行等民生场景，消费者的购房行为多为刚性需求所推动的消费行为，而且产生的消费一般为超大额消费，并且根据个人需求，通常是一次性消费。所以，房产行业中的企业是非常适合开展大额消费类自金融服务的。需要注意的是，由于购房行为通常是一次性消费，房产企业与消费者的关系并不密切，在对消费者进行征信以及风险控制时需要使用自身产品进行抵质押。

适用行业	行业特点	行业特点
房产	> 大额消费，很多房产消费甚至为一次性消费	> 房企式中介
汽车	> 大额消费，消费频次非常低，按照 10 年平均使用期限，消费频次在 5~10 年一次	> 4S店
装修	> 房屋装修的投入额度较大，而其消费频次一般与房屋购买频次相同，不排除长时间使用后的二次装修可能，但频次一般也在8~10年一次	> 装修平台或房企
农机	> 农机消费金额比较大，且消费频次非常低，与汽车类似，消费频次与农机的使用期限有关	> 农机厂

图 7–38　大额消费类自金融的适用行业

而汽车行业与房产行业极为相似，汽车经销商掌握了汽车产品销售场景入口，可以凭借这一入口将汽车消费用户转化为金融服务用户。汽车购买行为的频次非常低，通常与汽车的使用年限直接相关。以平均 10 年的使用年限为基准，考虑到消费者因消费升级所产生的置换需求，购车行为平均应为 5~10 年发生一次。但是，与购房行为不同的是，汽车经销商在消费者购车行为完成后仍旧会与消费者保持定期的联系。因为消费者通常需要通过汽车经销商店对车辆进行定期的维护保养。相对于房产行业来说，汽车行业在开展大额消费类自金融服务时所面临的风险相对要小一些。

装修通常与房屋购买是先后发生的消费行为，而装修消费通常也是较大额的消费行为，因此该行业也适合开展大额消费类自金融服务。当然，除房屋购买后的装修行为外，不排除房屋长时间使用后的二次装修可能。但是，一般二次装修与初次装修之间间隔时间较长，平均在 8~10 年。因此，装修对于单一消费者来说是较为低频的消费行为。装修场景下的消费行为比较符合大额消费类自金融服务的适用原则，应该依靠消费场景开展针对装修服务的金融服务。

4. 优信二手车案例分析

（1）企业简介

优信集团创建于 2011 年，是行业领先的二手车在线交易服务提供商。旗下拥有 B2B 模式二手车网络拍卖平台优信拍、B2C 模式的二手车交易平台优信二手车以及提供二手车融资服务的优信金融三大子业务。艾瑞咨询发布的 2015 年下半年中国二手车电子商务行业报告显示，优信拍在 2015 年下半年的成交量占 B2B 模式总市场份额的 62%；优信二手车的月活跃用户数为 759 万人，B 端卖家为 29061 家，在售车辆数为 23.4 万，认证车辆数为 16.3 万。其成交量占二手车电商 B2C 模式成交量的 90.5%，占 2C 市场整体成交量的 78.1%。优信二手车在 2C 市场占有绝对领先地位。

为了配合优信二手车经销商业务的发展，优信集团在金融板块提供金融服务，为二手车消费者降低购车门槛。

（2）二手车市场及二手车贷款市场概况

根据中国汽车流通协会 2015 年的统计，未来两年内二手车的交易量将突破 1000 万辆，预计到 2020 年，中国二手车销量将达到 2000 万辆规模，二手车与新车交易比有望达到 1∶1。如果按照商务部统计的二手车平均成交价格 6 万元 / 辆来计算，2020 年二手车市场交易规模将突破 1 万亿。

我国二手车消费群体正在向年轻化转变，58 同城汽车研究中心

2015 年调研结果显示，调研的消费人群涵盖了四个年龄阶层，分别是 22 岁以下、22~30 岁、30~40 岁以及 40 岁以上。其中，22~30 岁的年轻人占据了二手车消费群体的 47.11%，成为二手车购买的主力。而这一部分年轻人大部分处于事业刚起步或者事业上升期的状态，在购买力及财力有限但又有代步需求的情况下，对二手车信贷的需求较为强烈。

尽管二手车市场未来将迎来可以预见的快速增长，但是二手车贷款市场由于自身原因在未来发展中受到限制。二手车消费者的信贷需求是很难通过银行渠道得到满足的，因为银行在发放二手车信贷时存在以下三个问题：第一，二手车的交易大多是发生在小规模的经销商，甚至是个人与个人之间的交易，其真实性难以保证。第二，相对于新车而言，二手车是个非标准化的产品，“一车一况”“一车一价”增加了二手车风险定价的难度。而且，为二手车定价需要掌握车辆全部的保养、维修、出险记录，但是在中国，这些数据是极其分散的，并且缺乏一个平台来整合这些数据。比如，车辆的出险记录掌握在保险公司手里，保养记录掌握在经销商和 4S 店手中，维修记录留在维修厂甚至路边店。由于这些征信数据的缺乏，银行很难给二手车发放贷款。第三，客户违约后涉及对二手车辆进行处置的问题，但是由于银行对二手车市场缺乏了解，如何处置收回的二手车对银行来说较为棘手。

（3）优信二手车金融模式

优信二手车为满足消费者需求以及帮助经销商业务拓展而开展了二手车信贷业务，成立了优信易购作为优信二手车的衍生类服务机构，利用优信交易平台的海量二手车真实交易数据及全行业数据的深度挖掘，结合丰富的二手车评估经验、大数据研发应用能力以及人工智能定价引擎，为消费者购车方案提供精准、高效、风险可控的大数据支持服务。

优信易购推出的消费信贷产品为“诚信购车”，购买者可灵活选择两种信贷购车方案中的一种。第一种方案为正常贷款模式，购买者只需按比例支付首付车辆价格，就可以开始使用所购买的汽车，之后每月月供自动扣款，贷款期限两年，利率在15%~22%。第二种方案与融资租赁模式相似，购买者按比例支付首付车辆价格后，可以开始使用所购买汽车，但是之后无须偿还月供，两年后可选择补齐尾款完成购买，或者将车辆退还给优信二手车，相当于两年的租车方案。无论哪一种方案，其首付比例都根据优信二手车对消费者的评估决定，用户需要在线上提供身份证和银行卡等四项基本信息，优信即可利用大数据对用户进行画像，对客户信息进行甄别和审核，在1小时内完成审批，用户的首付比例一般在45%~55%。

（4）优信二手车自金融成效

在优信诚信购车产品上线后的1年多时间里，已经有超过3万个C端用户通过优信金融服务贷款购车，而使用贷款购车业务的用户数量每个月仍在快速增长。

（5）优信二手车自金融成功要素

优信二手车开展金融服务的成功主要依赖于其拥有行业运营的海量数据和专业性。另外，优信平台还连接了大量小型供应商，其与供应商的长期合作关系易于掌握真实交易数据，降低风险。

优信二手车平台已经有超过5年的运营管理经验，积累了海量行业数据，在二手车估值和处置等方面具有专业性。二手车不同于新车，不是一个标准化的产品，因此放款机构难以对二手车进行风险定价，而优信二手车交易平台拥有大量二手车真实交易数据及全行业数据的深度挖掘，其结合丰富的二手车评估经验和大数据研发应用能力可以对二手车进行相对精准高效的定价，让更多的消费者享受更便捷的借贷服务。

此外，由于优信平台与供应商的长期合作关系以及平台的交易性质，可以最大限度地保证交易的真实性，降低风险。优信平台本身是一个交易平台，平台成功交易的车辆都要进行最终的过户，使交易的真实性得到保证。同时，优信平台在运营过程中积累了大量长期合作、信用良好的中小型供应商，这使得此类供应商的交易具有较高的真实性，可以有效降低放贷的整体风险。

5. 土巴兔案例分析

（1）企业简介

土巴兔是中国互联网装修的领导者，致力于为装修业主提供省钱、省心、省时的一站式家装服务。2008 年，土巴兔在刚创立时是一个连接家装设计师和装修业主的线上平台，在认识到发展模式的天花板太低之后，土巴兔转型为家装公司和装修业主的信息撮合平台，并将业务逐渐延伸到建材、智能家居等领域，用土巴兔 CEO 王国彬自己的话说就是，“未来和‘家’有关的事，我们全包了”。根据土巴兔官方披露的最新数据，目前该平台上拥有注册室内设计师已超过 95 万人，装修公司达到 7 万多家，日 UV（独立访客）达到 300 万，累计服务 900 万业主家庭。此外，土巴兔前后获得 58 同城、红杉资本、经纬创投等机构多轮投资，累计超过 15 亿元。

（2）土巴兔的商业模式及用户金融服务痛点

土巴兔是一个家装 O2O 平台，目前主要有三大板块的业务。首先，它以家装公司和装修业主的信息交易撮合为核心业务，并通过向家装公司收取信息费用作为其主要收入来源，这项业务主要致力于解决家装市场中装修业主与家装公司之间存在的信息不对称问题。其中土巴兔不仅让想装修的业主在大量的家装公司中进行选择，同时对于没有足够时间挑选的业主，也可以将自己的信息以及装修期望上传，土巴兔将利用精准的大数据分析，把最匹配业主需求的装修公司推荐给业主，再由业主自主选择最满意的一家装修公司签订装修合同。

其次，土巴兔从产业链上延伸到家居商城业务，将建材、家具市场等都搬到了线上。这样土巴兔就可以为用户提供家装的一站式服务，业主所需的建材、家具可以根据装修公司的建议，直接在土巴兔上采购，土巴兔直接将建材配送到家，省去了经销商的中间环节。加上销量较大，对生产商有一定议价权，土巴兔拥有了价格优势，对业主来说，既省了钱，也省去了业主对建材进场时间、运送、到位程度的担心，进一步提高了用户体验，土巴兔也可以从中获得盈利。

最后，土巴兔还提供免费设计、报价和验房等服务业务，主要目的是保证平台的流量可以高效地转化为平台业务。

土巴兔的商业模式重点解决了家装市场中普遍存在的信息不对称问题，然而随着交易量的上升，其他一些问题也逐渐暴露出来，主要集中在以下两个方面。

第一，家装公司质量参差不齐，装修业主利益无法保证：土巴兔接入了大量的家装公司，这些公司的装修、建材质量参差不齐，服务也难以保障，这使得部分用户在问责家装公司的同时开始质疑土巴兔。

第二，单笔金额大，装修业主资金不足，限制了平台交易量的增长：随着房价的不断攀升，绝大多数业主在交付房款后，为装修留出的预算极其有限。资金不足的问题使得部分业主止步于浏览信息，限定了决策转化率。

（3）土巴兔金融模式

针对以上两个商业痛点，土巴兔尝试在担保交易和消费贷款两方面展开自金融业务，为消费者提供更多的金融服务。

土巴兔的装修贷是与招联金融合作，针对部分买房后缺乏资金进行装修或者有资金但是希望通过贷款支付装修款的业主提供的消费贷款服务，最高可为单个业主提供20万元的装修贷款。装修贷的申请流程相当简易快捷，业主仅需四步即可开始装修：首先提交贷款申请；其次由招联做预审核，确认业主是否符合贷款要求；再次业主与土巴兔签订装修宝协议；最后招联正式放款。此外，装修贷还有诸多与传统消费金融信贷产品不同的亮点。比如，一般银行的装修贷款周期为2~3年，而“装修贷”最长可达5年；与一般信贷产品相比月息更低，该产品贷款1万元分12期还，月息低于80元。

装修宝的创立是为了保障业主装修质量、帮助业主监管装修资金。其主要的模式是装修宝与家装公司签订协议，他们需要满足先装修后付款以及在服务的过程中接受第三方监理验收的要求，装修业主只需与土巴兔签约装修宝协议，即可免费享受土巴兔监理6次上门质检和装修满意后付款的服务。这里的“先装修后付款”具体是指在签约装修宝后，在开工前由土巴兔对装修款进行全额托管，正式开工后，土巴兔会在水电、泥木和油漆三个工程节点验收合格后，分别支付工程款的30%、30%和20%。工程竣工后30天，在业主对整个装修施工满意的基础上，土巴兔再把托管的剩余20%装修尾款给付到装修公司。这让工程的每一个环节都有所保障，也最大限度地避免了业主不懂工程，被装修公司忽悠的情况。

（4）土巴兔自金融成效

装修宝和装修贷在推出之后，获得装修业主们众多正面的反馈。截至 2015 年 6 月 30 日，装修宝已经服务超过 54 万名业主，完成验收服务超过 215 万次，纠纷解决满意率达 99.6%；装修贷已经从深圳到面向全国 27 个城市展开，全程在线操作通过率大于 95%。

随着装修宝和装修贷的推出，土巴兔逐渐从一个信息交易撮合中介转向家装产业链的构建者，装修业主可以在平台上享受装修需求与装修公司信息匹配、装修贷款、装修建材购买、装修公司监制、装修验收、装修费用支付等一系列服务，在提升用户体验的同时也实现了用户价值最大化。

（5）土巴兔成功要素

土巴兔之所以能够提供担保交易以及消费贷款的业务，主要在于它自身的一些特性。

第一，拥有海量用户，对装修公司有议价能力。在推行装修宝的过程中，土巴兔要求家装公司将装修款项放在平台上进行全额托管，并且全程接受监理验收，这触及了家装公司的实际利益。但由于土巴兔的平台上掌握着海量的用户，家装公司的业绩依赖于此，所以不得不做出妥协。

第二，指定装修贷的钱款用途，控制信贷风险。装修贷指定了贷款金额只能进入土巴兔的支付账户，也就是说，只能用于装修费用的支出，因此限制了资金用途，从资金出口处把控了资金的走向，从而达到了降低信贷风险的目的。

结语　开启企业自金融的宏伟篇章

企业自金融对企业来说，既是一个新鲜话题，也是老生常谈。但未来的企业竞争必然是全方位的竞争，通过金融助力企业经营，将成为企业的又一竞争利器。

企业自金融的历史必然性与时代先进性

企业自金融的发展既具有其历史的必然性，也具有时代的先进性。

从历史的必然性角度，一方面，企业的外部经营环境不稳定因素较多、企业的内部运营触碰到瓶颈，包括宏观经济低迷、需求升级且疲软、竞争日益激烈、人工成本大幅提升、收入增速放缓、盈利不断下滑等，多方面因素都驱使企业不得不主动求变。

另一方面，传统金融服务实体经济、服务企业不足已成为老生常谈，金融的功能、价值并没有被充分利用，中小企业融资难、融资贵问题不能被有效解决，金融作为实体经济“助推器”的作用并没有得到体现。可以说，在这种背景下，传统金融既有被要求改变的压力，自身也在主动求变，变得与实体经济关系更紧密、更贴合。

第一，从技术应用的角度，企业自金融广泛且深度地应用了互联网、大数据、云计算、人工智能、区块链等时代前沿技术，可以说是高新技术的应用与结合体。

第二，从业务模式的角度，企业自金融以数据驱动、精准识别需求和管控风险；切入场景，使金融与场景融合匹配，从而使金融服务于场景、场景中衍生出金融。

第三，从服务目标的角度，企业自金融深度服务于企业的经营活动，服务于企业的真切需求，并以协同企业主业、助推企业主业发展为目的，从而实现真正的金融服务实体经济。

企业自金融的发展展望

企业自金融的发展不是一帆风顺的，过程中必然有来自传统金融的误解、监管的审视、大众的疑问。但企业自金融能够掌握开展金融的核心资源——数据和场景，能够贴合金融的本质目标——服务实体经济，而这将为企业自金融带来蓬勃生机。

今天，企业自金融仍处于初级阶段，形成了部分的模块化自金融模式，未来将不断形成产业闭环化自金融并最终构建整个企业自金融社会生态，从而成为传统金融的重要拼图。

在已经较为成熟并形成一些实践尝试的八种企业自金融模式中，我们可以分为三大类型：一是针对供应链条和针对消费者的模式的需求是非常刚性的，未来的发展必然有更多元化的创新；二是针对集团或分子机构的模式发展已经有近 30 年的时间，随着企业的发展，会有更多的需求涌现，总体相对较为成熟，可借鉴实践较多，未来的发展将在现有的基础上完善升级；三是针对员工的模式实践仍然较为零星，员工的需求是否刚性，如何进行深度切合，未来仍然需要不断探索挖掘。

多元化创新类：以产业类自金融和平台类自金融为首的、针对供应链条的服务模式最重要，既解决长期困扰中小微企业的金融服务痛点，实现金融普惠、服务实体经济；又帮助企业实现供应链条优化，提升经营竞争力。

流量类自金融、场景类自金融、大额消费类自金融这几种针对消费者的服务模式将具备较多的创新机会。在不同的场景中，消费者个人的金融需求是多样的、可被挖掘的金融潜能是丰富的，从而既优化了消费者的消费体验，又起到了促进销售等多重目的。

完善升级类：集团类自金融已经较为成熟，但随着企业的发展转型、经营升级，仍会有不断完善优化的机会，特别是对数据信息系统的要求将会不断提高。而流动性增值类自金融相对概念较为新颖，适应企业精细化经营的要求，将帮助企业提升流动性管理能力。

探索挖掘类：针对员工的福利类自金融的实践还比较零星，其需求的显著性、收益的有效性还需要不断挖掘。毫无疑问，随着中国经济转型、人口红利消退，中国作为制造业大国将逐步向高尖新转变，未来人才的竞争将更为激烈，福利类自金融将会成为留住人才、争夺人才的重要利器。

不同的企业将根据自身的业务特点、所处环境、资源优势适用于不同的模式，可以是一种或多种模式。不同企业自金融模式以其资源优势和服务对象的核心痛点切入后，最终仍需要发展综合金融信息服务，从而形成企业自金融的生态闭环。在生态闭环下，企业自金融的竞争壁垒或其服务特色将更加凸显。

未来，企业自金融将呈现两大发展趋势，一是更丰富的企业自金融模式；二是多元化的自金融模式融合。

首先，随着社会的发展和进步，每个升级变革周期都在缩短，更多的业态、商业模式不断涌现，而现有的商业模式和业务特点也在动态发展。商业模式的丰富性、业务特点的动态变化性是必然的。简单来说，即存量商业模式变化、增量商业模式涌现。而新的商业模式形态必然产生新的金融服务痛点和需求，存在传统金融业态无法服务的空白，这也为新的企业自金融模式出现带来了契机，从而带来更丰富的企业自金融模式。

其次，更多的企业将不再只适用于某种特定的企业自金融模式，而是既符合 A 类型企业自金融的特征也适用于 B 类型企业自金融。这种多元化自金融业务的开展将使企业能够实现企业自金融的规模效应，摆脱单一通过扩大某种类型自金融规模的纵向路径，而拥有了选择通过横向扩大规模的方式。因为在企业自金融内部，资金与资产可以进行对接和交换，供应链生成的资产可与员工的资金进行对接，员工的融资可来源于终端消费者，从而多元化融合形成一个具有规模效应的生态闭环，这也是在第五章所展望的企业自金融发展蓝图的具体形态。

可以说，企业自金融未来将不断发展，形成规模，从宏观层面，成为传统金融的重要补充，使金融真正服务于实体经济；从微观层面，助力企业发展，通过金融增强企业的主业竞争力。

参考文献

Daniel, K. (2008). *Distinguishing Cloud Computing from Utility Computing*. Ebizq.net.

Douglas, L. (2012). *The Importance of "Big Data": A Definition*. Gartner, Inc.

KPMG. (2016). *2016 Fintech 100 - Leading Global Fintech Innovators*. KPMG.

北京师范大学收入分配研究"中国劳动力成本问题"课题组 . 企业成本上升真相［J］. 中国改革，2016（5）.

查尔斯 · 凯罗米里斯，史蒂芬 · 哈伯 . 人为制造的脆弱性，银行业危机和信贷稀缺的政治根源［M］. 北京：中信出版社，2015.

冯立果 . 中国大企业度凉秋［J］. 中国改革，2015（10）.

何珊，陈光磊，谌泽昊 . 透视互联网金融［M］. 杭州：浙江大学出版社，2016.

胡迟 . 2016 中国企业发展看点［J］. Mega Finance,2016（3）：44—47.

汇丰银行 . 汇丰 2014 年亚太区资金及供应链与财资管理指南［J］. 汇丰银行，2014.

杰里米 · 里夫金 . 零边际成本社会［M］. 北京：中信出版社，2014.

克里斯 · 斯金纳 . FinTech，金融科技时代的来临［M］. 北京：中信出版社，2016.

李克强 . 2016 年政府工作报告［N］. 新华网，2016.

李雪涛 . 汽车金融理论与实务［M］. 合肥：合肥工业大学出版社，2014.

理查德 · 库珀 . 世界经济陷入长期停滞了吗？［J］. 财新周刊，2016（14）.

联合国 .2016 年世界经济形势与展望［N］. 纽约：联合国，2016.

罗兰贝格 .2016 年中国汽车金融报告［N］. 罗兰贝格，2016.

罗兰贝格 . 消费金融：开启零售生态消费新纪元［N］. 罗兰贝格，2016.

穆启国 . 消费品分销渠道的创新者［N］. 川财证券，2016.

宁小军 . (2016). 互联网交易型银行［M］. 北京：中信出版社，2016.

宋华 . 供应链金融［M］. 北京：中国人民大学出版社，2016.

托马斯 · 库恩 . 科学革命的结构［M］. 北京：北京大学出版社，2016.

王国刚 . 中国消费金融市场的发展——中日韩消费金融比较研究［M］. 北京：社会科学文献出版社，2013.

王国刚 . 中国消费金融市场的发展：中日韩消费金融比较研究［N］.

许伟，王明明，李倩 . 互联网金融概论［M］. 北京：中国人民大学出版社，2016.

杨诚笑 . 租赁与黄金的联姻［J］. 方正证券，2015.

中国财务公司协会，中国社会科学院金融研究所 . 中国企业集团财务公司行业发展报告［M］. 北京：社会科学文献出版社，2016.

中国企业家调查系统 . 企业家对宏观形势及企业经营状况的判断、问题和建议，2015 年中国企业经营者问卷跟踪调查报告［J］. 中国经济社会调查分析，2016（12）.

中国银行国际金融研究所 . 全球经济金融展望报告［J］. 中国银行，2015.

网金学院系列丛书介绍

作者：宁小军
定价：48 元
中信出版集团
2016 年出版

传统银行依赖线下渠道和人工服务的经营模式导致运营成本高企，同时信用中介模式下的资本消耗和期限错配等也提高了金融交易的成本、降低了效率。银行高成本的传统经营模式已无法满足大众对于普惠金融的需求，向信息中介转型、打造互联网交易型银行成为银行业发展的重要方向。

互联网交易型银行，即通过互联网服务于客户交易的银行，其作为信息中介，采用完全数字化的方式为个人及企业提供包括投融资、支付结算、风险管理等金融交易服务。互联网交易型银行是互联网技术对传统金融的颠覆与融合，预示着未来金融交易变革的趋势。

本书分析了金融行业发展现状，阐述了银行业新生态“互联网交易型银行”的本质及发展蓝图，综合提炼了银行转型的关键要素和发展趋势，并进行了大量的互联网交易型银行的实证分析，为传统银行制定下一步发展战略提供镜鉴，也为大众提供关于金融市场的最新启示。

网金学院 研究 • 培训 • 论坛 • 出版 • 传播

合作热线：95539 邮箱：wjcollege@ucsmy.com

网金学院是广东网金控股股份有限公司旗下的金融科技研究与培训机构，学院通过搭建金融科技学习平台，致力于向业界分享传播网金公司领先的金融科技创新理论和产品，同时培养具有战略眼光和创新精神的行业领军人才，学院积极与各金融机构和企业合作，形成联盟机制，共同推动中国金融业创新与转型，为社会创造更大价值。

学院已出版《一本书读懂互联网金融》和《互联网交易型银行》等作品，凭借严谨的理论研究成果，佐以大量独家案例的实战解析，已在金融业内积累了良好口碑，并形成了广泛的影响力。